ちくま新書

ハイエク入門

太子堂正称
Taishido Masanori

1859

ハイエク入門【目次】

フリードリヒ・ハイエク

はじめに

†ハイエクの独自性

この本は、フリードリヒ・ハイエク（1899－1992）の思想体系についての「入門書」である。ただ、その名を冠するには、やや分量が多いものになっているかもしれない。これには理由がある。現在、ハイエクの名前自体は一般にもそれなりに知られていると言ってよいであろう。経済学者としては、アダム・スミスやケインズに次ぐあたりの知名度であろうし、「自生的秩序」という言葉を聞いたこともある人もいるかもしれない。何より、一貫した自由主義者として生涯、社会主義やファシズムといった全体主義と対峙した思想家、今、本書を手に取っているあなたを含め、おそらくはそうした理解がすでに広まっているのは、これまでのさまざまな研究や書き手の努力の賜物である。

そのうえで、私があらためて「入門」として提示したいことは何か。それはハイエク思想における縦糸と横糸を解きほぐすことである。縦糸とは、長きにわたるハイエク自身の学説や思想の流れだ。彼の業績は、経済学はもちろん、法哲学、政治学、科学哲学、社会思想、そして心理学など、きわめて幅広い領域にわたっている。

ただ、ノーベル賞を受賞した経済学者でありながら、ハイエクの経済理論は現在、一般にはほとんど知られていない。だが「自生的秩序」論を理解するためには、彼の経済理論についての理解が不可欠である。また、彼は学生時代に経済学よりも先に心理学の研究を志し、経済学者として名を揚げた後で『感覚秩序』(一九五二年)という単著まで記しているが、これも専門家以外には知る人ぞ知る存在である。しかし、この著作はハイエクの独自性の極みと言ってもよい。彼の自由論は、こうしたさまざまな関心を横断するなかで作りあげられてきたものであり、それらは互いに深く連関しあっている。

また横糸とは、同時代のさまざまな経済学者や思想家、哲学者との関わりである。ハイエクの生まれた多民族国家オーストリア＝ハンガリー帝国の首都ウィーンでは、一九世紀後半から新たな学問・芸術・文化の潮流が高まり、爛熟の時を迎えていた。マッハやウィトゲンシュタイン、ポパーらの哲学、フロイトの精神分析をはじめ、経済学、法学、政治学、文学、自然科学、そして美術、音楽、建築においても数多くの自由な知的創造が展開された。

ハイエクの多様な業績とは、こうした時代の雰囲気の反映であるだけではなく、さまざまな論者との影響関係や激しい対立を含む論争の結果、成立したものである。また彼は、三〇代前半でウィーンを離れた後はロンドンやシカゴなどで研究生活を送り、それらの地でもやはり活発で学際的な知的交流を行なった。それもまた彼の思想の展開に強い影響を及ぼしている。

物理学者でしかない物理学者は、それでも第一級の物理学者、そしてもっとも価値ある社会の一員でありうる。しかし経済学者でしかない経済学者は、偉大な経済学者ではありえない。それどころか、経済学者でしかない経済学者は、明確に危険とまではいかなくとも、厄介な存在となりがちである。

(「専門化のジレンマ」『哲学論集』三一二頁)

さまざまな領域を縦横無尽に横断するハイエクの思想は、浩瀚《こうかん》な知識に裏打ちされていると同時に、互いに対立し錯綜する同時代の思想家や研究者たちの言説の複雑な網の目が複合的、重層的に折り重なる地点に成立している(第4章)。その点に彼の独創性の源泉がある。

†本書の特徴

一方、きわめて限られた範囲の「専門家」に過ぎない私の力量で、ハイエクの全体像の輪郭を語ろうとするのは相当に無理のある試みかもしれない。実際、これまでのハイエク研究はそれぞれの学問領域にわかれる形で各テーマが議論され、そのうえで相互交流が図られてきた傾向にある。だが本書では、敢えて蛮勇を振るう危険を恐れず、個別の専門書でなければなかなか触れられない彼の経済理論や心理学、法哲学、政治思想等の詳しい内容について大きく章を割いている。

そもそも、私が専門とする経済哲学（思想）や社会思想はきわめて領域横断的であり、上記のさまざまな分野にまたがりつつ隙間を埋めるという架橋的な性質を持っている。それによって、ハイエクの思想が名実ともに総合的な社会科学であることを示したい。これは本書の一番目の特徴でもある。

関連して第二の特徴として、ケインズをはじめとするさまざまな魅力的なライバルたちとの論争や対立点を可能な限り詳細に描こうと努めた。そこには数多くの社会主義者たちや、生きた時代は異なれども、ハイエクが全体主義の起源としての「偽の個人主義者」と批判したフランスの思想家ルソーなども含まれる。その過程で私が留意していたのは、単にハイエクを持ちあげてライバルを貶《おとし》めることではない。むしろ、これまで水と油と思われてきた論者たちとの隠れた共通点を探究すること、少なくとも、論争にあたって共有されていた思考の枠組みや時代背景を強調することであった。

現代社会における言論空間は、いずれを向いても乱暴ともいえる単純化や一面的なレッテル貼りに溢《あふ》れ、各種のメディアや技術の発達は、むしろそれを後押しする傾向にある。だが、たとえ言葉では激しい応酬を重ねようと、自分たちが今、議論し問題としていることの枠組みや土俵についての合意が重ねられることが重要であろう。ハイエクの生涯にわたる膨大な著作も、そうした取り組みの一環であった。

そのうえで第三の特徴として、誤解や曲解が流布するハイエク像を刷新したいという意図がある。しばしばハイエクについては、「新自由主義」や「グローバリズム」の首魁《しゅかい》といった非難がなされる。果たして、そうした用語が実際に何を意味するのかの統一的な合意や定義が定まっているかどうかは別として、言わんとするのは次のようなことであろう。すなわち、社会の全てを経済的な要素で埋め尽くし世界を一元化ないし画一化しようとする潮流や、その一環としての「自由放任」や「市場万能主義」への批判、あるいは、所有権の絶対性の主張とともに「弱者切り捨て」や格差の拡大による「弱肉強食」を容認する独断的な思考への危機感や懸念ということであろうし、そうした関心に基づき本書を読まれている方もいるかもしれない。

しかし、基本的にそれらは全くの誤解である。ハイエクは市場を「自由放任」の場とも「万能」とも全く捉えていなかったし、むしろそうした理解に対する強力な批判者であった（第3章）。また、これも意外に思われるかもしれないが、彼は既存の福祉国家を批判しつつ、「国民最低限保障」としての福祉政策の擁護者でもあり、それを「自由の条件」の一環と捉えていた（第5章）。

もちろん、本書が唯一の正しい解釈だと言うつもりは毛頭ない。どんな思想家であれ、対峙する人によって違う側面が引き出されることはしばしばありうるし、それが思想を探究するいちばんの醍醐味でもある。ただ少なくとも、ハイエクの思想を通俗的かつ融通無碍な罵倒の用語としての「新自由主義」の典型例と捉えるのは適切ではない。結論から言えば、現在、日本で「新自由主義」と呼ばれ糾弾されている立場とは、実際には、ハイエクが厳しく批判したサン＝シモン主義的な産業体制のことである（終章）。

確かにハイエクの著作には、全体主義や計画経済などへの痛烈な批判や、さまざまな思想家を二つに類型化した「真の個人主義と偽の個人主義」の概念など、二元論を前提にしたうえで、一方を完全に否定し、もう一方を称揚しているように読める部分も多い。それが彼に対するある種の反感につながっているのも確かであろう。

だが、私が本書で強調したいのは、むしろさまざまな二項対立を克服しつつ独自の立場を打ち立てようとするハイエクの思考様式についてである（中澤・太子堂 2007、仲正 2011）。詳しくは本文をご覧いただくとして、たとえば、『感覚秩序』における「精神ー身体問題」というデカルト的二元論の止揚や（第4章）、『法と立法と自由』における「ノモス」（自由の法）と「テシス」（組織の法）からなる法の階層構造とそれによる自由な「自生的秩序」の成立（第6章）など、そうした特徴についてはさまざまな箇所で触れることになるだろう。

†非本質主義的、非決定論的、関係論的、動態的な自由論

ハイエクの自由論は、彼独自の知識論が基盤となっている（第3章・第5章）。経済活動や社会活動に必要な知識とは、あくまでも人々がその一部のみを理解しながら保持しているものであり、中央集権的に管理することは不可能である。ただ、市場秩序や競争だけが個々人に「分散した知識」を互いに伝播させ、結びつけ、未知の新たなものを生み出すことができる。

そのうえで「自生的秩序」とは、端的には、人々が一定の「消極的」なルール（「ノモ

ス」）にしたがって行動することで発展していく、結果の詳細な予測が不可能な複雑な社会現象を意味する（第6章）。ここで「消極的」なルールとは、窃盗や詐欺や殺人の禁止など人々が侵してはならない領域を示すことで、同時にそれ以外の自由な行動を明確化して許容する。それにより「自生的秩序」としての社会のあり方は時間を通じて千変万化し、多様な色彩をもつ。その行先は誰にもわからないが、それゆえに未来に開かれている。

ハイエクは、理想的な社会を普遍的な理性によって構築するという考え方を「設計主義」と呼んで生涯にわたって批判した。自由を擁護するルールであっても、それは基本的に理性によって演繹されたものではなく、所有権の絶対性やそのなんらかの本質を称揚するものでもない。ルールそのものも時代や社会によって変化しうる、あくまで慣習を基盤としており、それに従って継続されていること自体に意味がある。こうした「合理主義」への批判はハイエクの思想の大きな特徴でもある。

ハイエクをなんらかの単一の価値基準のもとに世界の一元化を目指す「グローバリズム」の主唱者と捉えることは正しくない。むしろ第5章や第6章でも述べるように、彼は政府権力の増大にきわめて批判的であると同時に、先進諸国の文化的価値をその他の地域に無批判に適用することで、それぞれの多様性を失わせてしまうことに重大な懸念を示している。

その意味で、ハイエクの立場はある種のコスモポリタニズムに属するものと言える。この言葉自体、地域の文化共同体を否定して単一の理念に統合された世界への楽観的な進歩を目指す立場として批判的に使用されることも多い。しかし、川出良枝氏が指摘するように、元来その用語は、国民国家の絶対性を懐疑する一方で、個人やそれぞれの社会の多様なあり方を承認し、そのうえでの平和な国際秩序を目指すものであった（川出 2023）。

また「消極的」なルールとは、なんらかの本質的かつ超時代的な内容をもつというよりは、それ自体が人々の行動の連なりによる関係性の産物である。また、そのルールによって保証される所有権も、自由社会においてきわめて重要ながらも、必ずしも固定した絶対的な存在ではない（終章）。また彼の心理学で展開されている人間の精神のあり方も、なんらかの本質に還元することは不可能であり、あくまで神経細胞（ニューロン）の間の電気信号（インパルス）のネットワークの産物である。だがそれはたんなる相対主義ではない（第4章）。むしろ、それゆえにこそ人々の間で慣習的に形成された自由という価値理念が重要となる。

こうした意味でハイエクの思想は、非本質主義的、非決定論的、関係論的、動態的な自由論と呼ぶことができる。本書ではハイエクの生涯と主要な著作を追いつつ、これらの特徴をさまざまな形で解説していく。

†思想の力

最後に、ハイエク思想を織りなす縦横の糸を描くなかでもう一つ強調したいのは、思想の持つ力である。

経済学者や政治哲学者の思想は、それが正しい場合にも間違っている場合にも、一般に考えられているよりもはるかに強力である。事実、世界を支配するものはそれ以外にはないのである。どのような知的影響とも無縁であるとみずから信じている実際家たちも、過去のある経済学者の奴隷であるのが普通である……遅かれ早かれ、良かれ悪しかれ危険なものは、既得権益ではなくて思想である。

(塩野谷祐一訳『雇用・利子および貨幣の一般理論』三八六頁)

どんな立場の人間であってもその行動は、結局は過去に形成された「思想」に支配されているというケインズのこの一節は有名であり、しばしば引用されるが、ハイエクもまた、同様の言葉を残している。

あらゆる社会秩序はイデオロギーに依拠しているために、秩序における適切な法とは何かを決定できる基準に関する言明は、すべて例外なくなんらかのイデオロギーであらざるをえない……あらゆる文化的秩序はイデオロギーによってしか維持できない。

（『社会正義の幻想』七八‐七九頁）

「イデオロギー」という用語はしばしば独断的で偏った思考様式を指すが、ここでハイエクが言及しているのはより広い意味であり、経済や社会について考えるとすれば持たざるをえない、なんらかの世界観や価値理念のことである。ハイエクは近視眼的な価値理念が人々を抑圧することを厳しく批判しつつ、自由社会を守るためにはより包括的で一般的な価値理念を育むことの重要性を説く。なぜなら、あらゆる思想や価値理念からの脱却を目指そうとすることは、むしろ終わりなき相対主義の扉を開け、最終的には全体主義のイデオロギーに容易に道を譲ることになるからだ。

ケインズの名は第2章だけではなく本書全体を通じて何度も登場するが、彼らはまさになんらかの「思想」あるいは「世界観」を巡って格闘していた。そのうえで、彼らはお互いを認めあった、まさに無二の好敵手であった。また終章では、やはりそうした観点から、ロールズやノージック、サンデル、保守主義、フーコーやK・ポランニーを典拠とする

「新自由主義」批判など、現代の「思想地図」のなかにハイエクの独自性を位置づけている。
いずれにせよ本書では、ハイエク自身の思想を可能な限り多様な文脈から読み解くことで多くの読者の関心を喚起すると同時に、経済の思想や哲学の持つ幅広さとそれらの魅力へと誘いたい。どこまで成功しているかは読者の判断に委ねるしかないが、それが少しでも果たせているならば、望外の喜びである。

†引用および参照について

ハイエクの著作からの引用は、邦訳のあるものについては春秋社から二期にわたって出された『ハイエク全集』における頁番号を記したが、訳文は必要に応じて変更した。邦訳書名については下記に示すが、インタビュー集である『ハイエク、ハイエクを語る』は名古屋大学出版会から出されたものである。

[I-1]『貨幣理論と景気循環　価格と生産』
[I-2]『利潤、利子および投資』
[I-3]『個人主義と経済秩序』

［Ⅰ-4］『感覚秩序』
［Ⅰ-5］『自由の条件Ⅰ』
［Ⅰ-6］『自由の条件Ⅱ』
［Ⅰ-7］『自由の条件Ⅲ』
［Ⅰ-8］『法と立法と自由Ⅰ　ルールと秩序』
［Ⅰ-9］『法と立法と自由Ⅱ　社会正義の幻想』
［Ⅰ-10］『法と立法と自由Ⅲ　自由人の政治的秩序』
［Ⅰ-別巻］『隷属への道』
［Ⅱ-1］『致命的な思いあがり』
［Ⅱ-2］『貨幣論集』
［Ⅱ-3］『科学による反革命』
［Ⅱ-4］『哲学論集』
［Ⅱ-5］『政治学論集』
［Ⅱ-6］『経済学論集』
［Ⅱ-7］『思想史論集』
［Ⅱ-8］『資本の純粋理論Ⅰ』

第1章

若き日のハイエクとその知的伝統

†ハイエクの一族

フリードリヒ・アウグスト・フォン・ハイエクは一八九九年五月八日、オーストリア＝ハンガリー帝国の首都ウィーンにて生まれた。多数の民族をその内に抱えながら中部ヨーロッパの覇権を握り、軍事的にも文化的にも盛況を誇った「帝国」は、彼の誕生から二〇年経たずして崩壊へと向かうことになる。

ドイツ系としては一風変わった響きを持つその家名は、元来、スラブ系であるチェコ語"Hájek"に由来しており、「小さな木」という意味である。現在でもHájek姓はチェコ周辺ではしばしば見られるが、もともとの発音はハーイェクに近く、英語ではハジェックと読まれることも多い。

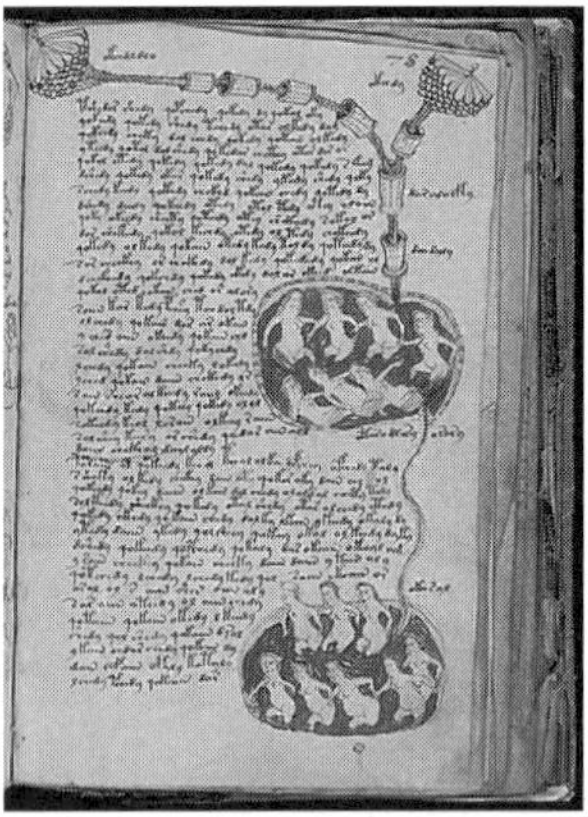

ヴォイニッチ手稿

ただハイエクの一族はすでに相当以前からドイツ語の話者であり、祖父グスタフ（1836－1911）は生物学者としてウィーンの帝国高等学校で教鞭を取っていた。父アウグスト（1871－1928）は医師であったが植物学に傾倒して論文も執筆し、ウィーン大学では私講師の職にあった。彼は常任の教授職を望んでいたにもかかわらず、ついに果たせなかったが、その純粋な学問的態度は若き日のハイエクに多大な影響を与えた。

祖先と目される人物には、天文学者ティコ・ブラーエ（1546－1601）の共同研究者、タデアーシュ・ハーゲチウス・ハーイェク（1525－1600）がおり、一九七一年にチェコの研究者によって発見された小惑星（1995 Hajek）には彼を記念してその名がつけられている。当時の「科学者」の例に漏れず、彼にも神秘主義者としての側面があり、コペルニクスの写本を多数収集する一方、現在でも奇書として知られる「ヴォイニッチ手稿」を購入するよう時の神聖ローマ皇帝ルドルフ二世（1552－1612）に勧めた一人だという。他に全く類例のない不思議な文字と意味ありげな多くの挿絵からなる手稿は、現代でも未解明で何の目的で書かれたのか全くの謎であり、世界の好事家の関心の的となっている。

手稿は、ポーランド出身の革命家であり古書蒐集家のウィルフリッド・ヴォイニッチ（1865 - 1930）が一九一二年にイタリアで発見したものであるが、所有歴を示す書簡が付属しており、ハーイェクの名もそこに記されていた。ハイエクは一九二三年にアメリカに留学した際、あるパーティーでヴォイニッチにたまたま遭遇し、姓を聞いた彼から祖先の話を切り出されてたいへん驚いた。そこで後日あらためて詳細を問い合わせる手紙をヴォイニッチに書いたが、返信が来ないままに結局彼は亡くなってしまった。しかしハイエクは晩年まで祖先と手稿の関係について強い関心を抱き続けていた（F. J. Sypher, 2011, *Eric Sams, Cryptography and the Voynich Manuscpict.*）。

その後の一族は、一八世紀末にハイエクの高祖父にあたるヨーゼフ（1750 - 1830）がオーストリアに最初の紡績工場を作った功績で爵位を与えられた。貴族としては最下層ながらも、ハイエクは姓名における爵位を示す「フォン」の名乗りに誇りを抱いていた。

母フェリシタス（1875 - 1967）の一族ユラシェック家も学者の家系であり、その響きからもわかるように、こちらももともとはスラブ系である。ユラシェック家の方がはるかに資産家であり、ハイエクの父が正式な大学のポストを獲得できなかったにもかかわらず植物学に専念できたのも、その恩恵が大きかった。母方の祖父フランツ・フォン・ユラシェ

ハイエクの父母

ック（1849－1910）は当時の有名な経済学者・統計学者であり、オーストリア学派の指導者の一人であったオイゲン・フォン・ベーム＝バヴェルク（1851－1914）の友人であった。また彼は、ハイエクよりも年長でやはりオーストリア出身である、イノベーションや創造的破壊の概念で知られる経済学者、ヨーゼフ・シュンペーター（1883－1950）を指導した一人でもあった。アウグストとフェリシタスの夫婦仲はきわめてよく、子供の目から見ても幸福なものであったという。

ハイエクは三人兄弟の長男であり、翌年に生まれた次弟ハインリッヒ（1900－69）は解剖学者、五歳離れた三弟のエーリッヒ（1904－86）も化学者となった。後にハイエクの長女クリスティーネ（1929－ ）は昆虫学者、長男ローレンス（1934－2004）は細菌学者となったが、このように彼の親族には自然科学者が圧倒的に多い。ハイエク自身も父親の影響で幼い頃から植物学、生物学に強い関心を持っており、一緒に学会に出席するほどであった。

†ハイエクの幼年時代

一方で若き日のハイエクは興味のないこと、納得いかないことにはまるでやる気の出ないタイプでもあり、ギムナジウム（大学進学のための中等教育機関）でも宿題はまったくやってこず、試験も一夜漬けで済ませるばかりで教師とはうまくいかなかった。結局彼は、ラテン語、ギリシャ語、数学という必修科目の単位を全て取得できずに落第し、二度の転校を繰り返した。ついにはギムナジウムのなかでも貧しい階層の子供たちの通う学校へと落ち着いたが、そこでも成績はまったく振るわなかった。しかしそれでも友人たちは、彼

メッセンハウザー通りの
ハイエクの住居跡

住居跡にあるハイエクの銘板

の長所である、ひとたび関心を抱いたことに対する情熱やそこで発揮される知性、そして読書家ぶりをむしろ肯定的に評価していた。

型にはまった教育システムはハイエクの肌には合わなかった。しかし少なくともハイエクはむやみに反抗的な態度をとる暴力的な生徒ではまったくなかった。彼は学校制度それ自体には馴染めなくとも、学問の原則自体は深く理解し、それを追究するための大きな好奇心と強い意欲を持っており、自らテーマを設定しそれを伸ばすことのできる稀有な学生であった。

ハイエクは余暇には登山やハイキング、スキーといったスポーツの他、演劇、写真などを趣味とし、音楽にも親しんだ。同時代のウィーンでは、ブルックナー（1824–96）やそれに多少遅れてマーラー（1860–1911）やリヒャルト・シュトラウス（1864–1949）といったいわゆる最後期のロマン派たち、そしてシェーンベルク（1874–1951）やベルク（1885–1935）、ウェーベルン（1883–1945）など前衛的な作曲家たちも旺盛な活動を行なっていた。とくにウェーベルンは、やはり貴族階級出身にもかかわらず「労働者交響楽演奏会」を企画して労働者階級にも新たな音楽を広めようと格闘していた。また後にフランクフルト学派の中心人物となる思想家テオドール・アドルノ（1913–69）は作曲家を目指してウィーンでベルクに師事していた。

ただハイエクの守備範囲は後年に至るまで、モーツァルト（1756－91）、ベートーヴェン（1770－1827）、シューベルト（1797－1828）、そしてブラームス（1833－97）までの専ら古典的な作風を旨とする音楽であり、当時、作曲者兼指揮者として華々しく活躍していたマーラーはもちろんのこと、ワーグナー（1813－83）の音楽も不協和音が多すぎるとして好まなかった。現代的な視点からすると保守的な感性とも思えるが、後述するウィトゲンシュタインも含め、その世代のウィーンの一般の聴衆の傾向からすればきわめてオーソドックスな嗜好とも言えるだろう。ウィーンでマーラー以降の音楽が本格的に受け入れられるのはずっと後のことである。

ハイエクが最初に憧れた職業は悲劇作家であった。一七、一八世紀のスペインやフランスの劇作家の作品や古代ギリシャ演劇のほとんどの翻訳を読破するだけではなく「アンドロマケやロザムンドのように激しく、エロティックな」作品を志したが結局完成させることはなかった。ありがちな「文学青年」ぶりである。ただ幸か不幸かギムナジウムの落第をきっかけに、彼はホメロスを通じてギリシャ語の再履修にも関心をいだくことができたし、ゲーテをはじめとするドイツ文学にも幼い頃より親しんでいた。

幼い頃のハイエクは、家族や友人からフリードリヒの略称である「フリッツ」と呼ばれていたが、内心ではそうした呼ばれ方をあまり気に入っていなかった。ドイツ語の二人称には敬称のSieと親しい間柄で用いるduの二種類があるが、彼が後者を用いたのは家族やごく限られた友人のみに限られていた。ハイエクは後年に至るまでさまざまな場所で多彩な知識人を集めたセミナーやシンポジウムを多数組織したが、交友関係の広さの一方、後年まで、こうした繊細な一面、どこかしら心の壁を最後までは開放しない姿勢は引き継がれていた。

現在でもしばしば誤解されることがあるが、ハイエクの一族はユダヤ人の家系ではない。少なくとも彼自身が調べ確認した限りでは、父方母方ともに五代前までの直系の祖先にその血統は存在しない。カトリックの家庭ではあったが、しかし家族は誰も信仰に熱心ではなかった。ギムナジウムの宗教行事と世俗的な家族行事が重なり後者を優先した結果、学校側との対立を引き起こすこともあった。これも落第の原因の一つだったのであろう。

それでもハイエク自身の回想によれば、一〇歳の頃に教師の影響で一時的に強い宗教心を抱いたことがあったものの、誰も「神」の概念を明示的に語れる者はいないことを悟り、結局一五歳の頃には、そうした存在について議論しても意味がないという不可知論の立場に身を置くことになった。後年に至るまで彼は、キリスト教に代表される一神教的思考について、独断的で不寛容であり専制や暴力のひとつの原因であるとして、嫌悪を示すことがしばしばであった。

†軍隊生活と学問への目覚め

ナポレオン戦争後の一九世紀ヨーロッパではウィーン会議によって国際秩序の維持が図られたものの、次第に民族自決や自治権を求める運動が高まりハプスブルク帝国は緩やかに衰退していった。帝国は多民族国家であり、いわゆるドイツ人の割合は四分の一に過ぎなかった。一八六七年にはオーストリア＝ハンガリー二重帝国が成立して、ハンガリー人を含んだ支配層の形成を狙ったものの（アウスグライヒ）、それでも人口の過半数を占めるには至らず、権利拡大を求める諸民族の声はいっそう高まっていった。

一方で産業革命の進展と共にウィーンの人口は著しく増大し、二〇世紀初頭には一〇〇万人を超えたが、それにともなう階級対立もまた激しさを増していた。ハイエクが生まれ育ったのはまさにそうした動乱の時代であった。そして一九一四年六月二八日のサラエボ事件を機に、ついに第一次世界大戦が勃発する。

大戦は一九一八年一一月にオーストリアをはじめとする中央同盟国側の敗北に終わり、帝国は分割されオーストリアは共和国として著しく小さな面積と人口に限定されることになる。そのさなか、若きハイエクは一九一七年に一七歳で陸軍砲兵連隊に入り、七カ月の訓練の後に連絡将校として終戦までイタリア戦線で軍務についていた。

戦局はすでに絶望的であり部隊が退却を重ねるなか、散弾が頭をかすめたり、パラシュートで降下中に装着していたヘッドフォンで首が絞まりそうになったり、偵察機搭乗中に敵の戦闘機に襲われたり、マラリアに瀕したりするなど、ハイエク自身も何度か生命の危機を経験した。しかし彼の性格にはどこか変わったところがあり、落ち着いたところがあり、そうした危機的状況のなかでも心からの恐怖を感じたことはなかったという。だが退却の際、副官として敵の非正規部隊の掃討に加わったこともあり、命令とはいえ、後にそれを苦い思い出として回想している。ちょうどスペイン風邪が蔓延した時期でもあったが、彼はなんとかそれを回避した。

軍隊生活のなかで、ハイエクはあらためて自身の能力に気づき、将来への展望を抱くようになる。士官学校で優秀な成績を収めたことで自信を抱き、困難ななかでも読書を深めた。一方、あくまで本人の述懐によれば、性的なことについては同世代の士官や兵士たちと異なり初心《うぶ》だったという。

従軍中、ハイエクが最初に学問的な関心を抱いたのは、当時の有名な実業家（AEG会長）であり理想主義的な政治家として知られたヴァルター・ラーテナウ（1867－1922）の著作であった。彼は第一次大戦後外相を務めたがソヴィエト連邦と提携したことで極右テロによって暗殺される。その経済思想は産業の公有化を目指した社会主義的、改良主義的なものであった。ハイエクはその著作から自分の経済学に対する最初の着想の全てを得たと語っているが、まさにこの時点における彼の思想傾向は、穏健な社会主義に属するものであった。

とくに若きハイエクは、暴力革命ではなく議会活動を通じた漸進的な社会改革によって、階級間の対立が生み出す失業や貧困、経済格差といった矛盾を解決しようとするイギリス発祥のフェビアン主義に傾倒していた。フェビアン協会は今でもイギリス労働党の基幹団体の一つである。後年、彼がそうした立場を「隷属への道」と厳しく批判することを思えば非常に興味深い。しかし、第5章でも述べるように、晩年に至るまで、彼はけっして全ての福祉政策を批判する「自由放任」論者ではなかったことは記憶にとどめておく必要がある。軍務から一時休暇をとり大学進学に必要な卒業認定のためにギムナジウムに戻った際も、神学の授業中に社会主義に関するパンフレットを読んでいたために問題となったという。

一方、ハイエクが後に属することになる、経済的自由主義を理論的支柱とするオーストリア学派の創始者カール・メンガー（1840-1921）の著作『国民経済学原理』（一八七一年）に初めて触れたのもこの従軍時代であった。こうしたさまざまな読書の結果、彼はあらためて経済学に取り組むためにウィーン大学法学部（当時は正式には法・国家学部）に入学することになる。当時はまだ学部が現在のように多様に分化してはおらず、法学部で経済学が開講されていた。

ウィーン大学への入学当初、ハイエクは高級官僚、とくに外交官になることを目指していた。しかし、帝国崩壊やそれにともなう経済の混乱のなかで受験を考えていた外交官研修所も閉鎖されてしまった。そうしたなか、彼が大学でいちばん精力を傾けていたのは、じつは法学でも経済学でもなく心理学であった。とくに一九世紀の後半には神経生理学の発展にともないヴィルヘルム・ヴント（1832－1920）に代表される実験心理学、あるいは対照的に人間の無意識の構造に焦点を当てるジークムント・フロイト（1856－1939）の精神分析が、人間の行動パターンを分析する一つの大きな学問体系として出現してきた。

ウィーン大学

ハイエクはフロイト的な精神分析に対しては科学的根拠を欠くとして生涯批判的であったが、脳の構造を分析する生理学的見地にもとづく意識の生成過程に大きな関心を抱いており、大学入学後の一九一九年から二〇年にかけてその成果を一つの論文草稿にまとめている。それは「意識の発生論に寄せて」というタイトルを持つＡ４用紙で四〇枚を超える大規模なものであるが、後年、経済学者として大成したハイエクはその内容を『感覚秩序』（一九五二年）という著作としてあらためて書き直すこととなる（第４章参照）。

草稿の内容は思想的には、超音速の研究で知られる物理学者そして哲学者であるエルンスト・マッハ（1838－1916）の影響を受け、そこから脱却する過程で書かれたものだが、詳しくは第４章で述べることにしよう。結局その時点では、草稿は公刊されることなく机の中で眠ることになり、ハイエクは次第に経済学の研究へと向かっていく。最終的に専攻をそちらにすることに決めた理由は、金銭的な理由と将来の立身という現実的あるいは打算的なものであった。当時のウィーンでは心理学の大学ポストも、そのための研鑽の機会も限られていた。必ずしも金銭には不自由していたわけではないが終生、大学での正規ポストを得られなかった父親のことも念頭にあったのかもしれない。だが、いずれにせよこうした関心は、後の彼の社会哲学と大きなつながりを持っている。

ジークムント・フロイト

†戦後の大混乱と社会主義への関心

第一次世界大戦後、敗戦国となったドイツ、オーストリアが深刻なハイパーインフレーションにみまわれたことはよく知られている。ルール工業地域を占領され供給能力を著しく阻害されたドイツでは紙幣の増刷が止まず、ついには一〇〇兆マルクという天文学的な単位を持つ紙幣が発行された。オーストリアでも賠償金を捻出するために中央銀行が紙幣を増刷したために、月率五〇％、年率にして一〇〇〇〇％をはるかに超えるインフレとなり、通貨クローネは一九二四年の段階において戦前の一万分の一以下の価値に低下していた。こうしたインフレが人々の生活に大打撃を与えたことは言うまでもない。ハイエクの両親の資産も目に見えて減少していった。

当時のウィーンは政治的にも経済的にも混乱の坩堝《るつぼ》であり、通貨制度は完全に破綻していた。そのなかでウィーン市議会では社会民主党が過半数を獲得し市政を担うこととなった。いわゆる「赤いウィーン」である。社会民主党は積極的な福祉政策を推し進め、医療費の無料化や子供への「衣服手当」の提供、幼稚園の建設など幼児・女性への保護政策が行なわれた。住宅政策では、戦中に制定された借地人保護法を引き継ぎ、住宅の家賃を戦前の一九一四年の水準に強制的に留めていたが、当然、供給不足による深刻な住宅不足が生じたことで、一九二五年からは近代的で安価な住居の提供のために大規模住宅を次々と建設していった。現在もウィーン郊外のハイリゲンシュタット（ベートーヴェンの遺書の逸話でも知られる）に残るその名もカール・マルクス・ホーフは、シンプルながらもまさに「赤」を基調とした非常に鮮やかなデザインであり、病院や託児所、中庭も整備され当時の最新住宅の様子を現在に伝えている。

大戦前からの社会不安、そして戦後の混乱によって、社会主義ないしは計画経済に対する期待が盛りあがっていったのはある意味必然的であったが、青年ハイエクも例外ではなかった。当時はさまざまな党派の宣伝活動のために政治的主張を平易に記載したパンフレットが出回り、世論形成の一翼を担っていた。社会主義に関しても穏健なものから極端なものまで一般向けのさまざまなものが流布していたが、それらを貪り読むことで彼は社会問題についての関心を深めていった。友人たちとフェビアン主義的な政党を設立しようとしたことさえあったという。

インフレ自体は、ドイツでは大規模なデノミネーション（通貨切り下げ）を行なうための有名なレンテンマルクが発行された一九二三年頃から、オーストリアでは一足早く、戦勝国の支援の下にオーストリア中央銀行が再建された一九二二年頃から、急激に収束に向かっていった。その頃には、ハイエクは社会主義に対する傾倒をあらため自由経済の熱烈な擁護者へと方向転換していくが、インフレに対する極度の警戒心は終生失うことがなかった。さらには、人々の共感を集めていた社会主義が実際にはどの程度の現実性を持っているのかという疑念が、彼の問題関心を作りあげた。

一方、ハイエクは共産主義に対しては一切シンパシーを持っていなかった。一般に、共産主義、社会主義のいちばんの特徴とは産業の国有化・共有化である。初期資本主義においては、一握りの資本家が生産設備である工場や機械などの「資本」を独占することで、自らの労働力を賃金と引き換えに資本家に売り渡すしか生計を立てる術がない労働者階級(プロレタリアート)との階級対立が高まっていった。

カール・マルクス(1818-83)は労働者階級を、各自が自らの労働力を市場において「自由」に販売できるとともに、あらゆる生産手段から切り離されてしまっているという意味で「二重の意味で自由な労働者」と呼んだ。労働者が生計を立てるためには結局、「自由」な市場において自らの労働力を切り売りするしかない。マルクスは、そこに社会矛盾の根源が存在すると捉えた。彼は、生産手段(資本)が資本家によって独占されていることが労働者の貧困の原因であるならば、それを労働者自らが共同で管理することによって社会矛盾を解消できると考えた。

そうした「平等」なユートピアの建設や設計にあたって、共産主義は暴力革命をともなう労働者の独裁（プロレタリアート独裁）を志向する。その考えは、下部構造と呼ばれる経済システムの歴史的な変化が、必然的に人々のイデオロギーや政治・社会構造、道徳や文化を含む上部構造の変化をもたらすとする唯物史観、あるいは「科学」的思考法（科学的社会主義）にもとづいていた。一方、社会主義は、議会制民主主義を前提にその枠内で共同所有・管理を漸進的に進めていくという点で、共産主義と相違する。

そのうえで、とくに社会主義には、方法論をめぐって穏健なものから共産主義に近い急進的なものまで現在でも多様な種類が存在する。当時のウィーンにおいても、さまざまな運動が展開されたが、そのなかで若きハイエクの関心は、あくまでも穏健な社会改革を目指すフェビアン主義にとどまっていた。当時から彼は、客観的な歴史法則にしたがい不可逆的に社会が進歩していくと唱える共産主義（マルクス主義、科学的社会主義）に対しては、教条主義的、独断的な思考法に陥っているとの強い反発を持っていた。

戦後の混乱のなか、燃料不足のためにウィーン大学が一時的に閉鎖されたために、ハイエクはノルウェーとスイスに疎開した。一九一九から二〇年にかけてチューリヒに滞在した際には、論理実証主義を唱えた「ウィーン学団」の中心人物、モーリッツ・シュリック（1882－1936）の著作に触れるとともに、数週間、当時著名であった解剖学者コンスタンティン・フォン・モナコウ（1853－1930）の下で脳の線維束に関する研究を行なっている。

これはちょうど先述の心理学論文を執筆していた時期でもある。この間、ハイエクはさらにミュンヘン大学にいた高名な経済学者・社会学者であるマックス・ウェーバー（1864－1920）の下で学ぼうと計画を立てていたが、一九二〇年六月に彼がスペイン風邪で死去したことや金銭的な問題もあり、結局、ウィーンに戻ることになる。

†オーストリア学派

ウィーン大学での講義が本格的に再開された後、ハイエクはあらためて経済学の研究に打ち込み始める。彼は、メンガーの弟子でありオーストリア学派の第二世代の代表者の一人であるフリードリヒ・フォン・ヴィーザー（1851－1926）のセミナーに出席するようになった。オーストリア学派とは、現代の新古典派経済学成立の契機となった一八七〇年代の「限界革命」の立役者の一人、カール・メンガーを始祖とする経済学の流派である。現代の経済学は「制度化」が進み、共通のテキストや方法論が世界全体で相当程度共有されているが、そもそもはさまざまな学派による議論と批判の応酬によって成立してきたものだ。

アダム・スミス（1723－90）に始まりデイヴィッド・リカード（1772－1823）に受け継がれる古典派経済学は、なんらかの方法で客観的に測定可能な労働量によって経済的な価値が形成されていると考えた。最終的にはマルクスに受け継がれる、いわゆる労働価値説である。端的に言うなら、ある商品がなんらかの経済的価値を持つとするならば、それは客観的な単位としての人間労働が生産に投入された結果であるということになる。

一方、一八六〇年代においてイギリスのウィリアム・スタンレー・ジェヴォンズ（1835-82）、スイスのフランス語圏（ローザンヌ）で活動したレオン・ワルラス（1834-1910）、そしてオーストリアのメンガーがそれぞれ独立に貢献を果たした限界革命においては、財やサービスの使用者が主観的に感じる効用、つまりは満足度こそが経済的価値の本質として前面に取りあげられる。経済的価値について生産者側から考察する労働価値説ではなく、消費者の側から解釈するという具合に経済現象の見方そのものがまさしく転換した。

とりわけ、オーストリア学派は、個人としての経済主体が持つ主観や意志を徹底して理論の中心に据え、経済・社会現象の分析をそれらにもとづく行為に焦点を当てる

カール・メンガー

ことから始める方法論的個人主義を特徴とする。とくにメンガーは、財を生産する資本(生産設備)をも主観的価値論に「帰属」させた。

たとえば、目の前のパソコン(最終消費財)の価値が二〇万円の場合、材料代や部品代の合計がそうなのではなく、あくまで消費者がパソコンに二〇万円分の効用を感じているからこそ、その価値が決定される。さらには、パソコンの材料や部品(生産財)やその生産設備(資本)の価格も、もともとそれらが本源的な価値を持っているのではなく、最終財の価値に「帰属」しており、最終的な使用価値(効用)からさかのぼる形で、それぞれ決定される。電気やガソリンがなければ、あるいはその用途が理解できなければ、どれだけ高価な材料でできたパソコンや乗用車も使用価値をもたらすことはなく、たんなるガタクタに過ぎない。

これは「帰属理論」と呼ばれ、生産という一見、物理的な現象も徹底して個人の主観にもとづき分析される。こうした生産過程においては、時間の経過が大きく関係しているが、生産の開始と最終生産物が消費者の手元に届くまでの間にはタイムラグが必然的に存在するため、その推移における資本の形成や価格形成の不確実性もまた重要な研究対象となる。こうした時間の経過にともなう経済の推移に分析の焦点を当てるのが、オーストリア学派の最大の特徴である。そのうえで、生産過程における政府介入は基本的に経済を攪乱する要因であるとして極力排除される傾向にあり、それがこの学派の持つ自由主義的な性格の基盤となっている。

メンガーの思想は直接的にハイエクに影響を与え、それが彼の「自生的秩序」論にも結実している。メンガーは、経済社会の分析を個人単位にまで分割して考える方法論的個人主義の立場に立つが（この立場自体は現代のミクロ経済学まで続いている）、同時に研究対象となる社会そのものは個人の意図的・計画的な行動の単純かつ直接的な帰結とも異なると考え「有機的社会現象論」の立場をとる。これは矛盾ではない。有名な例が貨幣である。刑務所の囚人たちが配給される煙草をいつしか貨幣の代わり、あるいはほぼそのものとして扱うようになり、それが流通しだすように、貨幣は目的のために直接的に設計されるものではない。むしろ行為が繰り返し折り重ねられるなかで、ある種の「意図せざる結果」として発達し成立していく。

言語や法といった現象も同様であり、やはり個人の行為の複雑な「意図せざる結果」としてそうした制度が存在している。社会全体はあくまで個人の行動の合成として成立しているが、しかしきわめて複雑に構成されている。そうした複雑な総体をそのまま眺めるのではなく、その絡まりを丹念に解きほぐしていくのが方法論的個人主義の手法である。これこそ若きハイエクがメンガーの『国民経済学原理』から直接得た洞察であった。

オーストリア学派は創始者メンガーに続く第二世代であるベーム＝バヴェルクとヴィーザーによって継承され、さらなる理論的発展を遂げる。二人は結婚を通じて義兄弟かつ友人関係にあった。ベーム＝バヴェルクがマルクスの価値論を徹底的に批判し、基本的には経済的自由主義の立場にあったのに対して、ヴィーザーもオーストリア学派独自の資本理論や現代の経済学の重要概念である機会費用の理論を展開した一方で、政策的には若きハイエクと同じくフェビアン主義に近く経済への政府介入を支持しており、限界効用理論を元に累進課税の正当化を考えていた。すなわち高所得者への課税による効用（満足度）の減少と低所得者への再分配による効用の上昇を比較すれば、基本的に後者が大きいと考えられるがゆえに、再配分の手段としての累進課税が正当化される。

オーストリア学派は現代でも主にアメリカにおいて新オーストリア学派として継承されており、やはり徹底した自由市場の擁護をその最大の特徴とする。しかし、この時期においては学派のメンバーの政治的立場にはそれぞれかなりの温度差があった。

†知性の二つのかたち

ベーム＝バヴェルクはハイエクの母方の祖父の友人であり直接家を訪問する機会もあったが、一九一四年に亡くなったために直接教えを受けることはなかった。そのため必然的にハイエクは、大学ではヴィーザーの下で経済学を学ぶことになった。後年彼は、ベーム＝バヴェルクとヴィーザーをモデルに「知性の二つのかたち」（一九七五年）と題する印象深いエッセイを執筆している。

そこでハイエクは優れた学者のタイプを二つに分類している。一つは彼が「学科の達人（マスター）」と名付けるものであり、ベーム＝バヴェルクはじめ専門分野のさまざまな理論に精通してそれらを纏《まと》めあげ、自在に応用することができる人たちのことである。その優れた才気は多くの学者にとっての模範となる。

もう一方はヴィーザーを代表とする、「混乱した人（パズラー）」と呼ばれるものである。

E・v・ベーム＝バヴェルク

F・v・ヴィーザー

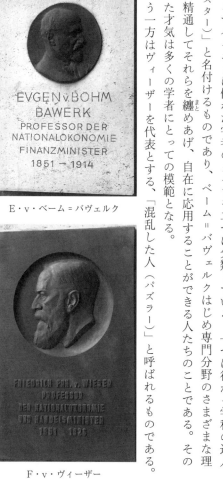

彼らにとっては何事も単純に割り切れるものではなく、なかなか自らのなかで整理して明快な主張としてまとめることができない。ゆえに、いつもその言葉は人をすぐに納得させるというよりは、むしろ当惑させる性格のものであり、当人でさえも何を言わんとしているのかをすぐには把握しがたい。しかし、ハイエクは、真に独創的な貢献を行なうのは後者であると指摘する。後者のタイプは、前者が綺麗に整理してまとめる過程で切り落としてしまう暗黙の前提や隠された問題点にたえずぶつからざるをえない。それらをなんとか再構築しようとする過程で、「混乱した人」は真の問題を発見し、自ら紡ぎ出した言葉でなんとかいまだ明確になっていない概念を抉り出そうとする。これこそが創造性の源泉なのである。

さらに「学科の達人」はしばしばその時代の支配的な見解や流行を無批判に受け入れてしまうのに対して、「混乱した人」は頑固でひたすらわが道を行く。他にもハイエクは、シュンペーターを「学科の達人」に、後にシカゴ大学で互いに交友しつつ論争することになる二人のアメリカ人自由主義経済学者の一方であるジェイコブ・ヴァイナー（1892－1970）を「学科の達人」に、もう一方のフランク・ナイト（1885－1972）を「混乱した人」に分類している。また哲学者では、数学的基盤をもとに論理学を発展させ分析哲学への道を切り開いたバートランド・ラッセル（1872－1970）が前者に、「有機体の哲学」を説いたアルフレッド・ホワイトヘッド（1861－1947）が後者に擬せられている。

ハイエク自身この分類は、有名な「積極的自由」と「消極的自由」という二つの自由概念で知られる政治哲学者アイザイア・バーリン（1909－97）の「ハリネズミと狐」の対比と似ていることを認めている（二つの自由概念については終章参照）。バーリンの区別は、「たくさんのことを知っている狐」と「一つだけ肝心なことを知っているハリネズミ」の違いであるが、いずれにせよハイエクは、自身を直接に後者になぞらえるのはさすがに遠慮している。だがつねに要領のよい優等生的な「学科の達人」に対し、「学校ではろくでもない生徒であり、時には落第しかねない」経歴を持つことが多い「混乱した人」とはやはり彼自身のことも表しているだろう。

ハイエクの思想は、経済学はもとより領域横断的にさまざまな科学を渉猟することで成り立っているが、著作を読むと必ずしもそれらを手際よく整理していくという感じはあまりしない。自由社会の擁護という主張それ自体は明確に感じられるものの、あちこちへと迂回してはさまざまな概念や用語を援用し、執拗に似たようなことを繰り返しながらなんとか言葉を探り当て、少しずつ核心に迫っていくようなスタイルで書かれた文章が多い。ドイツ語に特有の関係代名詞を複雑に多用する文体がそれに輪をかけている。

一方でベーム＝バヴェルクのセミナーはルドルフ・ヒルファーディング（1877－1941）

やオットー・バウアー（1881‐1938）といった当時の有名な社会主義者も出席した議論活発で賑やかなものだったのに対し、ヴィーザーのセミナーは理論的ではあったが興奮させる要素には欠けていたとハイエクは述べ、単純に後者を称揚するだけではなく客観的な評価も行なっている。いずれにせよオーストリア学派の二大巨頭であった彼らは、つねに対照的な存在であった。

そのうえでハイエクは、直接の師であったヴィーザーの追悼論文において、その人柄や博識をゲーテとならぶ「真のドイツ人」さらには「最良のオーストリア人」と表現している。彼にとってヴィーザーの学恩は終生思い出深いものとして続いた。ヴィーザーのハイエクに対する直接的な思想的影響は必ずしも明確ではない。それでも現在の研究は両者に一定の関係を見出す方向に進んでいる。後の章でも見るようにハイエクは自由市場を最大限に称揚しながらも福祉政策そのものは全く否定せず、むしろ後者を「自由の条件」と位置づけている。おそらくは、それにもヴィーザーの思想が影響していた可能性がある。

†ミーゼスとの邂逅

学生時代のハイエクは経済学への取り組みの一方、弟のハインリッヒが解剖学科に所属していたため、彼の授業や解剖実習にも潜り込むなど引き続き生理学や心理学への関心も持ち続けていた。学部自体は法学部なので法律の勉強を中心に行なわねばならなかったが、経済学に加えて心理学にも同じくらいの時間を割いていた。法律の成績自体は優良であり、一九二一年一一月には法学の博士号を取得している。

当時のウィーン大学法学部では成績優秀者に対して試験の結果のみで博士号を授与していたが（そのためハイエクの法学の博士論文は存在しない）、経済学はそのための最終試験のなかの一つの科目を占めるに過ぎなかった。学位取得に当たってハイエクはとくにローマ法の学習に精力を傾けたが、このことは後の彼の法理論にも大きな影響を及ぼすことになる。首尾よく学位取得後、彼はあらためて経済学研究に主軸を移していく。

ハイエクの多様な関心は、みななんらかの形で後年の彼の総合的社会哲学に結実している。当時の大学はギムナジウムとはまったく違い自由度が高く、出席確認と期末の口頭試問以外は宿題やレポートなどを含め何も拘束するものがなかったために、ハイエクのような多面的な領域に関心を持ち自主的に学問にいそしむ学生にとってはまさに夢のような世界であった。政治や経済の混乱にもかかわらず、大学のアカデミックな環境には翳《かげ》りはなかった。芸術を含む当時のウィーンの知的環境の隆盛は残念ながら最終的にはナチスの台頭によって頓挫するものの、後の時代へと語り継がれることになる。

好きな学問に打ち込む一方で、ハイエクは社交も楽しむようになった。授業の後は毎晩のように劇場に出かけ、大学主催のダンス・パーティーにも出席するようになった。社交会の通例として女性も同席しておりオペラなどに誘うこともできたが、上流階級の息女が多いために必ず家庭からのお目付け役がついてきていたという。ただ、彼の初恋の女性であるヘレーネ・ビッターリッヒ（1900－96）とは遠縁に当たっていたために、邪魔されることなく一緒に出かけることができた。彼女とははるか後に家族や友人をも巻き込み大騒動を巻き起こすことになるが（第3章）、この時はまだ誰もそれを知る由もなかった。

L・v・ミーゼス

法学の学位取得後すぐに、ハイエクはヴィーザーの紹介でオーストリア学派の第三世代にあたるルートヴィッヒ・フォン・ミーゼス（1881－1973）が責任者の一人を務める政府機関、清算局に勤務するようになった。この機関は大戦の講和条約にともなう金銭的処理のための役所である。ミーゼスは同じオーストリア学派でもシュンペーターと同じくベーム＝バヴェルクの弟子であるとともに、ヴィーザーとは異なり急進的な自由主義の熱烈な唱道者であった。現代でも、主にアメリカを拠点にして新オーストリア学派が系譜を繋いでいるが、とくにミーゼスからいちばんの影響を受け、それを継承し発展させることで独自の理論的発展を遂げている。

ミーゼスは学問的には生涯を通じて徹底した方法論的個人主義者であった。彼の経済学は、理論を経験から帰納された（実験や統計から導き出す）ものではなく、純粋に演繹的なものと考えるところにその特徴がある。これは先験主義（アプリオリズム）と呼ばれる立場である。経済学は社会科学に属するにもかかわらず、その理論は経験に先立って存在している。こうした言い方はたいへん奇異に感じるかもしれない。しかし、それがミーゼスの理論の特異性である。

たとえば、経済学において最初に習う理論に限界効用逓減の法則がある。真夏に汗をかいた後に飲むビールの最初の一杯の効用（満足度）は非常に高いが、二杯目、三杯目と進むにつれて効用は次第に減っていく。これはなんらかの経験則あるいは心理学的な法則として教えられるのが普通である。しかし、ミーゼスはそのようには考えない。この法則が示しているのは、あらゆる人間は、すべての財について、その財の最初の一単位（一杯目）を本人が最も価値のあると考える用途に割り当て、次の単位（二杯目）は次に価値があると考える用途に割り当てるという「人間行為」としての普遍的真理である。

ミーゼスにとってこうした経済法則は、実験や観察で得られた経験やデータにもとづく検証によって確かめられたり、あるいは反証によって否定されたりする性質のものではない。なんらかの固有の目的を持ちそれを達成するために行動する人間であれば、論理的には誰もが必ずそのように行動するという意味で経験に先立つものであり、アプリオリに真である。

価格が上昇すれば需要が減少するという法則もそうだ。仮に現実社会でそれに反する現象が観察されたとしても、それは対象となる財の品質の問題であったり、何か情報が隠されていたりなどが原因であって、法則自体には何の揺らぎもない。ミーゼスにとって全ての経済理論はそうしたアプリオリな命題から演繹される形で作られる。同時に、人間行為の一つひとつが一回限りの事象であるのに比べると、むしろ自然科学の方が仮説の検討に検証や反証を必要とするために経験的な側面が強い。数学を別とすれば、彼にとって経済学こそいちばんの演繹的な科学なのである。彼はそれをプラクシオロジー、すなわち「選択の純粋論理学」と呼んだ。

一方で、ミーゼスの経済学はたんなる機械的な計算とは全く異なる。人々の選択に当たって何に価値があると考えるかは、先述のオーストリア学派の特徴通り、あくまで個々人の主観にもとづく。客観的な労働量に価値の源泉を見る労働価値説とは対照的に、こうした立場は主観主義と呼ばれる。ある人にとってはゴミの山にしか見えないものも、別のある人にとっては宝の山である。そうしたそれぞれの主観的価値にもとづいた目的を満たすために、人々は能動的に選択を行なう。

それこそが「人間行為」であり、ミーゼスにとって経済学とはその分析のための論理的な学問であった。こうした点で彼の理論は、個人の選好や欲求があらかじめ所与として与えられている現代の経済学の合理的で機械的な「経済人」モデルからも区別される。さらに個人の主観的価値と経済的論理の独立性をきわめて重視する点で、彼は政府介入を嫌う急進的な自由主義者であった。

有名な逸話として、ヴィーザーの紹介状を持ってきたハイエクに対してミーゼスは、「ここにはきわめて優秀な人物と書いてあるけれど、講義で君の顔を見たことは一度もないね」と笑ったという。事実ハイエクは、厳しくフェビアン主義を批判するミーゼスの講義に反感を抱き、すぐに出席を取りやめてしまっていた。

しかし、ミーゼスはハイエクを快く受け入れた。彼はその急進的自由主義の思想にもかかわらず、きわめて頑固で怒りっぽい家父長的な人柄ではあったものの、その一面ゆえかさまざまな便宜を親切に図ってくれた。ハイエクは、しばらくはミーゼスの主張を横目で見ていたものの、徐々にその思想に親しみ、アメリカへの留学から帰った後、あらためて本格的に傾倒し彼自身の政治的立場も大きく変化することになる。

ただヴィーザーとミーゼスは互いの業績を尊敬しあってはいたが、それでも内面では相容れないものがあるともハイエクは感じていた。後にハイエクはケインズ主義や福祉国家論に対抗する「新自由主義」の旗手として世に知られることになるが、ギムナジウム以来のフェビアン主義的な穏健な社会主義への共感から思想的に転換していくなかで、むしろ最初のヴィーザーとの出会いは経済学や自由主義へのちょうどよい媒介になったと思われる。それなくしてはミーゼスとは受講を中断したままで意気投合することはなかったであろう。

†二つの目の博士号とハイエク思想の特徴

ハイエクは清算局での勤務の傍ら、ヴィーザーの指導の下でオーストリア学派の中心概念の一つである帰属理論に関する論文を書きあげ、それによって一九二三年三月に二つ目の学位である国家学（政治学）の博士号を取得する。審査委員は、きわめて対照的な立場の二人の人物であった。一人は法実証主義の下に、法学から政治的、社会学的、心理学的、倫理学的な要素を排除することで「純粋法学」を確立した高名な法学者ハンス・ケルゼン（1881－1973）である。彼は、ドイツのワイマール憲法体制を擁護し、後にナチスを逃れてアメリカに渡った後も、平和のための国際法及び国際機関の樹立に向けて尽力したことで知られる。第二次世界大戦後の日本の憲法の位置づけや解釈についても多くの影響を与えている。

もう一人は戦間期のオーストリアのファシズム運動に大きな影響を与えた政治的全体主義の理論家であり経済学者、オトマール・シュパン（1878－1950）であった。彼は、当時の「自由主義」的風潮において、むしろ個人が社会や共同体から切り離されバラバラの「原子的」な存在に堕してしまったとして、諸個人の再統合を唱える「普遍主義」を説いて学生たちからの人気を博した。シュパンにおいて「普遍」とされるのは歴史的存在としての身分制的共同社会である。それに対し、個人はあくまでそれに従属し規定される部分に過ぎず、それによってはじめて意味を持つとされる。

彼の思想はオーストリアのファシズム運動（オーストロ・ファシズム）やそれにもとづくドルフス政権（1932－34）に大きな影響力を及ぼしたため、ミーゼスは理論的にも政治的にもシュパンを激しく批判し、後に「ナチスの哲学者」とまで罵った。ただドルフス政権とナチスはオーストリア併合を巡って利害が対立しており、最終的にドルフス（1892－1934）はナチスによって暗殺された。シュパンも後者の政権下では冷遇されることになる。

ハンス・ケルゼン

ハイエクはその後の研究生活のなかで、審査委員であったケルゼンとシュパンの双方の立場を批判するとともに、最大の影響を受けたミーゼスをも乗り越えていくことになる。ちなみに、ミーゼスはウィーン大学では聴講する学生から直接、講義代を徴収する私講師という立場に過ぎなかったこともあり、論文の審査には直接関係していない。

詳しくは第6章で述べるが、ハイエクはケルゼンの「法の支配」論を継承しつつも、その純粋法学の立場を批判し、法によりなんらかの社会的な内実を求めることになる。またシュパンに対しては、最初はその情熱的な指導方針に魅了されるとともに、後ほどはメンガー以降のオーストリア学派を激しく否定していなかったために、ここでもその著作に触れることができた。ほんの一時、ハイエクはシュパンのお気に入りの学生となったが、しかし、ハイエクの細かい質問があら探しと嫌われたために、程なくゼミナールから「追放」されることとなった。

やや細かい話にはなるが、ハイエクの後年の「自生的秩序論」とシュパンの社会有機体論は、個人が社会から孤立した「原子的」な存在ではなく、社会とのなんらかの相互作用のなかで意思決定を行なうと想定されているという意味ではどこか似ている側面があると、研究者によって時折指摘されてきた。あえてわかりやすく言うならば、「自由主義者」ハイエクの思想は、「全体主義者」シュパンとどこかでつながっているのではないかという疑念がそこには隠れている。

仮にこれが正しければなかなか由々しきことであるが、結論としては、二人の相似は「見かけ上」のものに過ぎない（江頭・塘 2005）。最初のフェビアン主義への傾倒からもわかるように、もともと若きハイエクが後年のような自由主義者でなかったことや、生涯の思想全体において経済主体のあり方や個人の選好（嗜好や好み）が社会性を持っており、そこから完全に独立したものではないことは確かである。しかし、類似点はあくまでそこまでである。ハイエクは、シュパンの国家主義的で「形而上学的志向」の主張には到底、賛同できなかったし、シュパンはそうしたハイエクの露骨な態度に業を煮やしたと思われる。

ハイエクの方法論における人間像が「全体論的」な特徴を持つことは確かである。それは、現代の主流派の経済学のような、完全に社会から独立した存在として徹頭徹尾誤りのない合理的な計算を行なうというもの（方法論的個人主義）とは、一定の距離がある。こうした人間像をもとに経済学は大きく発展を遂げてきた。しかし一方で、その想定は現実社会と大きく乖離しており説得力を失っている、との批判も現在、さまざまな立場から行なわれている。心理学的な人間の非合理性を取り入れた現代の行動経済学などもその一つであるが、じつはハイエクはそうした批判の先駆者であった。

同時に、ここでの「全体論」とはあくまで学問的な方法論上の議論であることには注意を要する。たとえば、自殺の増加の原因を個人に求めるか、それとも社会に求めるかといったように個人と社会の関係を考える際、前者を基盤に据える立場を方法論的個人主義、後者に重きを置く立場を方法論的全体論と呼ぶ。後者は、政治的な全体主義とは全く無関係であり、たとえば、有名なエミール・デュルケーム（1858－1917）の自殺論やケインズのマクロ経済学も方法論的全体論にもとづく。

一般に、社会科学者にとってどのような立場をとるかは、二つの間に無数のバリエーションがあるとともに、その主張の性格を決定づける重要な要素である。長年にわたるハイエクの思想展開においても、それら二つはきわめて微妙かつ複雑な形で入り混じっている。

ハイエクはミーゼスとの出会いによって、その急進的な先験主義と方法論的個人主義の洗礼を受け、経済学者さらには自由主義を擁護する社会哲学者として成長していくことになる。ただその学問的立場は終生、ミーゼスとは一定の距離感があったのも事実であり、それが師とは違う彼の思想の独自性を生み出す元ともなっている。ハイエクはその人柄や性格もあり、ユダヤ系であったミーゼスが一九七三年に亡命先のニューヨークで客死するまで、終始友好的な関係を保ち続けた。すぐに癇癪を起こし弟子からの反論を頑として受け付けないミーゼスと喧嘩をしたことがないのは自分くらいだったと述懐しているほどである。

ハイエクがミーゼスから学んだことは多かったし、その自由主義的な結論には概ね賛成していた。しかしその正当化の論法につねに満足していたわけではなかった。ミーゼスの死後、ハイエクはインタビューにおいて次のように打ち明けている。

決定的な点を述べさせて下さい。私のミーゼスとの関係のなかにある問題は、今になって初めてはっきり理解できるものです。それは、知識の経済学についての私の一九三七年の論文から始まったものですが、その論文は、ミーゼスが市場の理論はアプリオリ（先験的に真）だとしているのは間違いだ、ということを彼自身にわかってもらおうとして書いたものなのです。アプリオリなのは個人の行為の論理だけであって、それから多数の人間の相互関係へと進む瞬間に、あなたは経験的領域に入ることになる、ということをです。（『ハイエク、ハイエクを語る』六〇頁）

ここで語られている「知識の経済学」についての論文、そして自生的秩序論として結実することになる「多数の人間の相互関係」についての分析は、ハイエクの全ての業績のなかでも画期的なものである（第3章参照）。早い時期から彼はミーゼスの議論に違和感を抱き、市場や自由主義の擁護を継承しつつも学問的立場としては師からの脱却を図っていた。

研究者の間では、ハイエクの思想における方法論的個人主義と方法論的全体主義の複雑な関係をどう考えるべきかについて多数の議論がなされているが、その詳細については本書の範囲を超えており、あらためて第3章で手短に説明するにとどめたい。ただ彼は単にミーゼスのように個人を出発点とするだけではなく、個人が互いに影響を与えあうなかで社会的条件や制度を作りあげ、それを基にあらためて個人が行動するという複雑な相互関係について考えていた。そうした社会性への配慮という意味では、個人を他者とのつながりを欠いた原子的なものと考える、狭い意味での方法論的個人主義とハイエクの立場は区別される。

なによりここで強調したいのは、ハイエクの思想の最大の特徴とは、対立する二つの立場を同時に批判しながら両極を乗り越え、独自の思考を打ち立てようとする態度にある。こうした彼の思想の特徴はこれからもさまざまな場面で表れることになる。

†アメリカ留学

一九二三年、学位取得後すぐ二四歳の時に、ハイエクはアメリカ、ニューヨークへと一四カ月の留学に出かけることになった。ミーゼスの紹介もあり、貨幣制度改革のためにウィーンを訪れていたニューヨーク大学教授ジェレミア・ジェンクス（1856－1929）から招待されたのと、経済学者たるもの、一度は新世界アメリカを知っておくべきという自負に支えられての計画であった。ドイツにおけるインフレがようやく一息ついてきた頃であり、自費でやっとのことで旅費を工面しての旅であった。

留学にあたっては、大戦後のオーストリア共和国の蔵相となり、辞任後ビーダーマン銀行（後に倒産）の頭取を務めていたシュンペーターに紹介状を書いてもらった。同じ学派出身とはいえ両者の理論や思想の間にはかなりの距離感が存在したが、それでも「貧しくて惨めな、最低の生活」と後々まで回想しているようなたいへん苦労したアメリカ滞在において、紹介状は大きな力を発揮した。到着直後にはジェンクスが休暇に出かけてしまっていたため、連絡がつかずに資金が底を尽きてしまった。皿洗いのアルバイトを始めようとした直前にようやくコンタクトを取ることができて助手として採用され、なんとか生計を立てる見込みができるという一幕もあった。後年、ハイエクは肉体労働を実際に経験することがなかったことを、半ば冗談として残念に振りかえっている。

助手としての活動の傍ら、紹介状の成果もあり、同じニューヨークにあるコロンビア大学で教鞭を執るアメリカ制度学派の中心人物ウェズリー・ミッチェル（1874－1948）の授業や、同じく制度学派の影響下から出発し後にアメリカにおける新古典派経済学の普及の礎を築くジョン・ベイツ・クラーク（1847－1938）のセミナーにも出席した。クラークの名を冠した賞は、今でも最も優れた若手アメリカ人経済学者に与えられている。貨幣数量説を唱え、後に大恐慌期におけるデフレーションへの提言で有名になるエール大学の新古典派経済学者アーヴィング・フィッシャー（1867－1947）にも面会することができた。

インタビュー集である『ハイエク、ハイエクを語る』の編者スティーヴン・クレスゲが、とくにミッチェルがハイエクに与えた影響を強調している点は興味深い。ミッチェルは、ソースティン・ヴェブレン（1857－1929）の系譜を引くアメリカ制度学派の重要人物である。ヴェブレンは「顕示的消費」概念で有名な異端の経済学者であり、上層階級である有閑階級が自身のステイタスを誇示するために奢侈（贅沢）という大規模な消費を行なうことで経済社会が維持されている現状を批判的にとらえた。

その継承者たるアメリカ制度学派は、オーストリア学派や新古典派経済学と異なり、純粋な抽象理論よりも個人の行為や選好の背後にある集団行動に視点を向け、それらを規定する具体的な社会制度（ヴェブレンにおいて端的にそれは「言語」を通じた思考習慣であった）の特性や変化に着目する。その点で、彼らはまず個人に先立つ社会という存在を重視する方法論的全体主義に立つ。

そのうえで、概して彼らの主張は自由市場やそこでの大企業の行動に批判的であり、経済に対する介入あるいは共同管理の必要性を訴える点では、後年のハイエクの立場とは大きく異なり対照的である。しかし、それでもミッチェルが経験的分析のために利用する統計的アプローチの重要性はハイエクに相応の影響を与えた。それは自身とミーゼスの立場との相違もあらためて浮き彫りにすることになった。

当時、ウィーンとアメリカの方法論は大きく隔絶していた。在米中にハイエクは、ミッチェルにミーゼスの思想体系について説明を試みたことがあった。しかし、丁重ではあるが皮肉に富んだ懐疑的な返答があったのもある意味、当然であった。ただハイエクはミーゼスとは異なり、理論をより説得的なものにするためにもヨーロッパではまだ一般的ではなかった経験的・実証的な分析の一定の必要性をアメリカで認識することになる。

またハイエクは、ニューヨーク社会科学研究所で引退直前のヴェブレンの講演も聴くことができた。ただ彼は、ヴェブレンが集まった取り巻きとも言える老婦人たち（その特徴的な容姿にもかかわらず女性に人気があることで有名であった）に向かって、自らの晦渋な著作と同じく皮肉に富んだ聞き取りにくい言葉でつぶやく議論のスタイルには好感を覚えなかった。

多くの経験を積んだアメリカ生活ではあったが、それでも敗戦国からやってきた金銭的な苦労は最後まで変わらなかった。ウィーン人のハイエクにとってはニューヨークの雰囲気は馴染めないものだった。正規の学生ではなかったこともあり、時折に図書館で出会う顔見知り以上の友人はできなかった。帰国の際にも、靴下が穴だらけだったため重ね穿《ば》きしており、たいへん驚いた母親は後年まで語り草にしたという。

†ガイスト・クライスでの交友

アメリカへの留学前後から、ハイエクは後にアメリカの中央銀行である連邦準備委員会の理事となるヘルベルト・フュルト（1899－1995）と共に「ガイスト・クライス」（精神的な同志）と呼ぶ研究会を主宰していた。二人は一時期シュパンのゼミナールに出席していたが、先述のように、ともにしばしば批判的な質問を投げかけたことから嫌われてしまい、出席を禁止されたことも研究会設立の動機であった。

会合には、ミーゼスのゼミで同門の経済学者ゴットフリート・ハーバラー（1900－95）やフリッツ・マハループ（1902－83：二人とも後にアメリカ経済学会の会長となる）、後にジョン・フォン・ノイマン（1903－57）とともにゲーム理論を確立するオスカー・モルゲンシュテルン（1902－77）らだけではなく、社会学者のアルフレート・シュッツ（1899－1959）、法哲学者のフェリックス・カウフマン（1895－1949）、数学者のカール・メンガー（1902－85：先述の経済学者の息子）、他にも歴史家や政治学者、美術史家、音楽学者、精神分析医など多種多様な錚々たる人物が出席しており、最大で二五名、通常一〇名から一二名程度のメンバーからなっていた。「知的自由の理想の追求」を掲げたこの研究会は、互いに専門領域の異なるメンバーが会ごとにそれぞれの自宅に集まって討論を行なった。ただ特定のメンバーの人間関係のもつれから、恋愛関係がこじれて内部分裂が起きる可能性を懸念したため、女性の参加は認められていなかったという。

研究会記録によると、経済学、政治学、法学、社会学、哲学、歴史はもとより、ハイエク自身によるニューヨークの紹介、女性問題やパレスチナ問題、アメリカの黒人問題、ギリシャ独立などの時事的な論題、相対性理論などの自然科学、シェークスピア、ゲーテ、プルースト、トマス・マン、ヴァレリーなどの文学論、オペラやブルックナーの和声法についてなどの音楽論、レンブラントや絵画の修復方法を含む芸術論など、その幅広さには驚かされる（森 1995）。メンバーが専門以外のことをテーマに報告することがむしろ推奨されていた。

「ガイスト・クライス」のメンバーは、フェルトをはじめシュッツ、カウフマンなどユダヤ人が多くを占めていた。先にも述べたように、ハイエク自身はユダヤ人の家系ではなかったが、最大の師であるミーゼスや縁戚にあたるルートヴィッヒ・ウィトゲンシュタイン（1889 - 1951）らもそうであったように、当時のウィーンには多くのユダヤ人研究者が存在していた。

キリスト教徒とユダヤ人の研究者が激しい対立をも含みながら相互に深い影響を与えあっていたのは当然であるが、ハイエクによると、ウィーンの学術コミュニティには三つの形態があったという。一つは、純粋にユダヤ人だけのグループ、もう一つは純粋にキリスト教徒だけのグループ、そしてその二つの間で大きな割合を占める混合グループである。改宗ユダヤ人を含む混合グループはその両端において他の二つと交流があったものの、キリスト教徒のみあるいはユダヤ人のみのグループは互いに没交渉であった。

ハイエクの家族自体は、ほとんど信仰心を持たなかったとはいえキリスト教徒のグループに属していたが、学術的な文脈においては、彼は混合グループに属しており、そこでの活動を通じて、知己を広げ思索を深めていくことになる。ハイエクは混合グループを通じて、たとえば、一九三三年にノーベル物理学賞を受賞した量子力学者エルヴィン・シュレーディンガー（1887－1961）などと知己があったものの、純粋なユダヤ人のグループに属していたフロイトとはまったく面識がなかった。狭く濃密だったと思われるウィーンの学術集団においても、そうした区分は厳然として存在していた。

†「遠縁の従兄」ウィトゲンシュタイン

そうした交流のなかでとくに印象を残すのが、縁戚に当たる哲学者ウィトゲンシュタインとのエピソードである。直接の血縁はないものの、ハイエクの母方の曾祖母の妹がウィトゲンシュタインの祖母にあたっていた。ウィトゲンシュタインから見ればハイエクは、正確には又従兄弟の子供である再従甥《はとこおい》の関係になる。

ウィトゲンシュタイン家は祖父の代にユダヤ教からカトリックに改宗しており、当時の社交界の中心でもあった。鉄鋼業で財を成し、兄パウル（1887－1961）は有名なピアニストであった。戦争で右腕を失った彼のためにラヴェルやプロコフィエフ、R・シュトラウス、コルンゴルト、ブリテン、フランツ・シュミットら錚々たる作曲家たちが委嘱に応じて左手のための作品を遺しており、現代でも頻繁に演奏されている。

L・ウィトゲンシュタイン

ハイエクは後年、ウィトゲンシュタインのことを、「よく知っているとは言えないけれど、現在生きている人間のなかでは誰よりも長い期間、彼のことを知っている」という含蓄のある言い回しで回想している。ハイエクは幼いころ親戚づきあいとしてその家をたびたび訪れていたが、当人同士はウィトゲンシュタインが一〇歳上という年齢差もありそれほど付き合いが深いわけではなかった。

だが、一九一八年八月、ハイエクは軍務の休暇から帰る途中、夜行列車の出発するホームで同じく軍務に服していたウィトゲンシュタインに偶然出会い、強烈な印象を覚える。車中でのウィトゲンシュタインは、自らを取り巻く俗人や世間そのものに対する軽蔑を隠すことなく、世の中のあり方や習慣などあらゆることに批判の眼を向け、「真実性への情熱」をひたすら追求する人間であった。そのときおそらくウィトゲンシュタインは、一九二一年に出版される『論理哲学論考』の草稿を持っていたはずであった。しかし、その後も含め、彼らが哲学の話を本格的に論じることはなかった。むしろウィトゲンシュタインは、そうした話題にならないことを好んでいる風であったという。

『論理哲学論考』は徹底した論理学的・数学的手法にもとづき、それらによって表現される形式論理のみに哲学的な意味があると主張する。論理構造としての言語によって示されるもののみが人間にとっての「事実」であり、目に見える世界は全て言語の写像に過ぎない。ウィトゲンシュタインは、そうした言語体系そのものが「世界」の枠組みそのものであり、それ以外の「語りえぬことについては、沈黙せねばならない」と述べて、自我や意志、倫理、価値、神といった形而上学的概念を哲学から除外し、当時一世を風靡していた論理実証主義に決定的な影響を与えた（第4章参照）。ハイエクもまたその最初の読者の一人となり、エルンスト・マッハの著作とともに大きな影響を受けた。

後にハイエクがウィーンを離れロンドン・スクール・オブ・エコノミクス（LSE）に赴任した際にも、ケインズの招きで同じくロンドンに来ていたウィトゲンシュタインとは何度か会う機会があった。ウィトゲンシュタインには議論で興奮すると火かき棒を振り回す癖があり、たまたま目の当たりにしたハイエクは、たいへん驚愕したことを述懐している。

そうしたことは一度ならずあり、科学哲学における反証主義の提唱者として著名なカール・ポパー（1902－94）との「火かき棒事件」もよく知られている。一九四六年のある会合にて、ウィトゲンシュタインとポパーの主張が真っ向から対立した際、激昂したウィトゲンシュタインは、やはり暖炉にあった火かき棒を振り回しながら反論した。この頃、ハイエクとポパーは、私的にも学問的立場的においても盟友といってよい関係にあった。

ただ当時のウィトゲンシュタインは、すでに以前の主張を大きく変化させていた。そもそも論理的・形式的「事実」ですら、それ自体で成立しているわけではなく、むしろ言語が「意味」を表現する「構造」やメカニズム自体に焦点を当てるべきである、という立場への移行である。ウィトゲンシュタインの哲学は、前期と後期で大きく相違するが、後期で展開される「言語ゲーム」論も、後のハイエクの「自生的秩序論」やその最大のライバルであるケインズの思想とも興味深い関係にある。

ハイエクとウィトゲンシュタインが最後に出会ったのは一九五〇年、帰省していたウィーンからロンドンに戻る大陸横断列車のなかであった。ハイエクが寝台車の暗がりのなかで着替えをして上段に登ろうとしたところ、下段からボサボサ頭の男が頭を突きだしてきて「やあ、ハイエク教授じゃないか！」と叫んだ。ウィトゲンシュタインは癌で亡くなった長姉を看取った後、ロンドンに戻るところであり、またしても偶然の出会いであった。

そのとき彼は懸命に推理小説を読んでいるところであったが、ハイエクと認めるやいなやまた自分の世界へと戻ってしまった。ようやく読了後の次の日、ウィーンの状況からはじまり哲学や倫理的問題に関する議論へと会話が進展しかけたが、ちょうど列車が港に着いてしまった。ロンドンに向かう船上での再会を約したものの、結局ウィトゲンシュタインは二度とハイエクの前には現れることはなかった。

ハイエクは、ウィトゲンシュタインが「自分の殻から出てしまったこと」あるいは「俗人」と交わることを後悔したのではと推測しているが、議論が再開されなかったことは、惜しみある損失である。彼らはさまざまな意味でかなり近い距離にいたにもかかわらず、つねにすれ違っており、直接的には深く交わり化学反応を起こすことはなかった。しかし、彼らの思想哲学の間には、当時のウィーンの知的風土を持続音にした、なんらかの共通点が含まれていることもまた確かである。この点はあらためて後の章で触れることにしよう。

第2章 ケインズとハイエク——世紀の経済論戦

†結婚と帰国後の研究生活

第一次世界大戦の勃発は欧州全土に戦乱や飢餓をもたらし、終戦後も各国の間の憎悪はむしろ深まった。「法の支配」や「市場の秩序」といった近代的な価値も大きく揺らいでいた。大戦中の一九一七年にはロシア革命が勃発し、戦後の一九二二年に最初の社会主義国家であるソビエト連邦が成立した。一九二九年にはアメリカで大恐慌が発生し、世界恐慌として各地を席巻する。各国は自由貿易に見切りをつけ、それぞれの植民地を抱え込むブロック経済圏の組織化に生き残りを懸けた。とくにイタリア、ドイツ、日本はファシズム体制の確立に傾斜していく。全体主義の時代の到来であり、それは遠からずもう一つの世界大戦を引き起こすことになる。

一九二四年にアメリカから帰国したハイエクは、再びミーゼスのセミナーに参加し、あらためて彼の経済理論、自由主義思想から大きな影響を受けるとともにガイスト・クライスの活動も再開させた。また一九二六年には人生の転機として、最初の妻であるヘレン・フォン・フリッチュ（1901－60）と結婚することになった。

だがこの結婚は必ずしも心から望んだもの、祝福されたものではなかった。前章で触れた幼馴染で初恋の相手だったヘレーネ・ビッターリッヒはハイエクが留学している間にすでに結婚してしまっていた。一方、妻となったヘレンは帰国後のハイエクの秘書を務めていたが、彼女はヘレーネと名前も容姿もよく似ており、失意にあった彼はいわば妥協の産物として結婚を決めたのであった。このことは後に大きな騒動を引き起こすことになる。ただ、ミーゼスは二人の様子を見て自宅での夕食会に招くなど世話をやいたという。

ともあれ後に二人の間には一九二九年に長女クリスティーネ、そして一九三四年には長男ローレンスが生まれている。一方、一九二八年には父親のアウグストが植物採集の際の感染症がもとで五六歳で亡くなった。

当時、ハイエクが本格的に取り組んでいたのはミーゼスの影響を受けた景気循環論であり、彼の世界的な業績はそこからスタートすることになる。同時にアメリカで影響を受けた統計分析の手法も、当時のヨーロッパやウィーンでは非常に目新しいものであった。

ハイエクは本格的に統計学を用いた計量経済学的アプローチに対しては終生、ほとんどコミットメントしておらず、生涯のライバルであるケインズ経済学への疑念の一環として（じつはケインズ自身もその手法の採用には消極的・限定的だったが）、むしろ批判的な立場を取ることが多かった。彼は統計的データの有効性については、理論を積極的に検証あるいは確証するものではなく、理論がカバーできていない部分を明るみに出すだけの限定的な役割が中心となると考えて、後のカール・ポパーの反証主義に近い立場を取っていた。もう少し後のことになるが、科学の成立要件を検証ではなく反証とするポパーの有名な『歴史主義の貧困』（一九五七年）はハイエクのロンドンでのセミナーで草稿が発表され、彼が出版を後押しすることになる。

ジョン・メイナード・ケインズ

ただハイエクはそうした意味では統計的手法の意義も認めており、理論研究の国際的発展を目指して一九三〇年に設立された計量経済学会にも入会し、一九四七年にはフェロー（終身特別会員）に選出されるなど、その技術的有用性に一定の評価は抱いていた。ミーゼスの洗礼をうけたこともありハイエクの経済理論は抽象画的な側面もあるが、しかしのちの社会哲学も含め、現実の経験からの絶えざるフィードバックによって、法則や秩序そのものも時間の経過とともに変化していくと考える経験的な性格も強い。

一方、ミーゼスの研究手法は純粋に理論的、演繹的なものであり、現実のデータにもとづく統計分析をほとんど重視しなかったため、景気循環に対する理論的・統計的双方の研究が必要だとするハイエクの提案をいぶかしくは感じた。しかし、それでも彼の説得により資金獲得の援助を行なって一九二七年にはオーストリア景気循環研究所を創設し、ハイエクが初代所長に就任することになった。

名前の壮麗さに比して当初の構成メンバーはハイエク一人だけという非常に小規模なものではあったが、後にフォン・ノイマンとともにゲーム理論を開拓することになるモルゲンシュテルンも研究員として参加し、データ分析や月報の発行を行なっていた。研究所での研究成果の一つとしては、ハイエクが一九二九年のアメリカにおける大恐慌の発生をいち早く予見していたことがしばしば挙げられる。

†迂回生産の理論

第一次世界大戦後の国際情勢は、直接、戦禍の影響がなかったアメリカがイギリスに代わって世界経済の担い手となり、それに支えられてなんとか混乱を脱し、つかの間の安定を維持している状態であった。アメリカは空前の好景気であり、いわゆる「狂乱の二〇年代」を謳歌していたものの、大恐慌への引き金は確実に引かれつつあった。ハイエクや論敵となるケインズを含め、まだ誰もその混乱を正確には予測できてはいなかったが、大戦の影響もあり景気変動がもたらす不況や倒産、失業の原因の解明はどの経済学者にとっても愁眉の問題であった。

それでは、当時一世を風靡したハイエクの景気循環理論とはどのようなものであろうか。それにもとづけば、なぜ不況や失業が発生するのであろうか。それは一言でいえば、バブルと恐慌の理論である。彼はそれを単著『貨幣理論と景気循環』（一九二九年独語版初版）や『価格と生産』（一九三一年）にまとめているが、簡略化すれば次のようなかたちとなる。キーワードとなるのは、「迂回生産」および、「自然利子率」と「市場利子率」という二つの利子率の概念だ。

まず、ハイエクが経済学者としての訓練を受けたオーストリア学派の中心概念の一つである「迂回生産」の理論から説明しよう。なんらかの商品、とくに消費者が購入する最終消費財（たとえばパンや家電など）を生産する場合、それを最初の段階からいきなり生産するのではなく、必要とされる生産設備や機械設備をまず生産したうえで、あらためて生産を行なうことが普通であり、その方が生産性ははるかに高い。こうした設備のことを経済

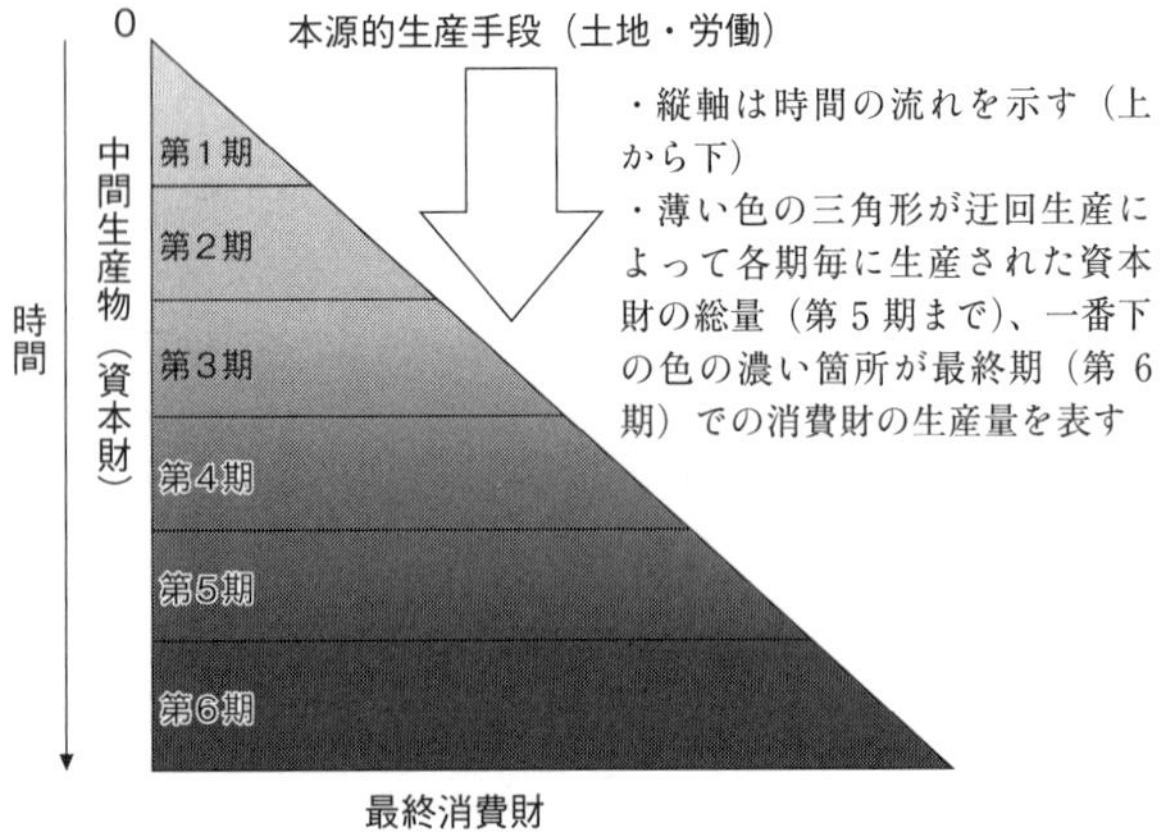

図1　ハイエクの三角形

学では一般に「資本」あるいは「資本財」と呼ぶ。

　漁業を例に考えてみよう。素潜りをして素手で魚を捕まえるとすれば熟練者でも一日で取れる量はたかが知れている。しかし、敢えて何日かを費やして網を作ってそれを海に投入すれば、比較にならない漁獲量が得られる。こうした資本財としての生産設備はさらに時間をかけ、つまり生産の過程をより時間をかけて延長し「迂回」させ、優れた漁法や漁船を開発していくことでますます効率的になる。このような「迂回生産」の過程は、乗用車やパソコンなど最終的消費財としての商品が複雑化すればするほど、その段階も何次にもわたるたいへん複雑なものとなる（図1）。

　となれば、「迂回生産」はいったいどこま

で行なうのが最も効率的であろうか。漁業の例でも資源や時間の制約があり、何よりそれ自体が目的ではない以上、現実には無限に網を編んでいるわけにはいかない。一般的にも、生産設備をひたすら拡張して無限に工場を増やせるわけではない。生産者にとって「迂回生産」に時間をかけるだけの利益が見込めない限り、彼らにはもはやそれを行なう必然性はない。

このように、われわれが何か行動を選択する際には、任意の何かを選択した場合の利益だけではなく、そのために失われるコストを比較したうえで判断を行なっている。こうした考え方を「機会費用」といい現代の経済学においてもきわめて重要かつ中心的な概念となっているが、そうした発想もまたオーストリア学派が発展させたものであった。それも含め、時間の経過を通じた生産「過程」への着目がこの学派の大きな特徴である。

こうした考えにもとづけば、「迂回生産」をどこまで行なうかは、生産までの時間を「迂回」(延長)させることにより発生する損失やコストよりも、現在時点で想定される、将来の最終消費財を販売することから得られるはずの主観的な利益が上回ることが必要となる。ここで敢えて主観的と述べているのは、あくまで未知の将来に対する「予想」あるいは「期待」であるからだ。とくに利子を払うことで銀行などから資金を調達できる貨幣市場(金融市場)の存在を想定した場合、金利である利子率よりも予想される利益率が上回ることが、企業が「迂回生産」あるいは投資を行なうための条件となることが理解できるだろう。

†自然利子率と市場利子率

さらにミーゼスやハイエクは、利子率について「自然利子率」と「市場利子率（貨幣利子率）」という二つの区別を導入する。これはもともとストックホルム学派（北欧学派）に属したスウェーデンの経済学者、クヌート・ヴィクセル（1851－1926）が提唱した概念である。一般にはそれほど馴染みがないが、ヴィクセルの他にも、為替レートは二国間の購買力を均衡させる水準で決定されるという購買力平価説を提唱したグスタフ・カッセル（1866－1945）、国際経済学におけるその名を冠した法則で知られるベルティル・オリーン（1899－1979：一九七七年ノーベル経済学賞）、マクロ経済学の動態化や福祉社会論で知られるグンナー・ミュルダール（1898－1987：一九七四年ノーベル経済学賞をハイエクと同時受賞）など、当時のスウェーデンは経済理論研究の拠点の一つであった。

企業は長期的な生産のための費用を捻出するために貯蓄を預かる金融機関から借り入れを行なうが、利子率とはその際の「価格」を示すと考えてよい。ヴィクセルの言う「自然利子率」とは、銀行などの金融機関を通じて貸し出される社会全体の貯蓄総額（資金供給）と、企業が行なおうとする投資総額（資金需要）とが一致する望ましい利子率のことである。

「自然利子率」が貯蓄と投資の一致という経済の均衡状態を示す理念的なものである一方、「市場利子率」とは現実の経済において実際に市場で成立している利子率のことであり、われわれが日々現実に目にしているものだ。

一般に「市場利子率」の決定においては、中央銀行による金融政策が大きな鍵を握っている。現代でも基本的に中央銀行が政府からの独立性を保った形で通貨発行権を持っており、民間銀行への貸し出し利率を直接決定したり（かつて日銀も行なっていた公定歩合操作が有名）、国債等の売買を通じて通貨供給を増減させる公開市場操作を行なったり（現在ではこちらが主流）、各銀行が中央銀行に預け入れる預金準備率を変更（預金準備率操作、日本では一九九一年から変更されていない）することで「市場利子率」を変動させようとする。

ところが、中央銀行は「自然利子率」を実際に測定して確定させることはできないため、あくまでも現時点での予測や推測にもとづいて金融政策を決定せざるを得ない。それゆえ、「自然利子率」と「市場利子率」とは、つねに一致しているわけではなく、むしろ現実には乖離している場合の方が多い。結局のところ、それが景気変動の原因となる。にもかかわらず中央銀行は、景気安定のための政策判断を行なわなくてはいけないという難しい立場に立たされている。

ミーゼスはこうしたヴィクセルの理論の影響を受け、結局そうした中央銀行の政策こそが、経済を安定させるというよりもむしろ、社会全体の貯蓄総額と投資総額の間に不均衡を引き起こし、景気の変動が生じる原因となると考えた。「自然利子率」と「市場利子率」の二つが一致しているならば、経済は望ましい状態で推移していると考えられる。言い換えれば、投資としての「迂回生産」が過剰でも過少でもない形で適切に行なわれている。しかし、「市場利子率」が「自然利子率」を上回っている場合、企業は望ましい状態よりも高い金利で資金を調達せねばならないために、結果として「不況」あるいはデフレーションを招くことになる。反対に「自然利子率」が「市場利子率」を上回っている場合には、資金が容易に調達可能となるため短期的には「好況」となるが、それが継続すると結局はインフレーションがもたらされる。

この問題を中央銀行が解決するのは、やはり非常に困難である、とミーゼスは指摘する。というのも、たとえばインフレの場合、中央銀行が安易に金融の引き締めを行なって、「市場利子率」を上昇させようとするならば、企業のこれまでの投資活動は停滞することになり、すでに行なわれたものは途中で放棄せざるを得ない。これはすなわち景気の低迷、あるいは「不況」を引き起こす。それを避けるようと利子率を低水準に維持し続けた場合、投資はさらに増え続ける。しかし、これはけっして望ましい経済の状態ではない。投資が貯蓄を大幅に上回り、その不均衡は一層拡大していくが、それは最悪の場合には、ちょうど経済のバブルが崩壊する直前の状態になる。あたかも風船を極限まで膨らませたような、いつはじけてもおかしくないような状態であり、当然、最終的には破滅を迎えることになる。

†信用創造による迂回生産の撹乱

ハイエクはミーゼスのこうした考え方を処女作『貨幣理論と景気循環』や姉妹作『価格と生産』においてさらに発展させ、中央銀行の政策だけではなく、民間銀行が一般的に行なう市中への貸し出しである「信用創造」にも同様の危険性があり、やはり最終的にはバブル経済を、そしてその果てには破滅的な「恐慌」を招くことを指摘した。

「迂回生産」の概念からわかるように、企業の投資が成功するには着実な時間の経過への待機が必要となる。経済全体でも貯蓄が形成され、それが投資として結実するまでの忍耐があってはじめて成長することができる。投資と貯蓄は表裏一体であり、投資を成功させたいならば経済全体で消費を一定程度に抑え、貯蓄を生み出さねばならない。

これが上手くいっている状態のことをハイエクは「自発的貯蓄」と呼び、一方で「信用創造」によって阻害されている場合のことを「強制貯蓄」と呼ぶ。前者の場合、資本財（工場や生産設備）が完成した暁には、それまで以上の効率的な生産を行なうことで企業も規模が拡大し、消費者も安価な製品を入手することができるようになる。我慢して将来の資本財の完成を待った甲斐があったということだ。

この場合、少なくとも理論的には「自然利子率」と「市場利子率」は一致している。つまり、蓄えられた貯蓄と資本への投資は釣り合っており、迂回生産の高度化もさらに持続して、景気も順調なまま推移していく。またタイムラグは存在するものの、企業業績の上昇により消費者の実質賃金も増大していくと考えられる。つまりは、経済は良い状態にあり着実に発展している。

しかし繰り返すが、時間をかけて貯蓄を行ない、それを着実な投資に回すという「自発的貯蓄」の過程には忍耐が必要だ。では、それをなんとか省略したい、手っ取り早く結果を得たいと考えた場合、どうなるであろうか。ここで投資を拡大させるために、消費を自発的に減らし貯蓄を行なうのではなく、中央銀行や民間銀行が行なう「信用創造」によって貨幣供給量の増加が行なわれたとしよう。だが最終的に、それは「強制貯蓄」を招く。「信用創造」とは今でも現実に存在する一般的な金融システムであり、よく知られている。各銀行間での貸出の繰り返しにより、中央銀行が直接発行するハイパワードマネーの何倍もの預金通貨を作り出すことであり、現代でも貨幣供給の根本である。

たとえば、中央銀行が前もって定めた預金準備率を一〇%とし、そのうえで中央銀行は一〇〇万円をA銀行に融資したとしよう。預金準備率とは、預金者への払い戻しを担保するために金融機関の預金残高のなかから中央銀行に預け入れることを義務付けられている比率のことである。

するとA銀行は一〇万円を支払いのための準備預金として取っておき、九〇万円を企業αに融資する。企業αは別のB銀行の口座を持っており九〇万円をそこに預けるとする。するとB銀行は九万円の準備預金を引いた八一万円を今度は企業βに融資する。企業βはやはりこの八一万円を口座を持つC銀行で保有する。この段階でA、B、C銀行の預金総額は一〇〇+九〇+八一の二七一万円になっている。

最終的にこの過程は、最初の本源的預金(一〇〇万円)÷支払準備率(一〇%)である一〇〇〇万円にまで達し、中央銀行からの融資を除いて新たに生み出された「信用創造」は九〇〇万円となる。現実にもこうして社会に必要な大量の貨幣が生み出されている。

しかしハイエクの指摘では、「信用創造」による企業の資金調達は経済に対して深刻な悪影響、より具体的には、バブルをもたらす。貨幣供給量の増大により金融市場において「市場利子率」が低下することで、一見、企業の資金調達は容易になる。したがって、とりあえずは投資が拡大していくことにより、「迂回生産」の高度化も進んでいく。これは「信用創造」を受けて企業の投資が拡大するという景気の上昇局面、いわゆる「好況」を表してはいる。

しかし「自発的貯蓄」の場合とは異なり、この場合の「好況」とは決してよい状態ではない。むしろそれは長続きせず、将来の悲惨な結末を孕んでいる。なぜなら、「信用創造」によって貨幣量あるいは企業の資金自体は増えたものの、消費者の最終消費財への需要自体は変化していないため、投資の拡大はバブルに過ぎない。名目的な「市場利子率」は低下しているが、貯蓄と投資の理想的な均衡状態を示す「自然利子率」は変化していないため、両者の乖離だけが進んでいく。にもかかわらず企業は実際に観察できる「市場利子率」だけをシグナルに、誤った投資を増加させ続ける。

しかし経済全体の資源は一定であるから、投資財への資源の投下の増大は即、消費財の生産を縮小させることになる。それは必然的に後者の価格上昇を引き起こす。そのため、消費を維持し貯蓄をしたくないという当初の意図に反して、必然的に消費は減少せざるをえない。この現象をハイエクは「強制貯蓄」と呼ぶ。アリを横目で見ていただけのキリギリスも、必ずどこかでツケは支払わねばならないのだ。

†バブルの後の恐慌

さらに、ここで消費財の価格上昇を見た企業は、もはや資本財への時間のかかる迂回的な投資を断念して直接、消費財の生産を行なった方が有利であると判断する。しかし、この瞬間を境に景気は悪化の道をたどり始める。企業は「迂回生産」の縮小あるいは短期化を始めることになるが、これは具体的には工場や機械設備の縮小、リストラであり、そこでの雇用の減少を意味する。つまりはこれが「不況」である。

迂回度が低く汎用性が高い低次の資本財（生産設備）ならば、他の消費財の生産のために転用することも可能だが、しかし、そこには「不確実性」が存在する。長期的な計画によって多くの資源を投入することで大規模に高度化が進められた、高次の専門的な資本財であればなかなか他に応用がきかない。ついにそれらが放棄される事態（たとえば、大規模工場の閉鎖）になるならば、「不況」はさらに深刻な「恐慌」となって現れる。こうした事態についてハイエクは次のように述べる。

貨幣的原因がいったん経済システム全体のなかにブームとして知られるような発展をもたらしたならば、遅かれ早かれ、貨幣的影響の作用が止めば**恐慌**の発生を不可避とするような諸力がすでに十分作動している。それゆえ、**恐慌**の「原因」は**貨幣的変化が起こす経済全体の不均衡**にあるのであり、おそらくそれに続く貨幣的変化によって、より長期にわたって持続する。この不均衡の起源は**貨幣的攪乱**によってのみ説明できる。

（強調引用者、『貨幣理論と景気循環』五六頁）

彼は、景気循環の原因、とくに「不況」や「恐慌」が発生する原因を、銀行の「信用創造」による過剰な貨幣供給が利子率を歪めてしまい、さらには各企業の適切な生産計画をも攪乱してしまうからだと考えている。一般的に価格や利子率とは、企業や消費者に対して彼らがどのような行動を行なうべきかというシグナルとして働いている。企業にせよ消費者にせよ、彼らは経済の全体構造はもちろん、自分たちの選択する行動の無数の連鎖の結末でさえ完全に把握することはできない。そのための予想を行なうために利用できるのはせいぜい自身の現状、そして目の前にある価格や利子率の動きだけである。

とくに利子率は企業が投資を行なうにあたってのシグナルとなるが、「信用創造」にもとづく「市場利子率」の低下という歪みにより各企業の投資は混乱させられ、経済全体としても投資が貯蓄に対して過剰となる。これは同時に物価上昇、インフレーションをもたらすが、こうした歪みは、結局、投資ブームとしての「好況」の後に、人員削減や工場閉鎖などのリストラやデフレーションといった「不況」を必然的に引き起こす。
こうした「迂回生産」の短期化、縮小を食い止めるためには、さらなる「信用創造」を継続して資本財部門への投資を持続させるしかなくなる。しかし、それは危険をただ先送りするだけの、そして究極的には「恐慌」という破滅を迎えざるをえない、ある種の麻薬のようなものだというのが、ハイエクの主張である。
彼は次のような寓話を用いて、実態経済の動向、すなわち「自然利子率」と「市場利子率」の一致を無視した過剰な「信用創造」によって人為的に景気を拡大しようとする動きに警告を発する。

状況はとある孤島の住民に似ている。そのなかで彼らはあらゆる必需品を提供できるような巨大な機械を建設したが、まだ新しい機械が品物を生産できていないのに、全ての貯蓄や利用可能な資本を使い果たしてしまったことに気づく。その場合、島民には機械の生産を中断して、資本の助けがないままにただ毎日生きていくための食料の生産に全力を傾けるしか選択の余地はなくなる。

(『価格と生産』二〇三頁)

中央銀行が「善意」によって、あるいは短期的な景気拡大を求める民衆の求めに従って行なったはずの政策は、こうして悲劇的な結末を迎える。

それでは、ハイエクにとってこうした「不況」あるいは「恐慌」に対する打開策とは結局のところ何であろうか。その答えは、一般にはきわめて耳障りで不愉快なものである。彼は次のように断言する。誤った金融緩和が行なわれ過剰な景気拡大が起こった後で、「いったん恐慌が到来するとしたならば、それが自然な終焉を迎えるためにわれわれがなしうることはなにもない」と。

島民たちがその日暮らしを抜け出すためには機械を完成させなければいけないが、それには着実な貯蓄や資本の蓄積、端的には「自発的貯蓄」が必要であり、一定の時間を確保しなければならない。端的には、「待つ」しかないのである。経済の成長を望むならば着実な資本蓄積が必要であり、それを無視して目先の景気拡大へと走ることで混乱が起きてしまったならば、安易に回復できる道など存在しない。

ただこれは、単純な「自由放任」や失業者の切り捨てを意味しているわけでは全くない。第5章でも述べるようにハイエクは、こうした過程でいわば不可避的に発生する失業や困窮者対策のための一般福祉制度を否定していない。むしろ、それを「自由の条件」あるいは「市場の条件」と考えている。ただ彼にとってそうした政策は、あくまで対症療法に過ぎず、経済成長の道筋の回復をもたらすものではなかった。

中央銀行や「信用創造」といった現実の金融メカニズムを前提にした現実経済において、じつはバブルや「恐慌」の発生は不可避であるというのがハイエクの理解である。彼は経済がつねに均衡状態にあるとは考えていなかった。中央銀行の恣意的な政策や「信用創造」が経済に「不確実性」を生み出す。それが言うなれば、目論見違いでぬか喜びの巨大工場やリゾート施設の建設と廃墟をもたらす。バブル経済の崩壊とその甚大な余波を経験した現代のわれわれにも、思い当たる部分が大きいだろう。

一方、「恐慌」といえばマルクスが想起されるだろう。彼も過剰生産による「恐慌」の必然性を唱え、そこに資本主義経済の限界を見たことで知られている。その点では、ハイエクとマルクスの立場はよく似た側面を持っているとも言える。

ただ決定的に異なるのは、マルクスが資本主義はその欠点によりいつしか崩壊すると考え、貨幣の廃止も含む社会主義の到来を展望したのに対して、ハイエクはその方向性にはより暗い見通しを抱いており、到底賛成できるものではなかった。なぜなら、個人的自由の問題も勿論のことながら、社会主義経済の管理体制下では「自発的貯蓄」とそれに伴う経済の成長を望むことはできない。それは、あくまで価格メカニズムをもとにした企業の自発的行動によるしかない。彼にとって、その適切なありかたを混乱させ「恐慌」をもたらすのは、中央銀行の存在そのものであり、それを前提にした「信用創造」のシステムであった。

一方で、これは銀行や貨幣、金融制度そのものの否定ではない。貨幣がなければ、価格も利子率も存在せず、企業にも消費者にも自身の行動のシグナルとなるものが存在しない。そのために銀行制度そのものは必要である。こうした一見、二律背反に思える立場こそが、ハイエクらオーストリア学派の特徴である。たとえば、イノベーションの概念で有名なシュンペーターもこの学派の出身であるが、彼は新たなビジネスを発想する企業家だけではなく、その先駆性をいち早く見抜き資金を提供する銀行家の役割の重要性を説いた。

そのうえでミーゼスは、中央銀行による景気循環の混乱を避けるために、貨幣の信用と発行量を金の準備高に紐づけする金本位制度を強く提唱した。この時期のハイエクも基本的にはそれを支持していたが、ただ金本位制度はその性質上、経済規模の拡大と金の保有量の増大を比例させなければいけないし、いずれにせよ中央銀行という「政府の失敗」は避けられない。市場経済において、中央銀行だけが貨幣発行の独占権を許され、結局はそれが景気の変動を招いている。そう考えたハイエクは、後年には中央銀行そのものを廃止し、各民間銀行がそれぞれ発行する貨幣が市場において自由に流通し交換されることで一定の秩序が成立する「貨幣の脱国有化論（貨幣発行自由化論）」を唱えることになる。それについては終章で述べることにしよう。

いずれにせよハイエクのこうした分析は、世界恐慌の原因を説明する新たな理論を提供するものと受け止められ、彼は一躍、世界的な経済理論家としての注目を高めた。またこれらの業績が当時、イギリスの新興大学であったロンドン・スクール・オブ・エコノミクス（LSE）の学部長に就任したライオネル・ロビンズ（1898 - 1984）の目に留まり、彼は一九三一年一月にハイエクをロンドンでの集中講義に招聘することになる。

ロビンズはミーゼスやハイエクらオーストリア学派の理論に大いに関心を抱き、それをイギリスの経済学に取り込もうと考えていた。ロンドンでの講義（これが著作としてまとめられたのが『価格と生産』となる）が好評を博したために、ハイエクはあらためてLSEの正式なスタッフとして迎え入れられる。景気循環研究所所長の後任はモルゲンシュテルンが引き継いだ。こうして彼はウィーンを離れ、以後一九年間をイギリスで過ごすことになる。

ライオネル・ロビンズ

†LSE

当時の国際経済は世界恐慌のまっただなかであった。一九二九年のニューヨーク、ウォール街での「暗黒の木曜日」にはじまる大恐慌によって、アメリカの繁栄は失われた。一九三三年までに株価は八割の下落、今日で言う実質国内総生産（GDP）は三割も減少し、失業率は最大二五％にも達した。アメリカでの株式の暴落は一国内にとどまらず、世界恐慌となって各国に波及した。ハイパーインフレーションが収束しかけていたドイツでも、景気はアメリカ資本の流出によって一気に悪化し、失業率は四〇％以上に達していた。社会経済の混乱や国民の失望はナチスの台頭を加速させ、その影響はウィーンにも及んでいた。一九三三年の政権獲得は目前に迫り、自身がオーストリアの出身であったヒトラーの大ドイツ主義によって、一九三八年にはドイツとの合邦（アンシュルス）が行なわれる。

ユダヤ人であった師のミーゼスは深刻な危機感を覚えており、一九三四年には他のユダヤ人知識人同様、国外に亡命する。彼はスイスを経て最終的にはニューヨークへとたどり着き、そこで後に新オーストリア学派と呼ばれる後進を育成することになる。一方、ハイエクのロンドン行きは偶然の産物ではあったものの、彼も一九三八年にはイギリスの市民権を獲得してナチス支配下のオーストリアには戻らなかった。さまざまな学問分野や芸術活動が色とりどりに花開いた戦間期ウィーンの繁栄も時代の波に翻弄され、終焉を迎えていた。

他方、ハイエクの新たな活動拠点となったLSEは、彼自身も一時傾倒していた穏健な社会主義であるフェビアン主義を提唱し、イギリスの福祉政策に大きく寄与したことで知られるウェブ夫妻によって設立された大学である。当時の学長はやはり福祉国家論の大立物として知られるウィリアム・ベヴァリッジ（1879－1963）であり、彼は、第一次世界大戦で疲弊した大学を立て直すため、教員の積極的な人材登用に尽力していた。イギリス労働党の理論的支柱として知られ、第二次世界大戦後の日本の左翼運動にも大きな影響を与えた社会主義者ハロルド・ラスキ（1893－1950）だけではなく、政治的には対極にある経済的自由主義にもとづく理論家ロビンズの採用がその代表例であった。

皮肉なことに、ベヴァリッジはその後、ラスキだけではなく、ロビンズやその盟友となったハイエクら双方の立場と意見を異にして対立した結果、辞任することになる。しかし、LSEの発展にあたって彼が果たした役割は大きかった。

ロンドンでハイエクを迎えたロビンズの名は、代表作『経済学の本質と意義』（一九三二年）によって現在でも知られている。彼はその書で経済学を「さまざまな用途を持つ希少性のある資源と目的との間の関係としての人間行動を研究する科学」と定義した。限られた予算や時間の選択の下でどのような選択を行なうべきか、それを探究することが経済学の本質である。現代の経済学も基本的にはこの定義にもとづいているだけではなく、企業組織や環境、芸術、文化、近年では「法と経済学」など、たんなる富や金銭の追求に留まらない人間行動のさまざまな分野への経済学の応用可能性が広がることになった。

学統的にはロビンズは新興のLSE出身者として、当時イギリスで主流であったアルフレッド・マーシャル（1842－1924）、セシル・ピグー（1877－1959）、そしてケインズへとつながるケンブリッジ学派と理論的に対立する立場にあり、ケインズに対抗するための援軍としてハイエクを捉えていた。もともとドイツ語で書かれた『貨幣理論と景気循環』や『価格と生産』を英訳するために骨を折って添削したのもロビンズである。二人は親友となり家族ぐるみの付き合いを行なう仲となった。

†ケインズ『貨幣論』（一九三〇年）

ジョン・メイナード・ケインズ（1883－1946）の名は、集計されたデータにもとづいて一国全体の経済のあり方を分析するマクロ経済学の創始者として、一般にもよく知られている。彼はハイエクより一六歳年長であり、高等文官試験を通過して植民地経営のためのインド省に籍を置き、いったん退職して大学に戻った後、あらためて大蔵省に勤務した。

一九一九年には第一次世界大戦の講和のためのヴェルサイユ条約においてドイツに科せられた懲罰的で過酷な賠償金を批判し、その後の平和の破綻を危惧した『平和の経済的帰結』を著して一躍世界的に有名な人物となる。ハイエクが述懐したように、ケインズはまさに「われわれ中央ヨーロッパ諸国の人間にとって英雄的な存在」であった。

その後、伝統的にイギリス経験論哲学の基本的手法であった帰納法を数学的、論理学的に再設定した『確率論』(一九二一年)や、大戦後の国際的な貨幣価値の安定を提言した『貨幣改革論』(一九二三年)、その後七年の時間を費やした『貨幣論』(一九三〇年)によって経済学者としての名声を高めた。ケインズはこのときすでに四〇代後半であった。

彼は両性愛者としても知られるが、一九二五年に、ラヴェルやストラヴィンスキーらに数多くの作品を委嘱したことで知られるセルゲイ・ディアギレフ(1872–1929)率いるロシア・バレエ団のプリマドンナ、リディア・ロポコワ(1892–1981)と結婚したことは世界のトップニュースとなった。ハイエクもそれを伝える新聞の切り抜きをスクラップ帳に保存し、今もアーカイブに残っている。彼にとっても、ケインズはさまざまな意味で大きな注目に値する、傑出した、そして乗り越えるべき人物であった。

基本的に、ケインズの著作は有名な『一般理論』も含め、その名に反して一般的、体系的な理論と言うよりは、その場その場の状況に個別に対応しようとする時論的、便宜主義的な性格が強い。ハイエクが手厳しく批判した『貨幣論』もそうした色彩で書かれた本ではあるが、じつは同書は、ハイエクとかなり似た前提から出発して、正反対というべき結論に達している書物でもあった。両者はともに景気循環の原因として基本的に貨幣的要因がもたらす「不確実性」を重視する。

そのうえでケインズ『貨幣論』の特徴は、貨幣に対する需要と供給のアンバランスが消費の不足を招くと考えた点にある。とくに、投資（I）に対して貯蓄（S）が過剰な状態となった場合（S＞I）には、資本としての生産設備や雇用も減少して不況、あるいはデフレが発生することになる。ハイエクも適切な「自発的貯蓄」の累積のためにこのバランス自体は重視するが、ケインズが、貯蓄の過剰あるいは消費の不足をより問題視する点で両者は立場を違える。

反対に投資が貯蓄を上回る（I＞S）となる場合は投資過剰となってインフレが発生する。ケインズにおいては、どちらの場合にもデフレあるいはインフレを撲滅するためには、一般的な物価水準の安定を図ることが経済政策のいちばんの目的となる。そのために中央銀行の役割や責任が強調されるが、その点もハイエクと大きく異なっていた。

より具体的には、ケインズは、投資と貯蓄が一致する水準に至るよう、過少消費（デフレ）の場合には中央銀行が貨幣供給量を増やして利子率を引き下げ、投資過剰（インフレ）の場合には貨幣供給量を減少させることで利子率を上昇させることを主張する。当時、世界恐慌下で問題となっていたのはデフレによる消費の低迷であったが、ケインズは、そうした裁量的な金融政策こそが物価あるいは利子率を安定させるために不可欠であると考えた。

経済の混乱の原因が、貨幣に対する需要と供給の不一致に由来する、と考えた点では、ケインズとハイエクの立場はある程度、共通していた。しかし、中央銀行による金融政策がその不一致や不確実性をコントロールできるのか、あるいはさらに拡大させるものでしかないのかを巡って、両者の見解は大きく分かれていた。

†ケインズとの論戦

ハイエクのイギリス到着直後、ＬＳＥでの集中講義に先立ってケインズのおひざ元であるケンブリッジ大学で行なわれた講演では、ケインズ自身は欠席したものの、彼を取り囲む若手経済学者の集まりであるケインズ・サーカスの面々がこぞって出席し待ち構えていた。彼らは、投資と貯蓄のバランスを回復させるためには、後者の回復を「待つ」しかないというハイエクの主張に対して、公然と違和感と当惑とを表明した。

とくにサーカスの一員であったリチャード・カーン（1905－89）は、「ではあなたのお考えに従うと、私が明日出かけて新しいオーバーコートを買うと失業が増える、ということでしょうか」と冷や水を浴びせた。ハイエクは「そうです。しかしそれについて説明するためには長い数学的な議論が必要になります」と、黒板を彼の代名詞でもあった三角形で埋め尽くしながら応じたものの、目下の需要の低迷、過少消費こそが深刻な問題であり、そのためにはなんらかの政策的手段が必要だと考えるサーカスの面々には、適切な貯蓄の着実な形成過程が阻害されたために不況が起こるのだという長期構造に焦点を当てたハイエクの理論は不可解なものであり、論争の前哨戦となっていた。

すでに一九二八年にハイエクはケインズとの面識を得ていたが、ロビンズの後押しの下、訪英まだ間もない一九三一年八月と一一月に『エコノミカ』誌に、ケインズの著作『貨幣論』に対する厳しい書評を投稿した。それによりハイエクは、同年の『価格と生産』の出版も併せ、景気循環理論の大家の一人としての名声を博することになる。

書評は、ほぼ全面的といってよい批判であった。ハイエクにとってケインズのアプローチは「未完成」かつ「試論にすぎず」、「複雑かつ体系的ではなく、あいまい」であって「その真意を理解できる人間など存在しない」、「奇妙な方法論」にもとづくという辛辣なものであった。こうしたハイエクの文体の執拗さ、同じ主題について手を変え品を変え展開していこうとする手法は後の『隷属への道』(一九四四年)以降の著作にもうかがえる。

一方、激烈な批判を受けたケインズも同誌に反論を掲載するとともに、ハイエクの『価格と生産』に対して「ついには精神病院送りになりかねないとんでもない代物」であり、「夢想を書き連ねたもの」との反撃を行なった。彼もハイエクからの批判には相当に怒り心頭だったようで、「ハイエクは著者が読者に期待して当然のはずの〈好意〉を持たずに自分の本を読んでいる」との憤激を抱き、二人は論戦に突入した。

ただ『貨幣論』をめぐる二人の応酬は、言葉こそ激烈だったが、少なくとも表面的には、完全にかみ合い双方が新たな方向に合意するという建設的な議論とはならなかった。多くの歴史的な学問論争がそうであるように、そして互いの議論が先鋭的かつ独創的であればあるほど現代でもそうであるように、結局は互いにすれちがっていた。だが一方で、この論戦は以後の二人の主張の「転換」に大きな影響を与えることにもなる。

先ほども述べたように、現代の視点からは、両者が一定の共通の前提のうえに立っていたことも確かである。『貨幣論』でのケインズの議論においても、ヴィクセルが唱えた社会全体の貯蓄と投資を一致させる利子率である「自然利子率」の概念が、ハイエクとは細かい定義の違いはあるものの前提とされており、それと「市場利子率」との乖離が過少消費の原因とされていた。その意味では、ケインズとハイエクは「ヴィクセル・コネクション」（平井 1990）と呼ばれる枠組み、すなわち貨幣供給の不安定さが景気の変動を巻き起こしているという認識を共有していた。そのうえで、この時点でのケインズに対するハイエクからの批判は大きく次の二つにまとめることができる。

第一に、ハイエクにとって貯蓄と投資の不均衡は、ケインズが主張するほど政策によって簡単に是正できるものではなかった。先述のようにハイエクの理論においても、貯蓄過剰（S＞I）の際にデフレが生じ、投資過剰（I＞S）の際にインフレが生じていること自体はケインズと変わらない。景気が後退する局面においては、「迂回生産」による大規模かつ専門化された生産手段（資本財）が途中で放棄されたり、転用に多くの時間がかかったりすることによって倒産や失業が発生するとハイエクも考えていた。彼にとっても、市場はつねに均衡してうまく機能しているわけではない。基本的に彼は生涯そのように考えていたし、その段階では、ケインズが重視するような売れ残りとしての過少消費、あるいは過剰供給が生じていることも確かである。

それらを解消するためにケインズは、貯蓄と投資の不一致を中央銀行の金融政策によって修正することを狙った。しかし、先述のようにハイエクは、そもそも各民間銀行による「信用創造」の存在を前提とするならば、中央銀行が経済全体の貨幣供給量を完全にコントロールすることは困難であると考えていた。むしろ彼は、中央銀行の恣意的な金融政策が市場利子率を攪乱することで、各企業の誤った過剰な投資計画が誘導され、それが「不況」あるいは「恐慌」の種を孕むと考えた。だとするならばそうした政策は、むしろ「不況」を悪化させる、あるいは「孤島の住民の機械」の完成を阻害してしまう可能性が高い。その意味で、ハイエクにとってケインズの主張する政策は、破滅へと向かう問題の先送りに過ぎなかった。

第二に、こうしたハイエクの考えの背景には、ケインズの用いる「総貯蓄」や「総投資」、「総利潤」、「一般的物価水準」といったマクロ的な概念への批判がある。ある時点において、中央銀行の金融政策によって利子率や価格水準が変化した場合、その影響はどの企業にとっても同じでない。とくにそれぞれの産業や各個別企業において、「迂回生産」をどこまで行なうか、その程度に応じて価格や利子率の変化への対応は変わってくる。

先にも述べたように、たとえば軽工業ならば不況期においても生産設備（資本財）を他に転用しやすいが、重工業になると、大規模かつ専門的になりすぎて相対的に難しくなる。ハイエクにとってケインズの「総貯蓄」や「一般的」といった概念は、各企業や個人間のそうした違いを平準化して見えなくしてしまっていると考えられた。次章でも述べるように、後年、ケインズ経済学にはミクロ的な視点が欠けているという批判が数多く寄せられることになるが、ハイエクの視点はそれを先取りしていた。

さらにケインズは、企業の利潤についてもたんに売上から生産費を差し引いた集計的なものとして捉えていたが、ハイエクにとっては、それだけではたんなる定義の問題にすぎなかった。むしろ各企業が、時間の経過のなかでそれぞれの条件にもとづきながら、どのタイミングでどれだけ「迂回生産」を行なえば、労力をかけただけの投資を上回る利潤をあげられるか、という生産計画決定のダイナミクスこそが重要である。それをケインズは充分に理解していないとハイエクの目には映っていた。

このように、基本的にケインズの思考方法が集計されたデータを用いたマクロな分析によって短期的な時間軸に焦点を当てているのに対して、ハイエクは、むしろそうした集計的データでは認識できない個々の企業や消費者のミクロな動きと、時間を通じた長期的な生産構造の分析に重点を置いていた。ここに二人の決定的な違いがある。

ケインズ自身が『貨幣論』のなかでハイエクを指して、「預金と投資との均衡との関連で金利を考えるその理論、とくに貸方循環に対する後者の重要性については、本書の理論と非常に近い」と述べたように、両者の問題意識自体はかなり共有されていた一方で、結論の隔たりは非常に大きかった。論争の最中、ケインズがサーカスのメンバーであったカーンやピエロ・スラッファ（1898-1983）に送った手紙のなかには、「絶望の淵が大きく口を開けているように感じます。まったく退屈ではありません。しかし、そこには何かしら興味深いものがあるのではないかと感じざるを得ません」と記されていた。

†ケインズの転換

それでは、結局この論争はどのような終末を迎えたのであろうか。結論から言えば、ケインズは『貨幣論』での主張を事実上、撤回することになった。後にハイエクは、「回想のケインズと「ケインズ革命」」(一九六六年)において、ケインズのこの時点での理論的枠組みについては「ほぼ論破」したと自負している。『貨幣論』への書評は前後編に分かれていたが、一九三一年二月に二番目の批判の矢を放った際に、ケインズ自身が「もう自分は考えを変え、『貨幣論』で述べたことは信じていない」と語り、もはや再反論を行なおうとしなかったために、ハイエクは論争の停止を悟りむしろ大いに失望した。

大幅に割り引いて考える必要はあろうが、ケインズがハイエクの批判によって相当な打撃を受けたことは確かであろう。この時期のハイエクは、まさに景気循環理論の二大巨頭の一翼を担う人物として、世界的な地位をほぼ確固たるものにしつつあった。一躍、彼は時代の寵児となった。

しかし、論争はこのままハイエク優勢のままに進んだわけではなかった。『貨幣論』出版後、ケインズはまさにすぐさま「考えを変え」、次作の執筆に取りかかっていた。それこそが一九三六年に出版される有名な『雇用・利子および貨幣の一般理論』、通称『一般理論』である。

ケインズの思考の特徴は、一つの理論の一貫性に固執するのではなく、その都度の状況に合わせて融通無碍に自分の立場を変転させていくところにある。その意味では先程も述べたように、彼は本質的に便宜主義の人であり時論家であった。ハイエクにとって彼のそうした態度は非体系的でカメレオンのようなものであり、経済理論家としても体系的な教育を学んだことのない「偉大なるアマチュア」と感じられた。一方、ケインズは、ハイエクの一貫した主題にひたすらこだわる執拗さを現実離れしたものと感じており、彼の頑固さと論理展開のスタイルを指して、「無慈悲なまでの論理機械」と揶揄したが、これもある意味、的を射た言葉ではあった。

じつは『貨幣論』の段階ではケインズは、師マーシャル以来のケンブリッジ学派の新古典派的な均衡理論が依拠する価格の伸縮性や、労働市場で完全雇用が達成されている状態を前提に議論を進めていた。先にも述べたような「自然利子率」と「市場利子率」の枠組みはその典型であり、その点はハイエクも同様であった。そのうえで両者は、なぜ貯蓄と投資のバランスが崩れるのか、それがどのような結末をもたらすのか、どういった処方箋が必要なのかをめぐって大きな食い違いがあり、互いに論争を行なっていた。

ケインズが、ハイエクからの批判を重く深刻に受け止めたことは間違いない。だが、それゆえ彼は『一般理論』の執筆にあたって、自分を囲む若手経済学者の集まりであるサーカスのメンバーであるカーンやスラッファからの指摘を受けて、もはやそうした伝統的な前提や枠組みから離れていった。カーンは『一般理論』の鍵概念である乗数効果の実質上の発案者であった。スラッファは、経済全体を調和に向かわせる自然利子率の均衡というヴィクセル的な概念自体を批判してハイエクを攻撃するとともに、ケインズがまだ片足を突っ込んでいた、均衡概念を中心に経済が調整されるという新古典派経済学のパラダイムからの離脱を促した。

ちなみにスラッファの名は、明晰な論旨形式によって世界は形成されているとしたウィトゲンシュタインの前期哲学が慣習やルールを重視する言語ゲームを中心とした後期哲学へと転換する際、大きなきっかけを与えたことでも知られている。言葉のすべての意味は論理形式によって表現できると語ったウィトゲンシュタインに対して、イタリア出身のスラッファは、懐疑を示すナポリ人特有の慣習的表現である顎を撫でる仕草で答えた。「それじゃあ、この論理形式とは何なのかね？」。

†『一般理論』（一九三六年）における「不確実性」

論戦は第二段階に移った。ケインズは『一般理論』において、もはや「自然利子率」の概念への依拠を放棄する。それは自らの学問的系譜からの決別をも意味していた。最終的に彼は、リカードから師のマーシャル、兄弟子のピグーへとつながる従来の経済学の支配的なパラダイムを「古典派」と呼び、社会のすべての資源や労働力が使用されている「完全雇用」の状態だけを扱う「特殊」な理論であると厳しく批判した。

一般には古典派経済学とは、アダム・スミスからロバート・マルサス（1766－1834）、リカード、そしてJ・S・ミル（1806－73）に至る労働価値説を基盤とした経済学のことを指し、限界革命以降のマーシャルやピグーは新古典派経済学に分類されることには留意する必要があるが、ここではケインズによる呼称に従おう。「古典派」としてのマーシャルやピグー、そしてロビンズも含め、彼らはみな基本的には、供給が需要を上回っていても、長期的には価格が下落することによって不均衡が解消されるとする「セイ法則」に議論を立脚させていた。

しかし、ケインズは、そうした自己調整的な価格メカニズムだけでは大恐慌を説明できないのは明らかであり、自らの理論は現実の不均衡や失業といった、より「一般的」な状態を扱うという意味で優位にあると主張した。とくにピグーの失業対策のための提案は、貨幣で示される名目賃金を切り下げることによって雇用の需給のギャップが調整され、失業が解消されるというものであったが（理論構造は異なるが、ハイエクの議論が持つ政策的含意も基本的には同様である）、『一般理論』による批判の目的はこうした主張の非現実性を指摘することにあった。

『一般理論』のキーワードは「不確実性」であるが、その背後には「投機的需要」を中心とする「流動性選好説」がある。大恐慌の猛威、さらにはファシズムや共産主義の台頭によって当時のヨーロッパはまさに先の見えない、リスクを確率的な期待値として計算し処理するだけでは到底間に合わないような「不確実性」の時代にあり、その空気をケインズは敏感に感じ取っていた。

彼は『確率論』からその問題について触れていたが、あらためて「不確実性」を貨幣論に適用したのが、彼独自の「流動性選好説」である。そもそも人々はなぜ貨幣を欲するのか、という問いに対して、従来の「古典派」のパラダイムは「取引需要」の概念のみを想定していた。つまり、貨幣は商品の売買のための手段として必要とされるのであり、基本的には経済規模の拡大に比例してその需要も高まっていく。

対して、彼らが認識していないとしてケインズが新たに付け加えたのが「投機的需要」の概念であり、彼の理論の核心である。それが示すところによれば、われわれは資産を保有しようと考える場合、それを現金で持つのか、あるいは株式や不動産などの形で持つのか、のポートフォリオの選択を迫られている。

現金は「流動性」が高い、すなわちいつでも使用できるが、資産保有としては銀行預金の微々たる利子程度しかメリットがない。一方で、株式や不動産は現金化するのに時間がかかるという意味で「流動性」は低いが、その分、より大きな利子収入を期待できる。したがって人々は将来の経済の状況が好調だという予測あるいは「期待」を抱けば抱くほど、株式や不動産を持とうとするし、将来への見通しが暗いならば、それらの値下がりを懸念して現金の形で資産を保有しようとする。

だとするならば、株式投資や不動産投資には直接の関心がない、あるいはそれらに不安を感じているという人間であっても、結果として現金や普通預金の形で資産を保有しているならば、それはまさに現金あるいは貨幣に対する投機を行なっている。その意味では、人はみな投資家あるいは投機家なのである。

このように貨幣に対する「投機的需要」の重視が、ケインズの「流動性選好説」の特徴である。利子率はまさに人々の将来への「期待」(それが楽観的であれ悲観的であれ)と深い関係を持つ。利子率が低下すれば、人々は資産の安全のために現金としての流動的貨幣を需要し、上昇すれば、利子収入への「期待」のために貨幣を手放して債券を購入する。

ケインズは投資の持つ、本質的に不確実な性質について、有名な「美人投票」の喩えを挙げて説明する。現代では不適当な側面があるかもしれないが、ここでは敢えて彼自身の説明に従おう。たとえば、一〇〇人のなかから最も美人だと思われる候補者を六人選出し、さらにはその六人の候補者を的中させることができた人たちに賞品を与えるようなミス・

コンテスト（性別は問わないが）、それこそが投資を行なう人々の姿である。

この場合、人々はありふれたコンテストとは異なり、自分の「推す」候補者に投票しても自己満足以外の意味はない。何より重要なのは、最終的に勝利を収めると予想される候補者を予想し自分もそれに投票することである。つまり、株式や資産などの「本質的な価値」としてのファンダメンタルズを正確に評価して投資を行なうよりも、他の投資家がどの資産に投資するかを予想したうえで、自らも投資を行なうことの方が、よほど重要になる。

そうした状況は、その場その場の雰囲気や風評、そして何かのきっかけで方向性ができたならば勝ち馬に乗ろうとする奔流のような動きに往々にして支配されている。ゆえに、コンテストの候補者の誰か、あるいは特定の株式が、合理的か非合理的かにかかわらずなんらかの理由で票をひとたび集め始めると、誰もが勝ち馬に乗るために同じ対象に投票することになり、結果的に誰も予想もしなかった一人勝ちがおこる。その意味で、この結果はファンダメンタルズにはもとづかないバブルとなる。

反対に、いずれかの候補者がもはや勝ち目がないとわかったならば、いわゆるババ抜きのようなもので、誰よりも早く「ババ」を捨てることが勝利の分かれ目となる。そして誰も「ババ」を持ちたくない、つまりはこれ以上リスクのある株式や不動産を持ちたくない、現金で保有したい、と考えるに至った状態が不況であり、いわゆる「流動性の罠」の状態にある。

この言葉自体はケインズの発案ではないが、利子率が著しく低い水準になると、もはや人々は債券に魅力を感じないため、圧倒的に貨幣を需要するようになり誰も投資をしようとはしなくなる。すると、どれだけ金融政策を行なっても効果はなく、デフレに歯止めがかからない状態となる。一九九〇年代から二〇〇〇年代の日本の長期不況も、こうした「流動性の罠」の観点から説明されることが多い。

こうした投資家や起業家の心理をケインズは「アニマル・スピリット（血気）」という言葉で表現する。彼の観点からすれば経済活動、とくに投資とは、レストランの出店やベンチャーの起業などを含め、必ずしも合理的な計算の末に遂行されるものではない。将来が不確実である以上、どこかでなんらかの賭けを行なって自らの決断に身をゆだねるしかないという意味で投機の性格を持つ。結局のところ、こうした「流動性選好説」にもとづくならば、投資は一国のＧＤＰの駆動要因であると同時に、根源的に不確実であり、さらには経済全体の不確定要因となる両義的な意味を持っている。

†ケインズ革命

最終的にケインズは、投資の「不確実性」が巻き起こす経済の不均衡への対策として、「有効需要」の概念とそれにもとづく財政政策の効果を強調する。「有効需要」とはたんなる人々の欲求を表す需要とは異なり、実際の貨幣の支出を伴う欲求である。たとえば、乗用車を欲しいかと問われれば、多くの人はそれを求めていると回答するであろうが、それは実際に対価を払って購入する「有効需要」とは異なる。

そのうえで、簡略化のために外国貿易の存在を無視するならば、一国全体の有効需要（Y）、言い換えれば、需要面から見た国内総生産ＧＤＰは国内の総消費（C）と総投資（I）と政府支出（G）の合計となる（Y＝C＋I＋G）。

一国の「有効需要」が国内の総供給に一致すれば経済は均衡状態にあるが、すでに述べたように投資には「不確実性」がつきまとう以上、「有効需要」が総供給に一致する保証はどこにもない。その結果、不均衡が発生し、失業や低所得が労働市場の状況とは独立して決定されるという事態が発生する。働く意思はあるのに就業の機会が失われた、いわゆる「非自発的失業」の存在である（図2のE_0およびY_0）。

一般には、労働賃金の下方硬直性、すなわち労働組合の圧力や労働自体の特殊性によって賃金が一定以下にはなかなか下がらないことが労働市場の不均衡、すなわち失業の原因であるとの指摘が、ケインズの経済学の根幹であるとされることも多い。しかし、それは

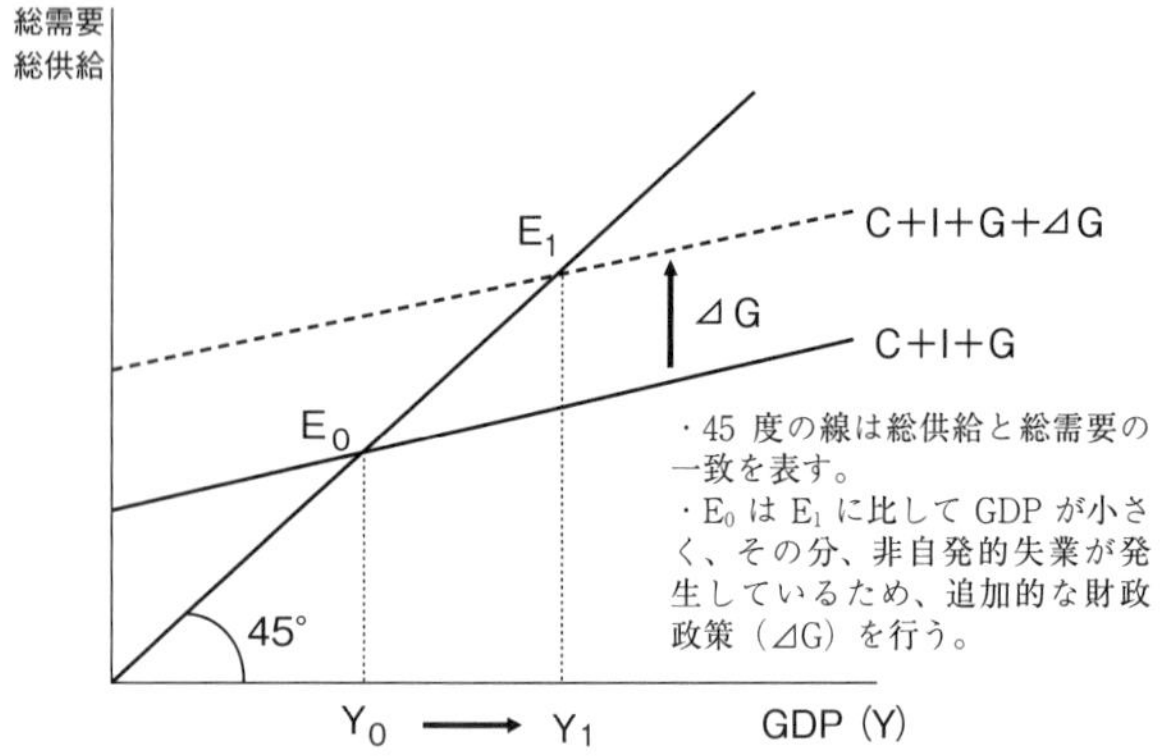

図2　財政政策によるGDPの押し上げと非自発的失業の解消
（45 度線モデル）

彼が厳しく批判した兄弟子ピグーも同じく主張していたことであり、ケインズの議論にとって本質的な要素ではなかった。彼にとって問題の本質とは、あくまで投資の「不確実性」を下にした「有効需要」の不足にあり、賃金の下方硬直性はあくまでその結果である。

一刻も早く勝ち馬に乗ろうとすること、あるいは「ババ」を捨てようとすることそれ自体は個人にとってきわめて合理的である。不況になれば家計や企業は合理的な行動として貯蓄や支出削減を行ない、消費や投資を行なわなくなる。しかしそれは経済全体にとってはもはや合理的ではなく、むしろ反対の結果をもたらす。これをケインズは「合成の誤謬」と呼んだ。アダム・スミス以来の経済学は、基本的には個人の行動が市場を通じて全体として最適化されると考えていたが、それに根本的な疑念を彼は突きつけた。それゆえ、ミクロな視点の個人行動の分析ではなく、マクロな視点での経済の変動の解明と対策が不可欠とされる。

このようにケインズは、短期的にも長期的にも経済には不均衡や失業が発生する危険性が存在すると考えた。仮に長期的には均衡に向かい状況が回復すると考えたとしても、それまで人は生き延びることができない。それゆえ、彼は「長期にはわれわれはみな死んでしまう」という有名な警鐘を鳴らした。

とくに、いくら通貨の発行の増量や民間銀行による信用創造を行なっても貨幣が投資へと向かわないまま退蔵されてしまい金融政策が無効となる「流動性の罠」の状態の際には、「非自発的失業」の解消のために政府が公共事業への支出といった追加的な財政政策を大規模に行なう必要がある（Gの増分としての⊿Gの追加支出）。そうすれば、政府支出が支出額以上に経済全体に波及していく「乗数効果」によって不足した有効需要が補われ、短期的な不況や失業が改善され、「完全雇用」が達成される（図2のE_1およびY_1）。これがいわゆるケインズ革命であった。

一九三六年の『一般理論』発刊は、世界恐慌の余波が収まっていなかった当時の学界や論壇に衝撃を与えた。これこそ失業や倒産、遊休資源といった深刻な恐慌の原因を説明するだけではなく、望ましい対策を理論的に提示するものと受け止められた。折しもアメリカでは大統領フランクリン・ルーズベルト（1882－1945）によって一九三三年から大規模な財政出動と金融緩和からなるニューディール政策が遂行され、経済の立て直しに励んでいた。

日本でも犬養毅内閣の蔵相高橋是清（1854－1936）が、やはり金本位制の停止（金輸出再禁止）や国債の日銀引き受けによる、後にケインズ「的」と呼ばれる積極的な経済政策を行なうことで、昭和恐慌からの脱却を図っていた。『一般理論』が彼らに直接影響を与えたわけではなく時間軸は逆であるが、世界的に試行錯誤を繰り返しながら財政出動による景気回復が試みられていたなかで、ケインズはまさにその時代の風潮を敏感に読み取り理論化したのであった。

『一般理論』発刊前から、ケインズはその元になったアイディアをルーズベルトに送付していたが、ルーズベルトがどの程度までケインズ理論を理解していたかは疑わしい。どこまでケインズの考えが現実のニューディール政策に影響を与え、景気の回復をもたらしたかについては、じつは近年の研究ではかなりそれを小さく評価する傾向にある（終章参照）。しかし少なくとも学界においては、ケインズとその理論はハイエクを圧倒して、一躍、世界を席巻した。

†ハイエクの雌伏

ケインズが『一般理論』を執筆していた時期、一方のハイエクも手をこまねいていたわけではなかった。一九三九年、彼はスラッファなどケインズ・サーカスからの批判に応答するため、『利潤、利子および投資』を著わした。それは『価格と生産』での内容に、不完全雇用や資源が完全に使用されない遊休状態、貨幣賃金の下方硬直性、労働移動の制限といった「ケインズ的」な想定も取り入れて、そうした不均衡状態への議論の拡張を試みるものであり、世界恐慌の「現実的」な説明を示そうという自負の現れでもあった。

ただ『価格と生産』と同じく基本的な主張の中身は、投資が健全に行なわれる「自然利子率」が達成されるまで貯蓄の確実な回復を「待つ」という原則をあくまで貫くか、あるいはピグーやロビンズなど「(新)古典派」の経済学者と同様、最終的に雇用が維持されるためには理論的には実質賃金が切り下がることが妥当という依然として「反時代的」なものであった。彼のそうした姿勢はさまざまな点で生涯、受け継がれることになる。

一方で本書においてハイエクは、深刻な不況や恐慌への対策として限定的ながら短期的な財政支出の必要性を認めている。これは理論的想定と同じく、やはり彼の妥協あるいは時勢によるブレと解釈されることも多い。しかし、ハイエクにとってそれはあくまで対症療法に過ぎず、本質的な解決策ではないという意味では一貫していた。経済の混乱期に応急処置が必要なのはある意味、当然である。だが景気循環の経済を回復軌道に乗せるためになにより重要なのは、攪乱された生産構造の不均衡が時間をかけて調整され、もはや必要のなくなった生産設備（資本）が整理され新たなものに置き換わっていくことである。

古いゾンビ企業を延命させることは、結局は癌細胞と同じで経済全体を蝕む宿痾として残り続けることになる。だがそれではいつまでたっても長期不況は終わらない。ハイエクが依然として指摘し続けたのは長いスパンにわたる経済の構造回復の問題であった。

続けて、ハイエクは野心的な書物を世に問う。彼の経済理論は、貨幣的な景気循環理論と資本そのものの意味を問う資本理論の二つを主軸として構成されているが、前者の総決算が『利潤、利子および投資』であったとすれば、後者の集大成が一九四一年に出版された『資本の純粋理論』であった。同書は、「迂回生産」の概念以来のオーストリア学派的な資本理論の完成を目指すものであったが、その意味では、世界恐慌への即効策を求めていた学界の動向とは食い違った関心のもとに出版されることになった。

本書の意義については次の章でも述べるが、彼は第四部において『一般理論』に対する公的な批判として、ケインズ理論の中核となっている、資産保有のリスクを勘案した「流動性選好説」に対する異議を突き付けている。まずハイエクは、「流動性選好」の概念自体は自身も過去の『貨幣理論と景気循環』でも触れていたことも含め、じつはそれほど目新しいものではないと指摘する。
そのうえで彼は、「流動性選好」概念の有効性は、あくまで投資がもたらす利潤率が最低レベルに落ち込んだ短期にとどまることを強調する。あくまで長期的には、積みあげた投資から将来的にどのような収益が期待できるかという生産力あるいは利潤率の問題が重要であって、『一般理論』はその説明を名に反して欠いているというのがハイエクの批判の要点であった。

私は、**短期**的影響に徐々に集中していくさまを……重大なそして危険で知的な誤りとしてだけでなく、**経済学者の主要な義務への裏切り**であり、**文明への深刻な脅威**としてみなさざるをえない。……「**長期的にはみな死んでしまう**」ために政策は短期的思考によって完全に導かれなければならないといわれているが、これらの**後は野となれ山となれ的な原理**の信奉者が、彼らが望むよりも早く予期したものを得ることになってしまうことを恐れている。
（強調引用者、『資本の純粋理論Ⅱ』一五八頁）

このように結論の最終部では、「長期的にはみな死んでしまう」というケインズの決め台詞を皮肉な言い回しで引用しつつ、彼の分析があくまで一時的あるいは「短期」的な状況の説明にとどまっていること、さらに近視眼的で場当たり的な政策と引き替えに、「長期」的には荒廃がもたらされる危険性を厳しく指摘して同書を締めくくっている。

しかし残念ながら、本書が、ケインズあるいはそれを支持する当時の学界の世論へのカウンターパンチとなることは結局なかった。理論的には大いに挑戦的な本ではあったものの、本書の最大の目的であった、投資についての「純粋」な、ある意味では迂遠な理論が、倒産や失業といった目の前の問題に直接、政策的な光明を与えるとの期待や理解を与えるには至らなかった。

ハイエクの主張は、目の前の不況や倒産、失業に対する積極的な、しかし近視眼的な景気浮揚政策を批判するという性格上、それが仮に論理的には正しいとしても、そもそも議会制民主主義を通じて政策として採用されたり、そのための理論的展開が積極的に行なわれたりする可能性は低いものであった。テーマそのものもそうだが、難解で晦渋な文体がそれに輪をかけた。

ＬＳＥで彼やロビンズの下に集いながらも、見切りをつけてケインズ陣営に去って行った若手の有能な研究者たちもいた。いち早く時流に乗った彼らのなかには、ハイエクの経済理論を公然と揶揄し、ドイツ語なまりの英語を揶揄する者まで現れた。論文が引用される回数も目に見えて減っていた。

公私ともに盟友であったロビンズも、一時はハイエクの影響を全面的に受けその路線の元に時勢を分析した『大恐慌』（一九三四年）を執筆したが、結局は、世界恐慌に対する自らの理論の無力さを感じ取り、政策論としてはケインズに膝を屈した。ロビンズとは紆余曲折はあれども終生の友人であったが、こうしてハイエクは経済理論家としては一時、「忘れられた」存在になってしまうことになる。

だがこれは一時の雌伏の時であった。この逆境を糧に彼は、より幅広い視野を持った自由の社会哲学者として脱皮することになる。

†ケインズの死

こうして、ハイエクはケインズとの論戦に事実上、「敗北」した形となった。実際、『貨幣論』の時とは異なり、ハイエクは結局、全面的なケインズ批判に向かうことはなく、部分的なものにとどまっていた。それはいったいなぜであろうか。

彼は先述の「回想」において、その理由を、ケインズがたびたび世情に合わせて意見を翻すことをなんとも思っていなかったために、『貨幣論』をめぐっての論争と同様、彼がすぐに「心変わり」してしまい、真正面から反論しても甲斐がないことを怖れたからと振り返っている。少なくとも半分は強がりとも取れるだろう。しかし当時の状況はすでに一九三九年から二次世界大戦に突入していたが、そこでは確かに、もはや消費が低迷する不況やデフレではなく、資源不足がもたらすインフレが深刻な問題となりつつあった。

たいへん皮肉なことに、大恐慌からの回復を果たしたのはニューディール政策ではなく、戦争によってであった。ケインズ理論は本当に効果的だったのか、先ほども述べたように、現代ではこの問いにさまざまな研究が懐疑的な見方を示している。にもかかわらずそれはハイエク理論とは異なり、マクロ経済学という一つの柱として成立するに至った。

大戦後にケインズが亡くなる数週間前、ハイエクは彼と会っている。その時ケインズは、指をパチンと鳴らしながら次のように言い放ったという。

> 自分の理論は三〇年代に必要だったもので、今はインフレが問題になっているが心配はいらないよ。過去の理論がもはや有害ならば、また自分が新しい理論で世論を変えてみせるさ。

さすがにハイエクもあっけにとられるしかなかったが、確かにこうしたケインズのあまりの臨機応変さも理由ではあっただろう。実際この時期にハイエクは、第二次世界大戦勃発の年にケインズが論じた「戦費調達論」（一九三九年）に対して全面的な賛意を表明している。財政の膨張を食い止めるための課税政策への賛意や目下の懸案となっているインフレ撲滅のための積極な提案といった、『一般理論』での主張からのケインズの再度の「転換」に対し、ハイエクは自身の本来の主張に近いとして、批判者から擁護する論陣を積極的に張った。第一次世界大戦後の天文学的なインフレーションを体験したこともあり、その対策への提言は後のオイルショックの時代も含めハイエクの生涯のお家芸でもあった。

少なくともこの問題に関しては、彼らはもはや同志であり、その時期にはもはや『一般理論』への批判をあえてハイエクが積極的に行なう理由は薄れていた。そうした「政治的」な理由も『一般理論』批判が不十分にとどまった理由であるだろう。

ケインズとハイエクの二人は死後に至るまでライバル関係にあり、ケインズが一六歳も年長ではあったが、じつは互いの個人的関係はけっして悪いものではなかった。ケインズの性格は傲慢で有名であり、彼の弟子であったロイ・ハロッド（1900－78）の回想によれば、彼は師であるマーシャルについて「きわめて偉大な人物だが、個人的な性格においてはむしろ馬鹿げていた」と漏らしたうえで、その主著『経済学原理』についても「空っぽの本」と酷評したという。マーシャルは同じく経済学者であったケインズの父ネヴィル（1852－1949）のケンブリッジ大学での同僚・友人であり、学恩だけではなくケインズの就職についてもたいへんな世話を焼いたにもかかわらずである。

同じく親切に接してくれた兄弟子ピグーについても、ケインズは辛辣な言葉を残している。こうした発言には彼以前の「(新)古典派」のパラダイムを乗り越えて経済学の「革命」を成し遂げようという自負も込められていようが、いずれにせよ自尊心の高さは無類といってよい。

ハイエクは、ケインズへの「回想」のなかで、自分のような若手の経済学者が彼に議論を挑もうとする際には、確かに威嚇するような相貌で圧倒しようとするところはあったが、毅然として立ち向かうならば、その後は一目置くところがあったと振り返っている。傲慢でありつつも、つねに世論に影響を与え続ける才覚や文章、演説の雄弁さや声の美しさ、芸術や哲学に対する審美眼など関心の多様さ、世界的バレリーナとの結婚など、つねに人目を惹きつけるケインズの人柄に彼も魅了され、賞賛と親愛の気持ちを持っていた。なによりケインズもまた一流の「混乱した人(パズラー)」の一人であり、功績により一代限りの爵位を授与されたが、それとは無関係に精神の貴族の一人であった。

第二次世界大戦中の一九四〇年、ドイツ軍によるロンドン空爆から避難するためにLSEは一時的にケンブリッジに疎開を行なったが、その際ケインズもまたハイエクのために研究室の手配や生活の便宜を図るなどの世話を積極的に焼いた。彼にはそういう親切さもあった。年齢の差や、基本的に経済学の話はしないなど微妙な距離感はあったものの、その地で二人は友人であり、共通の趣味であった古書の収集や歴史や美術、文学の話題に花を咲かせ、お互いの家族も含めた付き合いを行なった。空襲への警戒のためにキングス・チャペルの屋根の上で一緒に夜警当番を行なったり、時には、ケインズがサーカスのメンバーとの意見の相違についての愚痴をハイエクに漏らしたりすることもあったという。

同時にハイエクにとってケンブリッジでの生活は、戦時中にもかかわらず故郷のウィーンよりも肌になじむ心地よいものであり、後の法思想・社会哲学におけるバーナード・マンデヴィル（1670－1733）やデイヴィッド・ヒューム（1711－76）といったイギリス思想からの深い影響も含め、その国自体への愛着を強めることになった。

一九四四年にハイエクは、ケインズの推薦により英国学士院の会員に選出された。また彼はその年に、社会主義とファシズムへの痛烈な批判の書である『隷属への道』を著すことで、思いがけなく世界的な評判を博した（次章参照）。それを読んだケインズからは、次のような感想が送られてきた。

出張のおかげで君の本をちゃんと読む機会ができた。見事な本だと思う。言うべきことをきちんと言ってくれているからには、われわれはみな君に最高の賛辞を贈らねばならない。私がそのなかのすべての経済的主張を受け入れるとは君も期待してはいないだろう。しかし、道徳的かつ哲学的には君の主張ほとんどすべてに同意する。しかもたんなる同意でなく、深く感動したうえでの同意である……。

本書については一つだけ大きな批判を述べたい。君はあちこちで（政府の活動の）どこに線を引くかについて判断するかが問題であることを認めている。君もわかっているように、線はどこかに引かれなければいけないし、論理的に極端な立場は不可能である。しかし君はどこに線を引くべきかの指針をまったく述べていない。君と私が違う場所に線を引くだろうことは確かだ。私の考えでは、君は中道の実行可能性をまったく過小評価していると思う。だが、君が極端な立場は不可能だと認めるということは、線は引かれなければいけないということを認めることでもある。それゆえ君は、君自身の論理からしても瀬戸際にいる。なぜなら君がわれわれに説こうとしているのは、計画化の方向へと一歩でも踏み出すならば、いずれは断崖を滑り降ちる道を必然的に進まざるをえないということだからだ。

「道徳的かつ哲学的に」、「深く感動したうえでの同意」という賛辞だけではなく、批判も含め、たんなる儀礼に留まらないケインズの心情がうかがえる。用いるべき政策手段については、自尊心とともにかなりの辛辣さも込めつつ、やはり引くべき一線を画してはいるし、依然として深い断絶が二人には存在する。

一方で、世界恐慌や二度の大戦を経て荒廃はしたけれども、両者が守りたいと思っていたものそれ自体はそれほど違ってはいなかったことも確かである。それは歴史のなかで生み出され培われてきた自由やそれにともなうさまざまな権利、さらには寛容といった近代的価値、あるいはなんらかの意味での崇高さ、そしてそれらを含む文明といった理念である（間宮 2006）。

もちろん、それらも歴史性という限定を免れず、絶対的・超越的なものではないことも確かであろう。フランクフルト学派に属する同時代の高名な思想家マックス・ホルクハイマー（1895－1973）とテオドール・アドルノ（1903－69）は『啓蒙の弁証法』において、そうした近代的理念を追い求める過程そのものが、殺戮を含む数多くの悲惨な出来事をもたらしてきたと批判した。彼らが言うように、近代はつねに「野蛮」へと回帰する可能性、あるいは近代そのものが「野蛮」である可能性を持っており、それは大戦後も終わることなく今に至るまで続いているといえるかもしれない。

しかしそれでもなお、たとえそうした「野蛮」な歴史のなかで形成されたものであろうとも、不確実性の渦のなかで翻弄されながらも、虚無主義や相対主義に陥ることなく、近代を支える理念の重要性をケインズとハイエクは説いた。「科学」や「芸術」といった「知」だけでなく、日常を支える理念を守ろうとする意志が両者の主張に表れていたことは間違いない。

そのうえでケインズは、経済の不確実性という観点から自由放任を批判し、真の意味で有能なエリートによる経済への介入の必要性を訴えた。一方ハイエクは、それもまた一つの混乱を招く道との認識を持っていた。彼は自由放任とは区別される形で、後に「自生的秩序」と呼ばれることになる、一定のルールに従った人々の自発的な行動がなんらかの秩序を生み出す過程を力説するようになる。

ハイエクの観点からすれば、ケインズの便宜主義的な経済のコントロールは、もしかしたら彼のような才人にはある程度可能かもしれないが、それでも過ちを犯す危険性は大きい。いわんやケインズに到底及ばないにもかかわらず、その後継たらんとする者は、まさに「致命的な思いあがり」を示す存在であった。原理原則を欠いた便宜主義は、肯定的に捉えれば融通無碍な術策ではであろう。しかし、そうした便宜主義が、結局はその場の状況にのみ依存した一時的かつ恣意的なものとなってしまう危険性をハイエクは強く懸念した。彼にとってそれは理論的一貫性を欠くばかりか、ファシズムや社会主義にもつながりかねない、どのような政策的帰結も肯定できてしまう怖れを持ったものと感じられた。

手紙のなかのケインズの出張先とはアメリカであり、その年の七月に開かれ、大戦後の国際金融秩序となるブレトンウッズ体制を確立するための会議であった。よく知られているようにその体制は、為替相場の安定のためにアメリカ・ドルのみが西側世界の基軸通貨として兌換可能な金本位制度を取り、他の通貨はドルに従属して変動しない固定相場制度を取るという、二つの制度の複合案であった（そこで戦後の日本円も一ドル三六〇円と定められた）。

ただしケインズ自身の案は、金本位制度ではなく、世界全体の中央銀行となるような機関を設立し、各国が共通で使用する決済手段（バンコール）で国際的な取引を行なおうというものであった。最終的にその案は否決されたものの、彼は会議の中核を担い、体制の運営のために創設された国際通貨基金（ＩＭＦ）の設立にも尽力した。

しかしその後間もなく、ハイエクに向かって「また世論を変えてみせる」と豪語したわずか六週間後の一九四六年四月、ケインズは心臓病で急逝した。六二歳であった。その後、ブレトンウッズ体制は国際金融秩序としての機能を一定期間果たしたものの、アメリカ以外の西側諸国の高度経済成長やベトナム戦争の戦費増大によってもはやドルが基軸通貨としての役割を果たせなくなった一九七一年に終焉を迎え、各国は一九七三年には否応なく変動相場制へと転換することになる。ケインズが長生きしたとすれば、再びどのような理論を提唱し、ハイエクとどのような論戦を行なったであろうか。

†ケインズ墓碑銘

ケインズは志半ばで亡くなった。しかし、その理論は世界恐慌の時代を乗り越え、現代のマクロ経済学へと受け継がれることになった。あらためて、なぜケインズ『一般理論』は「勝利」を収めることになったのであろうか。

そもそも『一般理論』の文体や理論的説明は、ハイエク以上に難解かつ錯綜しており一貫性を欠く部分も多く、出版直後にその内容に通じることができた者はじつはほとんどいなかった。「乗数理論」着想の元になったサーカスの一員カーンでさえ出版直後に、自分にはさっぱり理解できないと漏らしたほどである。厳密な数学的な展開やモデル化もほとんどなされておらず、ケインズ自身が内容を要約した紹介論文を書くはめにもなった。

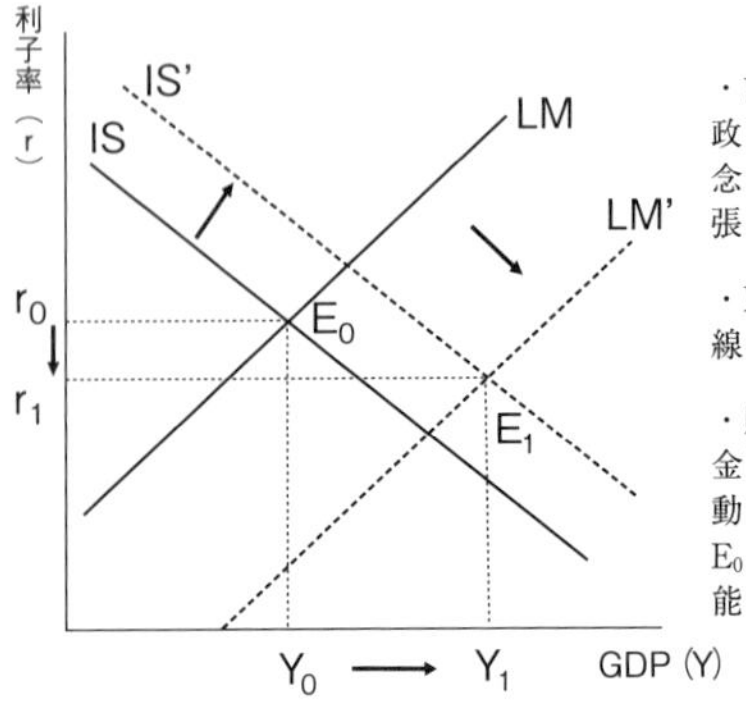

・前章の45度線のモデル（財政政策）に貨幣と利子率の概念を導入し、金融政策にも拡張

・IS線は財市場の均衡を、LM線は貨幣市場の均衡を表す

・財政政策によってIS線を、金融政策によってLM線を移動させることにより、均衡点E_0をより望ましいE_1に変更可能

図3　IS-LMモデル

それでも『一般理論』の受容が進んだのは、もともとLSEでロビンズの指導を受け、ハイエクの影響下にもあったジョン・ヒックス（1904－89：一九七二年ノーベル経済学賞）が一九三七年に、IS-LMモデルとして明晰な定式化を図ったからである（図3）。これは現代のマクロ経済学の入門的な授業でも必ず講義されるものだ。といっても、それはロビンズやハイエクの意図したところではなく、世界恐慌の時代にあってヒックス自身の関心がケインズ側に向いたためである。

なんにせよ彼の解釈によって、初学者にも充分理解可能な一つの数学的なモデルとしてのケインズ理解が確立し、普及へとつながった。前章の『一般理論』の説明における$Y=C+I+G$といった現在一般的に使われる記号や「流動性の罠」という用語法などもヒックスにもとづいているし、ハイエクの『純粋理論』におけるケインズ批判も基本的にはIS-LMモデルを前提に行なわれている。

しかし、ヒックスが体系的なモデルへと非常に巧妙にまとめあげたために、あるいはあえて言うならば、無理矢理に理解可能な範型へと押し込んだために、その解釈がケインズ本来の意図とは相当に齟齬をきたすことになったことも事実だ。そこでは、ケインズの主張の中心であった「期待」や「不確実性」といった概念はまったく後退している。賃金の下方硬直性の概念もたんなる前提条件としてしか扱われていない。いわば、ヒックスは「反（新）古典派」経済学として書かれた書物をあらためて「（新）古典派」的に解釈し直したのだった。これにはケインズも大いに不満であり、自分の真意が誤解されていると憤った。

だがIS-LMモデルによって解釈された「ケインズ理論」は、第二次世界大戦後、アメリカの有名な経済学者ポール・サミュエルソン（1915 - 2009：一九七〇年ノーベル経済学賞）によるいわゆる「新古典派総合」の概念によって、さらに当人の意図を超えて普及した。「新古典派総合」とは基本的に折衷案であった。一般的・長期的には価格が伸縮的に動くことにより新古典派経済学的な均衡が成立するが、短期的にはあくまで特殊ケースとして価格が硬直的となり失業が発生する。そこで処方箋として「ケインズ理論」を用いる、という理論の「総合」を図るものであった。

現在ではIS–LMモデル自体は、もはや時代遅れとみなされ、初級中級のマクロ経済学における理解のための試金石として用いられることがほとんどである。ただ、より新しい理論であるDSGEモデル（動学的確率的一般均衡：Dynamic Stochastic General Equilibrium）においても、基本的には短期における経済政策の有効性を認める一方、長期においては一般均衡が成立するという枠組みは依然として維持されている。現代では「ケインズ理論」は、本人が厳しく批判したはずの「(新)古典派」経済学のパラダイムの一部として取り込まれてしまっていると言ってよいだろう。

一方、サーカスの一員であった女性経済学者ジョーン・ロビンソン（1903–83）は、IS–LMモデルを「ケインズ経済学」ではなく「ヒックス経済学」と揶揄した。現在でも、ケインズの「本来」の意図を追求すると自認するポスト・ケインジアンと呼ばれるグループはIS–LMモデルはもとより「(新)古典派」的に解釈された「ケインズ理論」の有効性を全く認めていない。

ケインズ自身は、経済の「不確実性」あるいは不安定性の解決は、最終的には力量を持ったエリートに委ねるしかないという考えを持っていた。彼が、あえて資本主義経済に対する政府の介入の必要性を強調したのには、その不確実性に対する危機感があった。

ケインズはすでに一九二六年の有名な論考「自由放任の終焉」において、政府が干渉せずとも経済はいつか予定調和的な均衡状態に達するであろう、という当時の新古典派経済学の支配的な考えを厳しく批判していた。彼はそうした無為に対して、失業対策や、いわゆる「所有と経営の分離」によって大規模化した企業の暴走を防ぐための内部の情報公開や透明化、中央機関による通貨や信用制度の管理、貯蓄と投資のバランスの調整、人口問題への対処といった政府の為すべきアジェンダを挙げ、新たな政策と理念の必要性を提唱した。鉄道や基幹産業の国営化の効果については疑問視していたものの、経済の安定のために、なんらかの意味で企業や投資の「社会的」な管理を推進すべきともケインズは考えていた。

そうした理念を現実化するための彼のエリート主義について弟子ハロッドは、ケインズの生家が今なお残るケンブリッジの一画にちなみ「ハーヴェイ・ロードの前提」と名付けた。ただそれは、私的利害の調整をもっぱらとするいわゆる「永田町の論理」や「霞が関の論理」とは似て非なる公共精神を指向するものであり、荒波のなかで沈みつつある先の見えない小舟を航路に戻すための賭けにも等しい高邁な信念であった。

ハイエクもまた、二度の大戦や恐慌によって近代の遺産や文明が崩壊しつつあるという同時代の危機意識や問題意識を強く共有していた。ただ彼の観点からすれば、「経済」の問題は確かに不確実かもしれないが、ケインズはその解決をより不安定な「政治」に外注しているだけであって、いつしかより大きな失敗を余儀なくされるものであった。ケインズは、独裁によって資本主義経済の根本的な変革を訴える社会主義に対しては人々の自由が擁護されないとして、あくまで生涯冷淡であった。しかし、彼の思想が持つ少数のエリートによるトップダウンという性格が、安定の時代にはむしろ非効率な側面を強めたのもまた確かである。

「勝利」したかに見えた「ケインズ理論」も、戦後の西側先進諸国の経済成長が頭打ちになり、官僚主導による経済政策の行き詰まりや国家財政の悪化が明らかになることで、学界でも政界でも次第に疑問視されるようになっていった。とくにイギリスは「英国病」と呼ばれる、政府部門の肥大化による経済構造のあまりの非効率性に苦しむようになり、世界的地位を低下させていった。日本の高度経済成長期における政府主導の産業政策もじつはマイナスの効果の方が大きく、むしろ民間企業の自発的な行動を阻害していたという評価が現在では一般的である。

とくに一九七三年の石油危機を引き金としたスタグフレーション（stagflation）、すなわち、経済が停滞する（stagnate）なかで、失業とインフレーション（inflation）とが同時進行するというそれまで見られなかった危機が深刻化したことにより、「ケインズ理論」はついにその支配的な地位を失う。いわゆる「ケインズ反革命」である。それまでは、基本的に経済はインフレ傾向である方が失業率は低く好調である、という相関関係（フィリップス曲線と呼ばれる）が観察されており、ケインズ的な積極的な経済政策の根拠ともなっていたが、もはやそれが通用しなくなったのである。

ハイエクの思想や理論が「復権」を遂げたのもこの頃からである。後の節でも述べるように、この時期、ヒックスは一転してハイエクの資本理論や景気循環論への再評価を行なった。こうした分野の日本での第一人者だった篠原三代平（1919－2012）、政府税制調査会会長を務めた香西泰（1933－2018）なども、亡くなるまでケインズと並んでハイエクの理論を高く評価していた。彼らは、ケインズの理論が短期のスパンに当てはまるのに対し、ハイエク理論は長期波動の説明に、その抽象性もあわせ効力があると説く。こうした使い分けや折衷をハイエク自身はまさに便宜主義であるとして好まないが、それでも一聴の価値があるだろう。

ミルトン・フリードマン

「ケインズ理論」に代わって学界の主導権を握ったのがシカゴ大学のミルトン・フリードマン（1912－2006：一九七六年ノーベル経済学賞）を総帥とするマネタリストと呼ばれる一団や、ロバート・ルーカス（1937－2023：一九九五年ノーベル経済学賞）を代表とする合理的期待形成学派である。マネタリストは政府の支出拡大による経済政策は支持しないが、中央銀行による貨幣供給を通じた金融政策は景気の安定にとって不可欠だと説く。その意味ではフリードマンはケインズと立場を異にしながらも、マクロ経済学の発展や政策への応用に貢献を果たした。合理的期待形成学派は、たとえば政府が補助金などの経済政策を行なったとしても、人々は利用可能な情報を全て入手し判断することで将来の増税を「合理的」に予想するために短期的にも政策は全て無効になる、と主張することで、既存のケインズ経済学の政策的応用の効果に大きな疑問を突きつけた。

フリードマンとハイエクはいわゆる「新自由主義」の唱道者として一心同体あるいは一枚岩と言われることもあるが、終章でも述べるように、じつは二人の経済理論は、中央銀行の役割や金融政策の有効性を巡って水と油であった。またルーカスは自身の発想にハイエクからの大きな影響があったことを認めているが、結局のところ、彼らの理論も次の点で相当に異なっている。

ケインズの方法論では集計された消費や投資などあくまで全体としてのデータの集積にもとづいて分析を行なうが、そのなかでの個々の消費者や生産者といった経済主体のミクロな次元での互いに相反するような複雑な動きは、すべて均《なら》され見えなくなってしまっている。先にも述べたようにその点が、ハイエクのケインズ批判の大きな特徴であるとともに、ルーカスら合理的期待形成学派もその観点は共有していた。

しかしルーカスが、経済主体はみな自身の行動に必要な「完全情報」、あるいは将来を見通すことのできる「完全予見」の能力を持ち、それにもとづく将来への「期待」や予測もその名の通りすべて「合理的」であって誤差は確率的ショックに過ぎないと考えたのに対して、ハイエクの市場観には、そうした「合理的個人」という想定への鋭い批判がある。むしろ、どこまでいっても不完全な知識しか持ち合わせていないそれぞれの経済主体や人間、企業の行動が、価格というシグナルを通じて初めて調整され利用可能になるというプロセスについて彼は独創的に論じた。

その意味で、ハイエクもまたケインズと同じく、オーソドックスな新古典派経済学への批判者であり、異端者であった。以下では、あらためてそうした社会哲学への広がりを含むハイエク思想の大きな「転換」について解説していくことにしよう。

†シャーロック・ホームズのパラドックス

ハイエクの真に独創的な思考はいつ始まったのか。これは現代でも多くの研究者が取り組んでいる大きな問題である。以降でも述べるように、じつは彼の初期の経済理論には師のミーゼスからの影響はもとより、新古典派経済学的な均衡論や「完全予見」の想定があ

オスカー・モルゲンシュテルン

る程度残っていた。それらから彼はいつ距離を取り、より独自の思想へと向かっていったのか。その時期を厳密に確定するのは難しく、専門家の間では「ハイエクの転換問題」と呼ばれている。

ただ少なくとも一九三〇年代、ハイエクはケインズ以外にも数多くの経済学者との論戦に取り組んでおり、それらも独自の立場へと羽ばたく大きなきっかけになったことは確かだ。以降では、「完全予見」の想定の妥当性に疑問を呈したモルゲンシュテルンからの批判、新たな競争概念を提示する契機となったオスカル・ランゲ(1904-65)ら「市場社会主義者」たちとの「社会主義経済計算論争」、そして資本理論をめぐるフランク・ナイトとの論争の三つを解説しつつ、ハイエクの経済理論の独自性・特異性について見ていこう。

まず合理的な「完全予見」の想定の放棄については、スウェーデンの経済学者ミュルダールと、ウィーンでの僚友モルゲンシュテルンからの批判が重要な鍵となった。ミュルダールは北欧型福祉国家の最大の理論家であり、一九七四年にハイエクとノーベル経済学賞を共同受賞することになる。政治的立場を巡って両者はライバル関係にあり、後年になればなるほど互いの距離は広がっていった。しかしこの時期は共に北欧の偉大な経済学者ヴィクセルの影響を受けていたこともあり、手紙を介した交友があった。ケインズも含む「ヴィクセル・コネクション」の一環であると同時に、ケインズの『貨幣論』や『一般理論』に対しては、ミュルダールもハイエクとは異なる立場からではあるが批判的であった。

ミュルダールは、ハイエクに対しても『貨幣理論と景気循環』(一九二九年)や『価格と生産』(一九三一年)での議論には「期待」の概念の位置づけが不十分ではないかという批判を行なった。一方、ハイエクは、反論として一九三三年にコペンハーゲンで行なった講演で、市場において個人が将来に対して「期待」(予想)を行ない、それにもとづいて自らの行動を調整していく過程の重要性をあらためて強調した。ただこの時の彼の主張は、個人が将来を完全に見通すことが可能だとする「完全予見」の想定にもとづいていた。これはきわめて均衡論的、あるいは新古典派経済学の主流に近い立場である。

双方の議論を受けて、ハイエクは確かに「期待」や「予想」の重要性を強調しているが、一方でその議論の出発点に半ば神のような合理性を持つ人間像を置いてしまっているのではないかとの批判を行なったのが、スウェーデン語を解することができ、当地での動学的(時間の経過を通じた変動の分析)な研究にも通じていたモルゲンシュテルンである。前章でも触れたように、彼の名は、フォン・ノイマンとともにゲーム理論を開拓したことでよく知られている。モルゲンシュテルンは次のような挿話を引いて「完全予見」の不可能性を指摘した（秋山 2003）。

シャーロック・ホームズは宿敵モリアーティに追われ、ロンドンを離れてドーヴァーに向かった。列車は途中の駅に止まり、彼はドーヴァーまで行かないでそこで降りた。ホームズはモリアーティをロンドンの駅で見かけていたが、たいへん鋭いことを思い出し、モリアーティは自分をドーヴァーで捕まえるためにより早い特別列車に乗るだろうと予想する。ホームズの予想は結局正しかった。しかし、もしモリアーティの方がさらに賢く、ホームズの知力を推測し、彼の行動をそれに応じて予見していたら、どうなっていただろうか。その場合には、モリアーティは明らかに途中の駅まで行ったであろう。一方、ホームズはさらにそのことも計算し、彼自身はドーヴァーまで行くことに決めただろう。だがそうすれば、モリアーティはさらに違った「反応をした」であろう。非常にたくさんのことを考慮するがゆえに、結局、彼らはまったく行動することができなかったかもしれない。あるいはより知的に劣った方が、列車での移動全てが無駄になったため、ヴィクトリア駅でもう一方に降参したかもしれない。
こうした例はどこにでも存在しうる。

友人からのこの指摘は、ハイエクに大きな洞察を与えた。二人の優秀な人物が「完全予見」の能力を持っていたとしても、その結果は最適な均衡解には至らず、永遠の堂々巡りとなることもありうる。むしろ市場とは、そもそも能力に限界を持った人間が、それゆえにこそ新たな場所へと到達する道筋なのである。完全に合理的な人間に市場は必要ない。

一見してわかるようにこの内容は、互いの状況を勘案しながら自らの戦略を決定するというまさにゲーム理論的な状況を表しており、その原型である。モルゲンシュテルンはこうした状況を数学的に表現し解決するためにフォン・ノイマンとの共同研究を行なうが、後年まで、このホームズの挿話も例として用いられる。何よりこの批判は、人々の行動や事物の状態がそれ以上変化しない静態的な均衡という新古典派経済学的な想定から、ハイエクが離れていくきっかけとなったという意味でも画期的な指摘であった。

ちなみにホームズの問題のゲーム理論的な解決とは、ドーヴァーへ直行するか、途中下車するかの単純な二択ではない。それは「純粋戦略」と呼ばれるが、上記のようにこの例の場合には堂々巡りであって最適な単一の解は存在しない。一方で、結果自体は両者が同様の選択肢を持つため2×2の4通りの組み合わせがあるが、モルゲンシュテルンとノイマンが提示したのは、ホームズあるいはモリアーティが相手の行動の確率を主観的にでも設定し、相手が取る戦略の可能性を予想したうえで、それに対応する自らの最適戦略を設定することで均衡解を求める方法であった。これは「混合戦略」と呼ばれ、最終的な行動の選択肢も確率の条件付きのものとなる。

ただ、ハイエクは後年のゲーム理論そのものについては、数学的な特徴自体は一定程度評価したものの、経済学への応用についてはあまり興味を示さなかった。その理由は次の点にあると考えられる。有名な「囚人のジレンマ」の例も含め、ゲーム理論が新古典派経済学の想定とは異なる人間の合理性の限界や、必ずしも最適点ではない均衡の概念を示したことは確かであり、一九七〇年代終わりごろまで二つの関係は微妙な緊張状態にあった。ただハイエクは旧友からの批判を機に、「完全予見」のような合理的な人間像だけではなく、以降で説明するように静態的な均衡という想定や機械的な計算手段としての市場像からも離れていった。同時に彼は、数理化されたゲーム理論には、あらかじめ設定された確率をもとに合理的な計算を行なう人間像や静態的均衡の概念があらためて再登場しているようにも感じていた。

先に述べたような、ハイエクとルーカスら現代の合理的期待形成学派との大きな相違もその点にある。その意味では、もともとのハイエクの観点に鋭い指摘を行なったモルゲンシュテルンの方が先祖返りしたといえる部分がある。八〇年代以降、ゲーム理論が主流派である新古典派理論と融合していき、その中心的なツールとしての役割を果たすようになったのもこうした特徴が親和性を持っていたからだと思われる。

だが、そもそもホームズがモリアーティの行動の確率を求める根拠とは何か、さらに言うならば、個人の「期待」や行動のための信念は、たとえ不完全ではあっても社会的な相互作用のなかでどのように形成され秩序を作っていくのか、ハイエクは友人からの批判を機に、そうした分析、すなわち自生的秩序論と呼ばれることになる研究へとあらためて舵を切ることになった。じつはそれは、ケインズもまた『確率論』のなかで検討していた問題であった。

一〇〇個の球のなかに六つだけ赤いものを入れて一個取り出すとき、どれくらいの頻度でそれが出てくるか、彼らが念頭に置いていたのは、そうした前提条件があらかじめ設定された確率ではない。そうではなく、何が起きるかわからない本源的に不確実な未来への「期待」の生成過程である。そうした未来への対応策としてハイエクとケインズの二人はともに「慣習」の重要性を強調した。戦争や恐慌に翻弄され人間理性への信頼が失墜する世界のなかで、どれだけ脆くとも慣習だけが個人のよすがとなると考えたからである。二つの大戦や大恐慌のなかでそれが崩壊しつつある時代に、二人は一方では重なり合う立場から、他方では全く異なった方向から、その再生への道筋を考えていた。

なお近年のゲーム理論は、心理学的な人間の不完全性という行動経済学的な前提を取り入れつつ、何度も繰り返される試行錯誤において人々が協力したり反発したりするなかで戦略や合理性そのもの、「慣習」やルール、そしてそれにもとづく秩序が新たに組み直されていくあり方を分析する方向に研究が進んでおり、ハイエクやケインズの思考を大いに補強し再構成する可能性を持っている。

†社会主義経済計算論争

一九三〇年代、景気循環をめぐるケインズとの論争とは別に、ハイエクはまったく異なった、かつ現代から見てもきわめて重要なもう一つの経済学の論戦に加わっていた。いわゆる「社会主義経済計算論争」である。すでに第1章において、戦間期ウィーンにおいて社会主義への期待が高まっていたこと、若きハイエクもその例外ではなかったことについて述べた。

マルクスは一九世紀後半に『資本論』を著わしたが、その影響を受けた社会主義者たちは、資本主義という経済システムが労働者の貧困をもたらすのは必然であると捉えていた。そのうえで彼らは、経済を市場や価格メカニズムにゆだねるのではなく、それらを廃絶したうえで、社会全体に必要と考えられる商品を中央集権的な計画によって生産することで、景気の変動や、それに伴う失業や貧困の問題を解決できると考えた。そちらの方が、不確実な市場経済よりも圧倒的に効率的だと信じていたのである。

さらにマルクスは、本来、手段に過ぎない貨幣への執着が、人々の精神や行動原理全てを支配しそれに隷属させてしまう現象を「疎外」あるいは「物神性」と呼んで批判し、人間本来のあり方を歪める倒錯した姿だと捉えた。経済の効率性の観点からも、精神的・倫理的な観点からも、資本主義経済への批判と社会主義への期待は当時の全世界的な潮流であり、第二次世界大戦後も含め、西側諸国においても長く続くことになる。

しかし第一次世界大戦直後の一九二〇年、後にハイエクの師となるミーゼスは、論文「社会主義共同体における経済計算」を発表して、計画経済を主軸とする社会主義の非現実性を強く指摘した。彼の主張の骨子は、もし市場を廃止して貨幣によって表示される価格が存在しなくなってしまうならば、人々は経済活動を行なううえでの指針そのものがなくなってしまい、途方に暮れるしかないということである。

ミーゼスの観点からは、私有財産制度を前提にした、需要と供給変化に応じて絶えず変化する価格というシグナルだけが、消費者や生産者に対して、予算の制約内でいつどのタイミングで商品を購入すべきか、あるいは生産すべきか、というかけがえのない情報を教えてくれる。にもかかわらず、もし価格メカニズムを廃止してしまうならば、経済という

オスカル・ランゲ

言葉や領域そのものが有名無実となり、ただ残るのは、中央集権的な政府による行き当たりばったりの命令や指令のみとなってしまう。こうした彼の指摘こそ、若きハイエクが抱いていた社会民主主義的な思想傾向からの転換の大きな一因となった。

だが皮肉にもミーゼスの批判は、市場と価格メカニズムの廃止と計画経済という旧来型の社会主義に取って代わる新しい理論である、「市場社会主義」の勃興をも招くことになった。その源流自体は二〇世紀初頭から存在したが、後に社会主義化されたポーランド人民共和国の要職にも就くことになる経済学者オスカル・ランゲが中心となって、その概念を洗練させた。彼らは中央当局による計画化自体は信奉していたものの、市場や価格メカニズムの廃止を唱えるのではなく、計画化のための最適な手段としてそれらを効果的に用いることを主張した。その点に社会主義者としての著しい特異性がある。

通常、価格メカニズムを基軸とした一般均衡理論は自由な市場経済を擁護する理論的根拠とされ、現在でも新古典派経済学の中核となっている。しかしランゲら「市場社会主義者」たちは、積極的にそれを社会主義的な計画経済に導入しようと考えた。たとえば、一国の経済全体においてどのような靴下がどれだけ必要か、という問題があるとする。彼らは、それを解くために必要となる消費者の好み（選好）、生産のための機械や工場（資本）、そして人員や資源がどのくらい存在しているかといった情報について、中央当局が統計的手段を用いることでトップダウン的に把握することが可能だと考えた。だとするならば、後はそれらを無数の方程式体系へと組み直し連立させて、どれだけの靴下を生産すればよいかの一般的な解を「計算」によって求めればよい。

この点が、まさに彼らが「市場社会主義者」と呼ばれる理由である。こうして「市場社会主義者」たちは、積極的に一般均衡理論を活用することで社会主義的計画経済においても何をどのように生産すべきかの指針を示すことは充分に可能であると考えた。いわば社会主義と新古典派経済学との融合である。

†計画経済への価格メカニズムの導入？

これに対してあらためて再反論を行なったのが、ミーゼスの衣鉢を継いだハイエクであった。彼は社会主義批判の若き代表者として、一九三五年には相対する陣営も含め論争の参加者たちの論文を収めた『集産主義計画経済の理論――社会主義の可能性についての批判的考察』という書物を編纂しつつ、この論戦に大きく切りこんだ。

ハイエクの主張の要旨は次の二つである。第一に、そもそも現実に存在する無数の財（商品）やサービスの量を考えるならば、それぞれ必要とされる量の数学的な解を求めるためには、方程式を数十万、数百万という単位で作り連立させる必要があるが、果たしてそれは「現実」に可能なのか。第二に、仮にそうした技術的問題が解決されて、計算自体は可能になったとしても、そもそもそれぞれの個々の消費者の選好や生産技術などの情報を全てデータとしてすくい取り、方程式として表現することが「原理的」に可能なのか。

とくに、第二の論点はきわめて重要であったにもかかわらず、「市場社会主義者」らは、第一の指摘にしか大きな注意を払わず、技術的な問題をいかに現実化させるかという点にのみこだわり続けた。彼らは、ハイエクが指摘する「現実的」な計算可能性の問題に対しては、当時、誕生しつつあったコンピュータがその「理論的」可能性を補強するものと考えた。確かに紙と鉛筆しかなければ、手計算で膨大な量の連立方程式の解を求めるには大きな限界があろう。しかし、現代のようなビッグデータを処理できるスーパーコンピュータのような装置が使えるならば、その可能性は時を越えた形で現実的なものとなる。となれば問題は単に技術的なものでしかなく、あとはその発展を急げばユートピアが近づく。「市場社会主義者」たちはそう考えた。

もちろん一九三〇年代当時には、そうした計算装置は望むべくもなかった。だがそのうえでランゲは、たとえ高度な機械を使わなくとも「市場」における「競り」のスタイルを社会主義計画経済にも導入することで、実際に膨大な数からなる方程式の計算の問題を解決できると考え、ハイエクへの再反論を行なった。

ランゲが論文「社会主義の経済理論について」(一九三六年)において展開している内訳は次の通りだ。まず計画経済を主導する中央当局が、靴下など無数の財の需要量をアンケートや自己申告など含めなんらかの手段で消費者から集計する。さらに当局はその情報にもとづいて暫定的な「仮」の価格を生産者に提示し、実際にその価格で生産できるかについて意見を求める。いわば中央当局それ自体が、市場での「競り」を行なう主体である「競り人」となる。それは魚市場や青物市場での「競り」と基本的には同じ形である。

もちろん、この最初に提示された価格が生産者側の希望にそのまま一致するわけではなく、相当にかけ離れた場合も多いだろう。しかしその「仮」の価格が低すぎるならば、生産者が供給できる量には当然限界があり、それゆえ供給が必要量に満たないことを「競り人」としての中央当局は把握することができる。反対に、価格が高すぎるならば、生産者が必要以上に供給を行なうことで、やはり当局は価格設定が誤っていたのだと認識する。あらためて得られたそうした情報にもとづいて、当局は価格設定を改善し、再度それを生産者に提示する。こうした価格設定の試行錯誤を続けていくことで、通常の市場と同様、最終的にはどこかで最適な価格が設定され、その地点で需要と供給が一致すると考えられる。こうして民間企業の自発的な競争によらなくとも、中央当局が計画経済の遂行のために価格メカニズムを利用することで、社会全体の需要と供給を一致させる「計算」が可能だとの想定がなされた。

これは、社会主義にはそもそも「経済」が存在しないというミーゼスからの批判を換骨奪胎したものであり、計画経済の遂行のためにこそ価格メカニズムが必要とされるという意味で、アクロバティックとも言える大きな理論的転換であった。同時にそれは、一般均衡理論そのものの性質から言えば、ある意味当然とも言える結論でもあった。というのも、一般均衡理論の創始者かつ新古典派経済学の重要な開拓者の一人として知られるワルラス自身が、政治的には土地の公有化を主張する社会主義者であり、彼の経済理論は元来、あくまでもそのための前提あるいは方法として着想されたものであったからである。「競り人」による価格調整というアイディアも、もともとワルラス自身が想定していたことであった。

こうしてランゲは、計画経済が現実に完成へと近づいた暁にはその偉大なる貢献者として、マルクスやワルラスだけではなくミーゼスの像も中央当局の大理石のホールに建てられるであろうと述べ、批判者の理論をも取り込んだ自分たちの主張の優越性を大いに誇示した。その後ランゲは、一九六〇年代にコンピュータ技術の著しい発達にともない、「競り」による試行錯誤を行なわなくとも、直接的なシミュレーションによって迅速に解を選られる可能性の指摘をあらためて行なっている。

†論争の意義

じつは比較的最近まで、論争自体は「市場社会主義者」の勝利に終わったと見なされることが多かった。社会主義における価格メカニズムの利用というランゲの主張の有効性が、研究者の間でも認められていたのである。というのも、体制選択の妥当性やイデオロギーの問題をとりあえず脇に置いておくならば、その理論的含意には、同じく一般均衡理論を中心とする新古典派経済学者もとくに異論はなく、基本的に同じ解釈にもとづいていたからだ。

実際にソ連の計画経済においてランゲの提唱する方法が採用されたこともあり、第二次世界大戦後には、一時的にではあるが計画経済が競争的な市場よりも優れているとの認識が広がった。LSEでロビンズやハイエクに師事していたアバ・ラーナー（1903－82）や、オーストリア学派出身の著名な経済学者シュンペーターまでもがランゲの意見に同意した。

しかし次第に、日用品や必需品を求めるにも人々が長い行列を作らねばならない、現実の社会主義経済の絶えざる品不足や非効率性が誰の目にも明らかになっていた。近年の研究の多くは、むしろ理論的にもハイエクの観点が正しかったことを示している（ラヴォア 1985、西部忠 1996）。とくにそれらの研究が指摘するのは、結局、「市場社会主義者」たちは、先述のハイエクの批判の第二の点については、最後まで理解することができていなかったということである。ハイエクが指摘していた問題とは、たんなる計算の技術的・機械的な可能性についてだけではなかった。仮に無数の方程式の組み合わせをなんらかの方法で解くことが可能であったとしても、経済という問題はそれで解決したわけではない。

そもそも、個々の消費者や生産者が自分たちですら部分的にしか把握していない、それぞれの情報や知識を全て集約して客観的、一般的なデータとして方程式に組み込むことが可能なのか、それがハイエクによる批判の真意であった。それは彼の観点からはまったく不可能である。市場の参加者たちは、消費者であれば、自分たちがどのような好みをもっているのか、生産者であれば、今ある資源と生産技術をどう組み合わせて何をどれだけ生産すべきなのか、といった「情報」や「知識」について前もって全てわかっているわけではない。次の節でも述べるように、むしろそれら自体が競争という過程のなかで新たに「発見」されていくものであるからだ。

結局、ランゲら「市場社会主義者」たちは、競争経済においていちばん重要な、「知識」

の問題にほとんど気がついていなかった。彼らは、「知識」とは全て明示的なデータや情報として観察し記述し保管して利用することが可能だと考えていたが、じつはそうした想定自体は同じく一般均衡理論を主軸とする新古典派経済学もまったく同じであった。

それゆえにハイエクの主張は、たんなる社会主義計画経済に対する批判だけではなく、一般に自由市場の擁護論と考えられている主流派の新古典派経済学への批判、あるいは、そこからの離脱を意味していた。このことは彼の思想の独自性を考えるうえできわめて重要である。ハイエク自身にとっても、この論争は「自生的秩序論」という独自の社会哲学を形成していくうえでの大きな分岐点であった。

結局のところ、一般均衡理論そのものは自由主義経済と社会主義経済を区別する基準にはならず、後者にも親和的であるとしたならば、前者を擁護するための新たな理論が必要となる。こうして、社会主義経済の存立不可能性の主張もさることながら、新古典派とも異なる新しいパラダイムを構築していこうという方向に、以後のハイエクの関心は向かっていくことになる。

経済活動や社会活動を行なうための「知識」が各個人に分散しており、誰もその全体像を画一的に把握することはできず、唯一それらを有効活用できるのは競争的な市場しかないという彼の着想は、一九三七年の「経済学と知識」や一九四五年の「社会における知識の利用」、そして一九四六年の「競争の意味」といった論文に次々と結実していき、一九四八年には『個人主義と経済秩序』として一つの本にまとめられた。現在でも同書はハイエクの画期的な市場観を表すものとしての評価が高い。

ケインズだけではなくランゲたちとの論争も、当時のハイエクにとっては学界からの評価を獲得するというよりは、むしろその主張への無理解に苦しめられた時期であった。しかし現在では多くの研究者たちが、こうした著作を執筆していた頃を、ハイエク自身の広大な社会哲学への「転換」を示す非常に重要な年代と位置づけている。

†「競争の意味」

ハイエクは『個人主義と経済秩序』において、主流派の新古典派経済学が依拠する一般均衡理論とは異なる、新たな競争や市場についての独創的な考え方を展開している。

あらためて彼が第一に強調するのは、経済活動に当たってその参加者が持っている情報や知識とはあくまで「個人的」かつ局所的に「分散した」、いわば現場のものであり、客観的事実としては捉えることはできないということである。たとえば、われわれが自転車に乗る際には、微妙なバランス感覚を含めたさまざまな身体運動を複雑に絡み合わせる必要があるが、それを明示化して他者に説明することはきわめて困難である。いわゆるノウハウという言葉で示されるような専門的な技能はほとんどがそうした性格を持っている。消費者として商品を購入する際も、個人にしかわからない主観的な判断にもとづいている。そのように、客観化されたデータやマニュアルとして語ることのできる知識は全体のほんのわずかな、いわば氷山の一角にすぎない。

第二に、「均衡」そのものについての考え方の違いがある。ハイエクは、需要と供給が一致し理想的な状態へと達する「均衡」という概念を完全に放棄したわけではない。ただ少なくとも一般均衡理論のように、それを計算の結果としての固定的・静的な状態であるとはもはや考えず、次の均衡への移行のための一時的なもの、あるいは均衡へと向かう「傾向」に過ぎないと捉える。

第三に、市場とは、一般均衡理論が想定しているような、明示化された情報を元にしたたんなる計算のための機械的あるいは道具的な存在ではなく、時間の経過を通じたダイナミックな過程である。とくにハイエクは、市場において最も重要なのは、経済活動を通じて各参加者がそれぞれ持っている前提条件（「与件」）そのものが変化していくことであると考える。先にも述べたように、消費者の好みや生産者の技術といった前提条件はあらかじめ自明でも確定したものでもなく、経済活動のなかで変化していき、かつ参加者自らが「発見」していくものである。

それについてハイエクは、次のように述べる。

> **競争とは本質的に意見の形成の過程**である……人々がさまざまな可能性や機会について現に自分たちが知っているだけのことを知るようになるのは、競争のおかげなのである。
>
> （強調引用者、「競争の意味」『個人主義と経済秩序』一四六頁）

さらに彼は、後の一九七〇年代の論文においても、次のような逆説的な表現を用いて競争に参加することの意義を強調している。

> 競争とは、**その結果が予測しえないもの**であり、何者かが熟慮のうえで意図した、あるいは意図しえたものとは全体において異なるからこそ、またその限りにおいてのみ価値がある。さらに、一般に競争が有益な効果をもつためには、ある**特定の期待や思惑が外れたり、裏切られたりすることが必要**である。
>
> （強調引用者、「発見的手続きとしての競争」『経済学論集』一八八頁）

競争が効果的なものであるためには、参加者の事前の「期待」や「思惑」が均衡によって一致することよりも、むしろ「裏切られる」ことこそが重要だとするこうした理解は、たいへん斬新かつ独創的だ。まさに競争の最大の機能とは、これまで未知であった新たな知識や情報が「発見」されることにある。

再び、靴下という商品（財）の生産者について考えてみよう。売れ行きを予想（「期待」）しながら生産と価格付けを行ない、製品を市場に投入した結果、一定程度の売上を得ることができたとする。もちろんそれ自体は重要なことであるが、たとえ売上が予想に達しなかったとしても、市場での競争過程で得られる「情報」あるいは「知識」には積極的な意味がある。つまり、気候や流行などの原因を含めなんらかの理由で、製品が消費者の好みや求める価格に合致していなかったという「知識」を入手することができる。

そこで生産者は、あらためて生産計画を練り直し、再び製品を市場へと送り出す。当然その判断の間にも時間の経過があるため、練り直された計画はやはり消費者の求めに完全に合致していないかもしれない。仮にある静態的な瞬間ではそうなっていたとしても、また次の段階では、すでにそうした状況は変動している。

つまり、予想された需要と供給が完全に一致して均衡し維持されることはむしろ稀であり、市場はそのこと自体をいつも実現するわけではない。あくまでそれは、「均衡」へと向かっていく「傾向」としてしか表現できないものである。しかし、そうした「均衡」への傾向」に合わせて、生産者だけではなく消費者もが、刻一刻と変動する価格や状況をにらみながら、それぞれの生産計画や消費計画を絶えず再検討していくプロセスこそ重要なのである。

こうして人々は競争に参加することよってのみ、何が今、希少なのか、そもそも何が財とみなされるのか、それはどのくらい価値があるのか、次にどんな準備が必要なのか、目標に対する現時点での自身の立ち位置はどこなのか、といった新たな知識を「発見」することができる。こうした「知識」や「情報」の「発見」的機能こそが市場競争の本質であり、最大の優位性なのである。

同時にそれは、競争の枠組みや市場の前提条件、すなわち「与件」そのものの変化も意味している。それについては、松原隆一郎氏が次のようなわかりやすい説明を行なっている（松原 2011）。たとえばいちご大福という食べ物がある。それは昭和後期に初めて登場したが、二つの全く異質なものの取り合わせが話題を呼び、一過性で消えることなく瞬く間に定着していった。これは経済学的には補完財と呼ばれるものに属し、ボルトとナット、自動車とガソリンのように互いに組み合わせることで効用が上昇する商品やサービスの一種と捉えられる。ただ通常、何が補完財であるかは経済学の外部の社会的条件によって決定され、最適な組み合わせの計算のための「与件」とされている。まさに理論に対して予め条件として設定されたものである。

しかし、優れた企業家は現実社会において、それまで誰も想像しなかったような新奇の組み合わせを「発見」し、市場に定着させる。いちごと大福餅は食物として限られた予算のなかで、互いにどちらを選択するか競合し合う代替財、あるいは直接には無関係な存在であったのが、企業家の活動により新たに補完財としての関係性が生まれる。さまざまな機能を組み合わせたスマートフォンの登場などもその一つであろう。経済成長によって財の生産や消費の選択肢が拡大することはもちろん、こうした「与件」や枠組みの絶えざる組み直し自体もまた、競争の持つ意義の本質をなす。

そもそも、われわれは自身のあり方や好みや欲求といったもの自体、完全に把握しているわけではない。それらは不完全でありつねに変化している。その意味では、われわれは根源的とも言える「無知」の世界に身を置いている。こうしたハイエクの人間観そのものが、心理学の著作である『感覚秩序』とも大きく関連しているが、それは次章で述べることにしよう。

いずれにせよ、各個人が主観的な判断の下に生産計画や消費計画を行ない、時間を通じて過去の経験を参照しながら絶えず自身の立場を変化させることで、新しい「知識」や「情報」が「発見」されていく。さらに、それはきわめて流動的なものである。これがハイエクの提示した新しい市場競争のイメージである。各々に分散したあくまで不完全で時には互いに対立する個人的な「知識」を社会的な有用性にまとめあげることのできるのは、あらためてそれを差異化のプロセスへと導くことのできるのは、唯一、自由な市場活動だけである。

現代の経済学には「効率的市場仮説」という概念がある。とくに株式市場の分析において使用されるが、価格には各個人や企業にとって利用可能な情報が全て反映されているために、少なくとも理論的には市場はつねに均衡しており完全に効率的であるという意味である。敷衍すれば「市場において価格は全て正しい」ということになるが、ハイエクの市場観や価格観がこれとは全く異なることは、もはや明らかだろう。

†ハイエクの「転換」

このように社会主義経済計算論争もまた、ハイエクの思想に独自性をもたらす大きな転機となった。最終的には「自生的秩序論」として結実することになる。それは、競争的な市場経済を単純な計算過程や道具と見なすのではなく、各個人が根源的な無知のなかで試行錯誤を行なうことで形成される、一つの複雑な有機体としてのシステムについての分析である。こうした数多くの人々に分散し、対立も含みながらも相互に連関している「知識」によって成り立っている秩序を、単一の理性が俯瞰的に把握して全体を「設計」することは不可能である。それゆえ、そうした手段で「理想社会」を構築しようとする社会主義やファシズムといった全体主義は、「設計主義」あるいは「集産主義」として厳しく批判されることになる。

実際にハイエクが「自生的秩序」という用語を明示的に使うようになるのは一九六〇年に出版された『自由の条件』以降であり、しかもそれは「暗黙知」の概念で知られる友人の社会哲学者マイケル・ポランニー（1891－1976）からの借用である。ポランニーが最初にその言葉を使ったのは、一九四一年一一月に『エコノミカ』誌に経済された論文「社会における思想の成長」においてと言われている。ただハイエクにおいても、「自生的」な制度や相互作用といった言葉自体は一九三三年のLSEでの教授就任講演においてすでに使用されており、同誌の編集にハイエクが関わっていたことも含め、交流を通じて相互に影響を与えあったと考えるほうが自然であろう。

マイケル・ポランニー

経済的に発展した自由な社会は、個人の行為の「自生的」な相互作用によって生まれると同時に、それら個々の要素はあらかじめ独立して存在しているのではなく、あくまで全体との「関係性」のなかで必要な機能を果たしているというハイエクの考え方は、師のミーゼスとも明確に異なっている。「論争」は彼と共同戦線を張りつつもその影響下から完全に脱する契機ともなった。

ハイエクの思想は、時期的にも分野的にもさまざまな数多くの著作にわたって展開されているが、そのなかでも長年にわたり一貫していた、という評価がかつては一般的であった。しかし、先にも触れたように近年の研究では、彼の生涯において何度かの思想的、方法論的な「転換」が行なわれたことがしばしば強調され、「転換問題」と呼ばれている。またこれには、ハイエクの研究対象がいつから純粋な経済理論からより広範な社会哲学へと向かっていったのかという問いも含まれている。これらは専門家以外にとってはたいへん細かい問題であるが、ハイエクの思想を理解するうえで非常に重要なので手短に説明したい。煩雑に思われる方は飛ばしてもらってよい。

たとえば、研究者であるT・ハチスンは、一九三七年の「経済学と知識」執筆以前のハイエクはもともと方法論的個人主義や先験主義にもとづくミーゼスの強い影響下にあったとして、その時期を「ハイエクⅠ」、その立場から離れ、盟友であった科学哲学者カール・ポパーの反証主義の立場に軸足を移した時期を「ハイエクⅡ」と区分して断絶を強調した。続いてV・ヴァンバーグは、むしろその推移は方法論的個人主義から方法論的全体論への転換であると指摘した。

さらにS・フリートウッドは、「自生的秩序」の概念が本格化する一九六〇年頃にもさらに転換が見られるとして、それ以降を「ハイエクⅢ」と呼んだ。そのうえで彼も、ハイエクの後期思想における方法論的全体論的な特徴を肯定的に評価しつつ、やはりそれ以前との断絶を強調している。また江頭進氏は、とくに晩年の一九七〇年代後半以降に方法論的個人主義からの離脱が強まったことを指摘している(江頭 1999)。

他にも政治哲学の立場からも、自由は社会の繁栄という結果をもたらすがゆえに重要だとする功利主義(帰結主義)的立場と、結果によらず自由という普遍的理念が要請されるべきだとするカント的な義務論の相克が見られるといった(山中 2007)、ハイエクの長期的な活動における矛盾や齟齬を指摘する研究が現在では数多く現れている。

一方、渡辺幹雄氏は、ハイエクの全体論とはあくまで考察の対象がいかにあるかという存在論の位相に限られており、研究の手法としてはあくまで方法論的個人主義が貫徹されていたこと、そうした概念を要素還元主義と結びつけて矮小化すること自体が誤謬であると指摘している(渡辺 2006)。

こうした議論の詳細は専門書に譲らなければならないが、著名な哲学者や思想家のほとんどが生涯においてなんらかの「転換」を経験しており、それ自体は珍しいことではない。最近の研究は、「転換」があったとしても、むしろそれらを通じてハイエクが主張したかったことは何か、という方向に力点が移動しつつある。

そのうえで筆者の考えを手短に述べておこう。「転換問題」の名づけ親であるB・コールドウェルも述べるように、社会主義経済計算論争がハイエクの大きな転機となったこと、また上記の論者たちが指摘するように、ハイエクの議論の性格が時期によって変化していった部分があることは事実であろう。

コールドウェルは、ハイエクの「経済学と知識」がミーゼスへの隠れた批判であり、それ以前の彼からの影響も限定的であったことを認めつつ、ポパーの反証主義への全面的な転換であったというのは誤解であるとするが、筆者も基本的に同意見だ。ハイエクのミーゼスへの批判は第1章でも紹介したが、次章でも見るように、ポパーとの関係も人間的な交友とは裏腹に、思想的内実としては相当に微妙なものがあった。ただ時期を追うごとに、方法論的個人主義から全体論への傾斜が強まっていること自体は確かだと思われる。

しかしその「転換」は、時期によって明瞭に変化していったというよりも、かなり初期の段階から、互いに対立し時には矛盾とも思える要素がハイエクのなかには潜んでいたという方が正確に思われる。N・フォスは、ハイエクの独自性の端緒は上述の一九三三年のコペンハーゲンでの講演に遡ることができるとしているが、筆者は、彼はすでに学生時代においてエルンスト・マッハの「関係性」を重視する議論から強い影響を受けており、全体論的な志向もその時期からすでに始まっていたのではないかと推測している。マッハとの関係についても次章で説明することにしよう。

いずれせよハイエクの思想は、「新自由主義」といった言葉を含め一つの立場に全面的に位置づけて言い表すことが困難であり、光の当て方によってさまざまな表情を見せる多面性を持っている。ハイエク自身、「パズラー（混乱した人）」としての自身の見解や思想をより的確に表現する言葉や概念をつねに模索しており、それが経済学以外の哲学者や思想家たちとの交流からの影響としても現れている。

その結果としての彼の立場は、時に相対立するさまざまな論者たちの思想のたんなる折衷ではなく、それらが数多く複合的に重なり合う場所に位置しており、それ自体がハイエク思想の魅力であり独自性であると筆者には思われる。この点についても次章であらためて振り返ることにしよう。

†フランク・ナイトと不確実性の概念

前章でも触れた、当時の学界に受け入れられずケインズの後塵を拝したかに見えた問題

作『資本の純粋理論』(一九四一年)もこうした文脈からより積極的に捉えることができる。同書は確かに過渡期的な本であり、ある意味パズラーの極みと言っていいような難解さがある一方で、ハイエクの思想全体における位置づけにおいても、「資本」概念の独創性という意味においても、あらためて重要な著作である。

フランク・ナイト

『資本の純粋理論』執筆のきっかけの一つとなったのは、現代でも経済学研究の牙城の一つであるアメリカのシカゴ学派の基礎を築いた自由主義経済学者ナイトとの一九三三年から三五年に掛けての論争であった。ナイトは『リスク、不確実性、利潤』(一九二一年)における「不確実性」の概念でよく知られる経済学者である。

同書の趣旨についても簡単に触れておこう。ナイトの指摘によれば、確率には次の三つのパターンがある。第一は、厳密に設計されたサイコロを振って、ある目が出るような確率であり、これは純粋に論理的に計算可能なものである。第二には、データを集積することで統計学的に予測が可能な確率である。ある都市で一定期間に火事が起きる確率やある病気で亡くなる人の確率など、これらは多少の不確実性を含んではいるが、それも加味したうえで「事例の集合化」を行なうことで「保険」によって対処することが可能である。

このタイプの確率は「リスク（危険）」と呼ばれる。

しかし、第三の真の「不確実性」とはそうではなく、既存のデータを分析しそれによって確率としての客観的な評価を下すことがもはや不可能な類《たぐい》のものである。感染症のパンデミックや戦争勃発、ポジティブな種類であれば偉大な発明の登場などがよく例に挙げられるが、それだけではない。企業の多岐にわたる莫大な業務のなかで、いったい誰を適任者として選定しどのような位置につけるかといった人事や組織づくりのための経営者の不断の判断のなかにも「不確実性」は潜んでいる（図4）。

現実の社会はそうした「不確実性」につねにさらされているが、企業の利潤の源泉とは、それへの人並み外れた対処の仕方にある。企業家は、客観的な確率判断が通用しない世界において主観的な決断によって対応し、他社を抜きん出る業績を挙げることで、対価としての特別な報酬である利潤を得る。ナイトはそう指摘した。こうした不確実性や利潤の本源に対する認識はケインズやハイエクも含め、当時彼らが取り組んでいた問題の枠組みを表すものであったと同時に、現代に至る経済問題の本質をも鋭く突いている。

ナイトはフリードマンの師にあたる自由主義者であるが、その思想は単純な市場競争礼賛ではなくより多面的で複雑なものである。彼もハイエクやケインズと肩を並べる偉大な経済学者かつ道徳哲学者であり紹介したいことは他にもあるが、詳細は専門書に譲ろう。

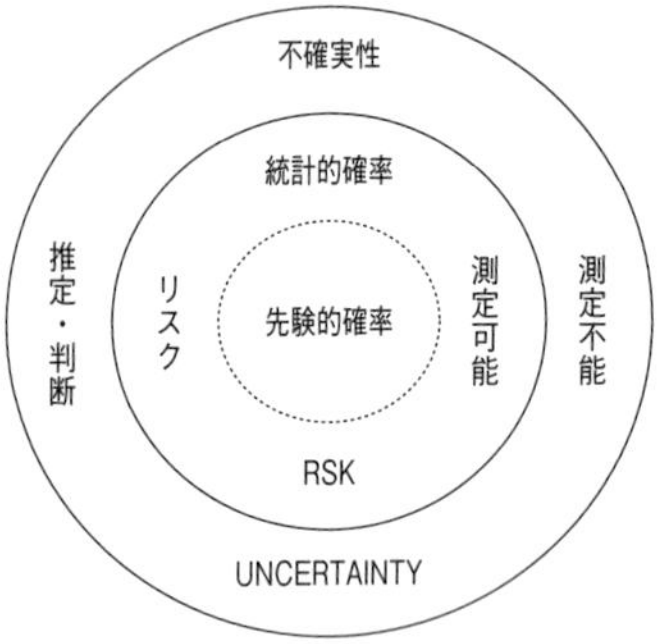

ナイト体系におけるリスクと不確実性

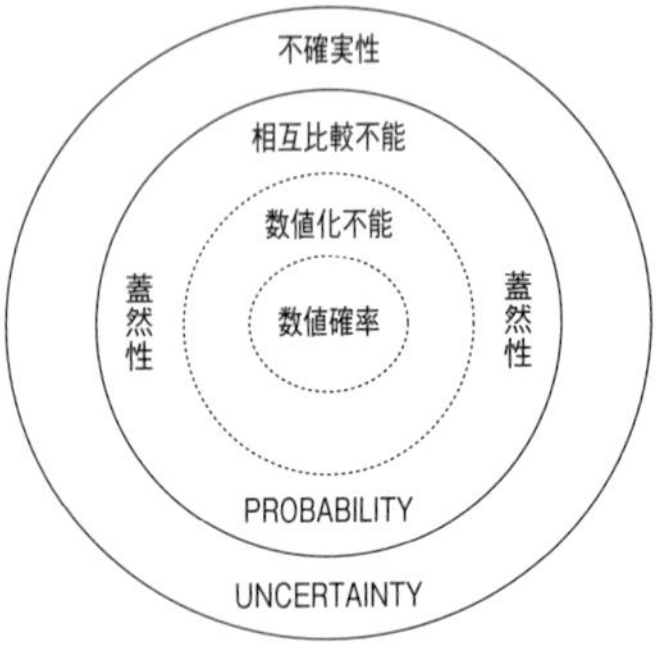

ケインズ体系における蓋然性と不確実性

ナイトにおける「リスク（危険）」が「事例の集合化」によって統計的に測定可能であるのと異なり、ケインズにおいては対応する「蓋然性」のなかに、直接的な数値化や相互比較は不可能な部分も含まれている。その上で、双方とも最も外側に「不確実性」が位置し、企業家の利潤獲得行動やアニマル・スピリッツによる打開の対象となる。一方、ハイエクはその領域を「知識」の新たな「発見」過程と捉える。

図4　ケインズとナイトの不確実性（酒井 2015, pp 64–65 より）

†「将来志向的」な投資

「資本」をめぐるハイエクとナイトの論争へとあらためて移ろう。以下の説明は山本崇広氏の論説から多くの示唆を得ている（山本 2021）。先章でも述べたように「資本」という用語は、とりあえずは企業が生産活動を行なうための設備、つまり工場や機械を意味しており、さらにそれらを購入するために蓄積された資金をも指している。しかし、じつは現代の経済学でも、それ以上の具体的な意味付けが定まっているとは言い難い。

そもそもハイエクの属するオーストリア学派は、前章の「迂回生産」の例でもわかるように「資本」が形成される時間の経過を重視していた。それに対してナイトは一九三三年の論文「資本主義的生産、時間および収益率」において、「資本」とは時間の流れとは直接関係がなく、同じ財（商品）を産出するならば同質的であり、一度技術を獲得すればいつでもそれを形成可能な可塑的なものであり、使用による減耗が起こるとしても追加的な投資や修理によって復元できるという意味で恒久的なものである、との批判を行なった。

それを受けたハイエクは論文「投資と産出物の関係について」（一九三四年）や論文「資本という神話」（一九三六年）において、ナイトだけではなくケインズやその兄弟子のピグーを含む英米圏の資本観を「アングロ―アメリカ型」の「定常的」なものであり、特定の生産を行なうための一定の量的、同質的、固定的な実体としての理解しか持っていないと反論する。

ハイエクの観点からすれば、彼らは生産される財について、そもそもなぜそうした技術や設備が選ばれているのかについて何も問題としていない。どのような財を作るにあたっても単純に同じものが「資本」と呼ばれ、それが定期的に減価償却される形で置き換わると想定されている点で限界がある。このようにナイトとハイエクの両者は「資本」に対して全く対立する概念を想定していた。

とはいえ、ナイト自身は「資本」を必ずしも物理的なものに限定していたわけではなく、「統合された有機的概念」としてしか定義できないとして、その点では次に述べるハイエクの観点にも影響を与えた。ただナイトのイメージする「資本」とは、一定の資源を投入すれば一定の産出を生むような客観的かつ機械的なプロセスであり、この点に限れば、現在に至るオーソドックスな新古典派経済学の資本観を代表するものであったと言える。

かたや、あらためてハイエクが強調した「オーストリア型」の資本観の特徴とは、第一には、そうした「定常的」状態とは異なる「非定常的」状態における資本の「異質性(特殊性)」、第二には、個々の企業家が投資を行なう際に、「時間」を通じて将来の利潤を予想しながら複数存在する生産手段をどのように選択していくのか、というミクロな行動のダイナミズムへの着目にある。

つまり、企業は同じ最終消費財（商品）を生産するにしても、十分に時間と資金の余裕があれば、高度に迂回された高次財としての専門的な生産設備を備えようとするだろうし、そうでなければより入手しやすく汎用的な、低次財としての生産設備で間にあわせる。意に反してそうせざるをえない場合もあるだろうし、景気の動向によっては、たとえば、果たして本当に自動車を生産すべきか、手段としての資本に対して目的としての（最終）消費財を別のものに切り替える必要も出てくる可能性もあるだろう。

先ほども述べたように、ナイトのオーストリア学派の資本観に対する批判とは、時間の経過を重視するとしながらも実際には過去の蓄積をもとにした古典的なものにすぎない、との見解にもとづいていた。言い換えるならば、現在の生産状況のなかで少しずつながらも資金を蓄えていき、それによって新たな機械設備を購入することで生産の拡大や効率化を図るような形である。むしろナイトにとってそうした資本観はありふれたものでしかなく、時間を遡って資本を考えること自体に意味を見出していなかった。そこに彼の独自性があったと言える。

一方のハイエクは、『資本の純粋理論』（一九四一年）において自らの資本理論を、もはやこうした「過去志向的」なものではなく「将来志向的」なものであることを指摘する。

それは過去の蓄積によって購入された工場や機械に代表されるようなモノとしての資本観とは全く異なっている。

たとえば、一時の流行によって爆発的に売れている商品を生産している資本設備があるとしよう。企業は多額の資金を費やしてそれを建造したが、ほどなくブームが終わるとその設備はまだ減価償却も済んでおらず、機械としての能力はほとんど目減りしていないにもかかわらず、企業にとって全く価値のないものとなってしまう。それは別の商品の生産のために転用できるかもしれないが、実際にはそれも難しいことが多く、そのまま朽ち果てるまで捨て置かれないとも限らない。つまりこの設備は物理的にはいくら外見が新しくとも、企業家の主観において、もはや資本という経済的意味を失ってしまったことになる。

そのうえで、ハイエクが考える「将来志向的」な企業の生産計画にあたっては、必ずしも何が最適な生産のための技術や設備なのかが前もって判明しているわけではない。何が「資本」であるか自体も、企業家の将来への見通しを通じて主観的かつ時間を通じて変動する「異質」あるいは「特殊」なものである（山本 2021）。

たとえば、同じ商品を生産するのでも、競合企業は必ずしも同質の「資本」を形成するわけではなく、より効率的な新たな「資本」の組み合わせを模索して優位に立とうとする。一般の財と同じく、場合によってはそれまで「資本」とみなされていなかったものもある時点からそう扱われるようになることもあるだろう。

なんらかの財を生産する際、その生産方法や技術があらかじめ固定的、同質的に決まっており、そのために資本蓄積を行なうという側面も確かにある（「過去志向的」）。しかし、経済的な進歩や成長を遂げている社会においては、むしろ個々の生産計画が進展していくなかではじめて新たな方法が「発見」され、それに必要な資本の組み合わせが決定されていく要素が大きい（「将来志向的」）。

†「資本制生産」のシステム

そうした「異質性」あるいは「特殊性」を前提とするならば、「資本」の形成において、もはや物理的な価値は直接関係ない場合も多い。サービス業の場合も含め、ブランド名や企業独自のノウハウといった他に代替できないのれんなどの非物理的なものの比重が高まることもありえる。その意味では、教育や熟練によって個人が取得する知識や情報、能力や技術といったものも資本と見なす現代の「人的資本」理論の先駆と位置づけることも可能だろう。いずれにせよ、ハイエクにとって「資本」とは、客観的尺度によって計量把握できるものではなく、主観的に構成される存在であった。

このように「資本」とは、生産目的の財によってその耐用年数も含めそれぞれ多様でありつねに変化するという意味で「異質性」を抱えたものであり、物理的なものに限定されない流動的なものだ。ハイエクが認識する「資本制生産」(capitalistic production)のシステムとは、企業家がこうした不断の流動性のなかで「期待」を形成し、そうした「異質」な「資本」の組み合わせや各自の生産計画自体の更新としての投資を絶えず繰り返し続けるダイナミズムそのものであった。

さらに、こうした未知の世界を切り開く新たな「発見」の過程は、いくら高度なコンピュータを用いたとしても、それによる「計算」とは全く異なり、未知の段階への思考や判断の跳躍を必要とする。同時に、やはりそこには「分散した知識」をもとにした個人の「自由」の重要性が不可避的に存在する。

このようにナイトとの論争も、ハイエクにとって資本理論だけではなく、独自の思想の形成に大きな影響を与えるものであった。もともと、ハイエクの資本理論の基礎は学派の先達であるベーム=バヴェルクに依拠していたが、それは「過去志向的」な特徴が強く、ナイトに反論する過程において、その物理的なイメージにとらわれない資本像をも自身のなかに取り込み、「将来志向的」かつ「異質性」を中心とする自らの考えを作りあげていった。

ただ一方で、『資本の純粋理論』において完成させるはずだった、経済全体のなかの相互連関のなかで企業家の主観が「異質」なものどうしを組み合わせ、それが「資本」として結実することで新たな発展をもたらす、という動学的な全体像の完全な説明はハイエク自身の手にも余るものでもあった。その理論化にはきわめて高度な数学的能力を必要とするが、彼自身、そして当時の学界の水準では到底、不可能な試みであった。『資本の純粋理論』の構成は説明の便宜のために、ナイトの『リスク、不確実性、利潤』とも似たスタイルで最初に静学的な一般均衡理論を前提にした説明から始められ、その後で独自の動学的な観点を付け加えていく形式になっている。しかし、充分に展開されているとは言えない部分も目立つ。

だが、一九六〇年代にヒックスは「将来志向的」なハイエクの資本理論を再評価し、現代の経済成長理論の先駆と位置づけた。そのなかで彼は、オーストリアに起源を持つハイエクの思考法自体がイギリスの経済学にとって異質であり、当人はもとより「ケインズ理論」を定式化したヒックスでさえ翻訳しきれない「内奥の神秘」が存在したことが当時、黙殺された要因であったと述べた。

現代の経済理論でも、企業行動を表す生産関数に投入される資本K（ドイツ語のKapitalにもとづく）は非常に重要な要素とされているにもかかわらず、その内実は基本的には所与とされ、それ以上の説明はほとんど与えられていない。とりあえずは、特定の財を生産するために自由に使用できる同質的なものであり、労働（量）Lとともに生産関数に投入すれば関数の形態に応じた生産量がアウトプットされる、という想定のもとに理論が組み立てられているのみだ。

オーストリア学派でのハイエクの先輩にあたり、資本主義の発展と衰退について独自の立場を取ったシュンペーターは、イノベーションの概念によってその名を知られている。イノベーションの元来の意味においては、単に新たな財やサービスの創出にとどまらず、新たな生産方式の開発や新たな販路の拡大、さらには新たな原材料の獲得や新たな企業組織の実現が含まれる。企業家がたんなる現状の更新としてではなく、新たなイノベーションを起こすことでたんなる経済成長のみならず社会自体が新たな価値観のもと変化していく。

ここでのハイエクの議論は、資本形成のプロセスにより焦点を当てたものではあるが、先の「分散した知識」の意義も含め、やはり企業、そして社会におけるイノベーションの可能性について述べていると解釈することもできるだろう。たんに数値として測定された一つの能力だけではなく、多様な個人間に分散した、それまで誰も評価し得なかったような多様な能力が発揮されるのが「資本制生産」のシステム、あるいはそれをもとにした「自生的秩序」としての市場社会である。ハイエクはこうした論争を乗り越えて、真に独創的な経済思想家、社会哲学者への脱皮を果たしていった。

†『隷属への道』(一九四四年)

一九四四年、いまだ第二次世界大戦は終結していなかったが、枢軸国側に対する連合国軍の勝利が濃厚になってきていた時期、ハイエクは一般にも最もよく知られている著作である『隷属への道』を上梓した。同書は、上記の経済計算論争を経たうえでの痛烈な社会主義批判を比較的、一般の読者層向けにまとめたものであるが、発刊当時から大きな売れ行きを示した。より学術的な著作としての評価は、後の『自由の条件』(一九六〇年)などに譲るものの、少なくとも知名度においては、彼のいちばんの代表作と見なされている。

『隷属への道』の特徴は、「あらゆる党派の社会主義者に捧ぐ」という副題によく現れている。文字通り、計画経済とそれによる個人的自由への抑圧を厳しく批判する本であるが、ただ単純な社会主義批判ではない。とくにかつて彼自身もシンパシーを感じていたイギリスのフェビアン協会のような社会主義者に対して、いかにその理念や目標が人道的で崇高なものであろうと、方法や手段が徹頭徹尾、誤っていることを示そうとしたものだと後年語っている。前章で紹介したケインズからの称賛と疑問が混じった感想も、この点に関係している。

ここで名指しされている「社会主義」とは、比較的穏健なフェビアン主義やソ連型の管理体制だけではなく、ナチスに代表されるファシズムも同時に含まれていることがきわめて重要である。こうした発想自体はミーゼスに由来し、必ずしもハイエクのオリジナルではないが、いずれにせよファシズムやナチズムもまた「中産階級の社会主義」なのであり、彼は「集産主義」という言葉でそれらがみな同根であることを示そうとする。

社会主義にせよファシズムにせよ、少なくとも自国民を惨状に至らしめたいという悪意を持って始められたのではないことは確かである。もちろんそこには、とくに誰が「国民」であるかを巡って不合理な政治イデオロギーが存在していたものの、とりあえずはその定義がなされれば、どの体制も皆、貧困や著しい階級構造、それによって著しく制限された人々の行動、といった社会問題に対して深刻な危機感を抱いていており、具体的な対策を取ろうとした。

そのために彼らは、国家主導による中央集権主義的な計画経済、すなわち「集産主義」によって国民の統合と経済問題の解決を図ろうとする。統治のための具体的手段としては、双方ともなんらかの一元的価値基準の下に、非常に類似した「合理的」あるいは「計画的」な管理体制に依拠することになる。ファシズムがどれだけ表面上は不合理なイデオロギーにもとづいていようと、そうした支配や管理のための「合理性」に彼らも依拠している。とくに経済面では、社会主義もファシズムのどちらも、市場経済の存在を解決すべき問題の元凶と考え、そうした「合理性」にもとづいて解決を行なおうとした。

しかし、それらの立場は、ハイエクが指摘するような個々人の知識が再発見、再創造されていくプロセスとしての市場が持つ真の合理性にはまったく気がついていなかった。市場過程自体は、先述のように、「時間」の経過を必要とし、参加者の意志と行動の絶えざる再調整の長い連鎖であるために、景気変動やそれに伴う失業などが発生した場合、それ自体が不合理なシステムであるとの認識が広まってしまう。しかし、社会主義やファシズムといった体制は、あくまで近視眼的な「合理性」だけしか認識できなかったために、仮に、対等の市民同士の連帯にもとづく協同経営といったスローガンを抱えようとも、それらは必然的に少数エリートによる社会の垂直的な管理へと移行し、個人の自由は存在しなくなる。それこそが「隷属への道」という、ハイエクが「集産主義」からの侵食に対して感じていた大きな危機感であった。

彼が『隷属への道』を執筆、出版した当時はイギリスやアメリカを中心とする連合国側の勝利がほぼ確実なものとなっていた時期ではあった。しかし戦争終結の直後から、イギリスは労働党内閣において主要企業の国有化を進めることになる。ソ連を中心とした社会主義体制以外の西側諸国においても、計画経済や「集産主義」が大きく台頭してくる。ハイエクはその危険性を敏感に感じ取っていた。
『隷属への道』はイギリスに引き続いてアメリカでも出版され、ベストセラーの一つとなったが、それには一般向けの雑誌『リーダーズ・ダイジェスト』に大幅に内容をかみ砕いた縮約版が掲載されたことや、より平明な漫画（カートゥーン）版が作成されたことも大きい（吉野 2014）。出版の翌年の一九四五年にアメリカを訪問したハイエクの講演旅行には多くの聴講客が殺到するとともに、全国でラジオ放送としても紹介され、一躍、彼は時の人となった。その意味では、ようやく彼の努力が報われた面があった。

しかし、こういう状況をハイエク自身が歓迎していたわけではじつはまったくなく、内心では戸惑いを隠せなかった。一般にも世界的な知名度を獲得した反面、自身の主張に学問的、理論的と言うよりも、社会主義という新たな「進歩的」潮流に抵抗する頑迷固陋な「保守反動」という政治的、イデオロギー的な色がついてしまったことを後悔してもいた。『リーダーズ・ダイジェスト』の縮約版にはそれなりに満足していたが、漫画版はその形式上、ある程度は仕方なかったのかもしれないが、本人にとっても当惑を覚えるような、ある種のプロパガンダと言われても仕方のないものになってしまっていたのも確かであった（吉野 2014）。ともに「わかりやすさ」を意識した、社会主義リアリズムとアメリカの大衆文化のある種の類似性も関係しているだろう。

なにより、こうした「大衆的」な受け取られ方そのものが、彼の意思に大きく反していた。恣意的な経済政策の要求も含んだ、大衆による盲目的な行動の奔流が「合理主義」の名を僭称することで行き着く危険性の指摘、批判こそがハイエクの社会哲学の大きな特徴の一つでもあるからである。

『隷属への道』は現代では、メディアや政治活動によって「群衆」の思考や行動が容易に左右される状況を描いたフランスの心理学者ギュスターヴ・ル・ボンの『群衆心理』(一八九五年)、「他人と同じことを苦痛に思うどころか快感と感じる」人々が支配権を握る状況を批判的に分析したスペインの哲学者ホセ・オルテガ＝イ＝ガセット(1883－1955)による『大衆の反逆』(一九二九年)、与えられた「自由」の重さから逃避し権威主義的な体制を希求する人々の心理状態を説明したドイツの社会哲学者エーリヒ・フロム(1900－80)による『自由からの逃走』(一九四一年)、現代社会における「他人志向型」の消費の拡大を指摘したアメリカの社会学者デイヴィッド・リースマン(1909－2002)による『孤独な群衆』(一九五〇年)などの大衆社会論の系譜においても重要な位置を占める。しかし、その意味では、上記の受け止められ方はハイエクにとって皮肉な結果となった。

一方で、『隷属への道』は、前章で触れたケインズからの手紙での指摘にもあったように、確かに自由主義か社会主義(「集産主義」)かという択一を迫り、安易な妥協を許さない性格を持っている。しかし現代の観点から見れば、それは無原則のいわゆる自由放任主義でも、社会主義的、ファシズム的な国家管理体制としての「集産主義」のどちらでもない「中道」（エーベンシュタイン 2012）あるいは「第三の道」（橋本 2006）を目指すものであったのも事実である。同書において、ハイエクは多くの部分で市場システムの有効性だけではなく、それを支える政府の役割について紙面を割いて論じている。

実際、「集産主義」への一貫した厳しい批判と同時に、同書では、市場システムを支える不可欠なルールの一部として、公害などへの対策や、貧困にあえぐ人々に対して「健康や労働能力を維持できるだけの最低限の食糧、住居、衣服を、社会の全成員に保障」することはまったく否定されていない。第5章でも述べるが、「限定的」あるいは「特権的」ではない「一般的」な福祉政策の擁護はハイエクの生涯において基本的に一貫していた。

ここで、二人の作家による『隷属への道』への対照的かつ興味深い評価を紹介しておこう。自由放任的な経済体制や徹底した個人主義にもとづき、国家の役割を司法や警察などの一部に限定する最小国家論を主張した自由至上主義者（リバタリアン）の代表者の一人であり、『水源』（一九四三年）、『肩をすくめるアトラス』（一九五七年）などの小説で知られるアメリカの作家・思想家アイン・ランド（1905－82）は、ミーゼスには一定の敬意を抱いていたものの、ハイエクに対しては一読して同書を「敵」に対して妥協的なものと嫌悪し、余白に「毒」や「とんでもない馬鹿野郎」などと罵倒を書き連ねた。しかしランドの指摘はある意味で的を射ていたとも言える。戦闘的な彼女が不満を抱いた部分とは、むしろ、ハイエクの自由主義が持つある種の穏健さや、狭隘な党派対立を超えた幅広い適応可能性を示しているからだ。

一方、『1984年』(一九四九年)で独裁的な全体主義社会の恐怖を描いたジョージ・オーウェル(1903-50)は、『自由の条件』への書評において、イギリス労働党を支持する社会主義者として依然、計画経済の有効性にこだわりつつも、ハイエクの「時流に乗らない見方」に率直な共感を示した。

ハイエク教授のテーゼは、その消極的な部分に沢山の真実が含まれている。集産主義は本質的に民主主義的ではない、いやそれどころかそれはスペインの大審問官のような権力集団さえ夢想しなかったような、少数者による圧制を生み出すのであり、これは口が酸っぱくなるほど言っても、言い過ぎたことにはならない。

オーウェルは副題におけるハイエクのメッセージを最も真正面から受け止めた一人である。彼はあくまで漸進主義者であり、理性による完全な社会の設計の試みには終始、きわめて懐疑的であった。

†大きな転機

第二次世界大戦終結後、ハイエクには私生活においても二つの転機があった。一つは最初の妻ヘレンとの離婚と初恋の人であったヘレーネとの再婚であり、もう一つはそれをきっかけにした一九四九年のイギリスのLSEからアメリカのシカゴ大学への移籍である。ヘレンとの結婚は、ハイエクがアメリカへ留学している最中に待つことに疲れたヘレーネがさっさと結婚してしまったため、それに対するある種の「あてつけ」としてなされたものであったと自身語っている。しかし、ハイエクは二人の子どもまでもうけたものの、結婚生活に内心ずっと満足できておらず、一方のヘレーネも最初の結婚に同様の感情を抱いていた。戦争終結後にウィーンに一時帰還した際に彼女が離婚していたことを聞いた彼は、すぐさま自身の離婚と再婚に向けて動き始めた。

ハイエクはけっして漁色家的な人物というわけではなく、むしろ非常に真面目な性格であった。しかし、そうした特徴が長年にわたって抱え込んできた葛藤も相まって行動に火を点けてしまった面があるだろう。彼自身、頭では良識やモラルに反することと充分わかっていたものの、心が赴く衝動を抑えることができなかったと後年に振り返っている。当然のことながら、前妻ヘレンや一〇代だった二人の子どもたちはハイエクの行動に大いに憤慨したし、LSEでの盟友ロビンズも、怒りを抑えきれなかった。ロビンズは、それまで二〇年近く信じてきたハイエクの人柄や考えと今回の行動はどうしても折り合いが付けられないと嘆息し、「自分の中の彼は死んでしまった」と絶交を宣言した。

後の一九六〇年にヘレンが亡くなり、ロビンズが名づけ親だった息子ローレンスの結婚式で再会し和解するまでの十数年間、二人の絶交は続くことになる。この騒動は精神面や友人との信頼関係だけではなく、金銭面でも大きくハイエクにのしかかることとなった。二つの家計を抱えることになり経済的にも逼迫した彼は、イギリスでの生活自体はたいへん楽しんではいたものの、アメリカの方が法的にも離婚が容易だったこともあり、直接戦火の被害を受けておらず財政的に余裕のある大学への移籍を検討することにした。その結果、いくつかの紆余曲折はあったものの、最終的にシカゴ大学に招聘され、そこで正式な離婚と再婚を行なうことになる。

ハイエクにとって学術的にも私生活においても、新天地への移住はイギリスや故地であるヨーロッパ自体からの「脱出」を表していたが、それは経済学者から社会哲学者へという大きな転身も意味していた。シカゴで彼が配属になったのは、授業負担や内部業務が比較的軽く研究所としての性格が強い社会思想委員会と呼ばれる組織であり、経済学研究の一大拠点であったシカゴ学派が拠る経済学部ではなかった。

当時のシカゴはナイトやヴァイナーといった現在でも著名な経済学者の下に、ミルトン・フリードマンやジョージ・スティグラー（1911－91：一九八二年ノーベル経済学賞）といった若手が集まっていた。一般にシカゴ学派には含まれることはないが、先の「新古典派総合」で知られるサミュエルソンも学部時代はシカゴでナイトの薫陶を受けていたし、社会主義経済計算論争での論敵であるランゲも、戦前はシカゴ大学に教授として所属していた。

ハイエクが経済学部の所属にならなかったのは、財団がスポンサーとなっての招聘という任用上の理由が大きいが、彼の経済理論である資本理論や景気循環理論がシカゴ学派の主張とは相容れなかったという部分もある。ナイトもフリードマンも、自由主義の擁護あるいは社会主義経済への批判という意味では、ハイエクと大きく共通する立場にあった。しかし、オーストリア型と英米型の経済理論には相互に大きな断絶があり、それゆえ経済学部の自治を冒す形での外部からのハイエクの赴任は難しかった。

日本では、ハイエクとシカゴ学派を単純に同一視する傾向が、彼らを支持する人々にも反発を覚える人々にも強い。しかし、シカゴ学派内部の大きな多様性も含め、彼らとハイエクの隔たりには注意を払う必要がある。フリードマンはとくに金融政策を中心に、ケインズのマクロ経済学を批判的な形ではあるものの発展させていくが、ハイエクは、フリードマンのそうした方法論を「相当に危険」なものと見なしていた。一方のフリードマンもハイエクのオーストリア学派的な景気循環論には冷淡な見解を示していた（終章参照）。

一方で、彼らが社会主義批判や反ケインズ主義といった社会哲学上の理念を共有していたのも事実である。そこにも互いに細かな違いは多数あるものの、フリードマンも『隷属への道』の社会哲学的な立場には大きな賛同を示し、後の版のために序文を執筆している。ハイエクはシカゴ学派の面々と積極的に議論を交えつつ、一定の距離感のなかでさらに独自の思索を深めていくことになる。

ハイエクのシカゴでの肩書は、「社会科学・道徳哲学教授」であった。ケインズと並んで、アダム・スミス以来の「道徳哲学」、すなわち総合的社会科学としての経済学の正統な継承者である彼には、むしろふさわしいポストであったと言えるだろう。

またハイエクは、シカゴでもウィーンでのガイスト・クライスと同様、経済学者にとどまらないさまざまな領域の研究者たちと毎週定期的に学際的なセミナーを主宰した。主な参加者を列挙すると、ノーベル賞候補者にもなった化学者で、その後「暗黙知」の理論にもとづく社会哲学を発展させ「自生的秩序」の用語についても影響を与えたマイケル・ポランニー、核物理学や量子力学の研究で知られるエンリコ・フェルミ（1901－54：一九三八年ノーベル物理学賞)、一般システム理論の提唱で知られる生物学者ルートヴィヒ・フォン・ベルタランフィ(1901－72)、エントロピーや自己組織的な散逸構造の研究で知られるイリヤ・プリゴジン(1917－2003:一九七七年ノーベル化学賞)、やはりエントロピーや核物理学の研究で知られるレオ・シラード(1898－1964)、先述のデイヴィッド・リースマンなど、その他、文学者や歴史家も含めきわめて多彩な面々である。

ナイトやフリードマンも折に触れてセミナーに参加していたし、LSEでハイエクの指導を受けながらも、大恐慌を機にケインズの側に転向してその理論化に貢献したラーナーもちょうどシカゴのルーズベルト大学で教鞭をとっており、やはり参加者の一人であった。こうした学際的な活動が、あらためてハイエクの思想に大きな影響を与えていくことになる。

さらに時期的には前後するが、『隷属への道』発刊と合わせ戦後のハイエクの活動を世界的なものにしたもう一つの活動として、一九四七年のモンペルラン・ソサイエティー(協会)の設立が挙げられる。大戦後、ハイエクは、自由主義や市場経済を擁護する知識人の結集を目的として、スイス、レマン湖畔に位置する保養地である山峰モンペルランにおいて一〇日間にも及ぶ国際会議を開催した。

会議には、ミーゼスやロビンズ、ナイト、フリードマン、スティグラー、そして戦後の西ドイツの経済政策のバックボーンとなる「社会的市場経済」理論の提唱者であるワルター・オイケン（1891 - 1950）やヴィルヘルム・レプケ（1899 - 1966）といった、それぞれの理論的背景は異なれども、社会主義や「集産主義」の脅威から自由社会を擁護したいというハイエクの理念に共鳴した経済学者がこぞって参加した。参加者は経済学者に留まらず、マイケル・ポランニーやLSEでのハイエクの盟友の一人であり反証主義を唱えたことで有名な科学哲学者ポパー、『世論』（一九二二年）で知られるジャーナリスト、ウォルター・リップマン（1889 - 1974）など哲学者、歴史家その他も含んでおり、やはり学際的な色彩も強いことも大きな特徴である。

会の名称については、当初ハイエクは、自由主義の先達に敬意を表して「アクトン＝トクヴィル・ソサイエティー」とすることを考えていた。アクトン（1834 - 1902）は「権力は腐敗する、絶対的権力は絶対に腐敗する」という格言で有名な一九世紀のイギリスの歴史家であり、トクヴィル（1805 - 1859）は『アメリカのデモクラシー』や『旧体制と大革命』で知られるやはり一九世紀のフランスの思想家である。しかし、両者が共にカトリックであることにナイトが難色を示したために、最終的には開催地の名前を冠することになった。

和気藹々という雰囲気よりもむしろ議論はたいへん白熱し、急進的な立場に立つミーゼスが所得再分配の問題を巡ってロビンズ、フリードマン、スティグラー、ナイトらを一様に「社会主義者」呼ばわりするなど、うるさ型の面々による軋轢もないではなかったが、それらも含めて、自由な言論を何より重視する錚々たる面々が集う一大サミットとなった。協会の設立趣意書には、時勢に対する次のような危機感が表明された。こうした懸念は現代でもなお克服されておらず、むしろ一層深まっているとも言えるだろう。

恣意的権力の拡大が、個人や自発的団体の立場を弱めている。西洋の人間が最も大切にする思想と表現の自由さえも、少数派であったときは寛容という特別扱いを求めながら、実際に権力の立場に立つや、自分たち以外の考え方を弾圧し、葬り去ることしか考えない主義の拡大によって脅かされている。

同協会からは、初回の出席者であるハイエク、フリードマン、スティグラー、モーリス・アレ（1911－2010：一九八八年受賞）だけではなく、その後も、ジェームズ・ブキャナン（1919－2013：一九八六年受賞）、ロナルド・コース（1910－2013：一九九一年受賞）、ゲーリー・ベッカー（1930－2014：一九九二年受賞）、バーノン・スミス（1927－　：二〇〇二年受賞）といったノーベル賞受賞者を輩出した。ハイエク亡き後の現在も年一回の国際会議を中心に、恣意的権力を排し開かれた自由な社会を目指す活動が継続されている。

第4章　「関係性」の心理学――感覚秩序論とその思想連関

†グランド・ツアー

混乱と紆余曲折の末に、初恋の相手へレーネと結婚したハイエクは、一九五四年から翌年にかけて、大規模な旅に出た。乗用車を用いてフランス、イタリア、ギリシャを経てエジプトへと至る七カ月ものグランド・ツアーであったが、じつはこのコースは、当時彼が敬愛していた一九世紀イギリス自由主義の大家ジョン・スチュアート・ミル（1806－73）のちょうど一〇〇年前の夫婦旅行を模範とし、それを忠実に再現したものであった。

ミルは、経済学、政治学、倫理学、論理学などさまざまな分野で現代に残る代表的な著作を残したが、その妻となったハリエット・テイラー（1807－58）とのロマンスもよく知られている。ミルは、やはり高名な学者であった父親による徹底した英才教育の反動から、

J・S・ミル

二〇歳の頃に深刻な「精神の危機」に陥ったが、既婚者であったハリエットとの出会いを通じ克服するとともに、彼女との対話から大きな知的刺激や新たな創造の活力を得た。両者の関係は、ハリエットの夫が病死して正式に二人が結婚するまでの二〇年もの間、あくまで精神的なものであったと伝えられている。ハイエクは二人の関係に憧れをいだき、彼らに自分たちの姿を投影するに至るほど傾倒していたため、上記の旅行を企画した。

一方で、ハイエクの学術的なミル評価は、研究者としての冷静な目に裏打ちされていた。大戦中からハイエクはミルの思想史的な研究を進めており、一九四二年にはエッセイ集『時代の精神』(一八三一年)を復刊して自ら序文を執筆していた。一九五一年には『ジョン・スチュアート・ミルとハリエット・テイラー――二人の友情とその後の結婚』というタイトルで二人の書簡集を編纂し、やはり序文を記している。それらの著作は必ずしも直接にハイエクの思想を裏書きするものではなかったし、自身の自由主義哲学を直接に補強する手段としてそうした研究を行なったわけでもないが、むしろ、だからこそ興味深い面がある。

ハイエクと異なり、ミルは後年にはある種の社会主義へと傾倒していった。ミルの『時代の精神』は、「集産主義」あるいは「設計主義」の元祖としてハイエクが徹底的に批判した（終章参照）、一九世紀フランスの社会主義思想家サン＝シモン（1760－1825）の歴史観の影響が大きく表れた著作である。ミルと対等な議論ができる当時、有数の才女であり女性解放運動にも大きく活躍したハリエットの存在自体も、後期のミルの思想が社会主義に傾いていくきっかけとなったといわれる。しかしハイエクによる編集方針は、むしろハリエットの個性や知性を高く評価しており、その存在に大きな注目を促す先駆けとなった。同時にハイエク自身にとっても、こうしたミルへの関心が自身の社会哲学を練り直すよい機会ともなった。ミル夫妻を意識したこのグランド・ツアーをきっかけに、彼はいわば一〇〇年後のミルとなることを自覚し、自身の自由概念について本格的に論じた大著『自由の条件』（一九六〇年）の着想を得ることになる。それについては第5章で解説しよう。

だが、こうしたミル研究の結果として、彼に対するハイエクの評価が最終的には批判的となっていったのも事実である。次第にミルに対する批判的な言辞も増え、インタビューなどでもそうした感情を率直に表明するようになった。

ただ、ミルが最終的に目指した「条件付き」の社会主義とは、あくまでも市場経済の存在を前提に、政府からの上意下達を廃し、あくまで自由で個性を重んじる人々の協同作業

（アソシエーション）によって新たな再分配の方法を目指したものであった。その意味で、彼の思想を二〇世紀以降の現実の社会主義や、ハイエクが「集産主義」や「設計主義」と呼んで批判する体制とは単純には同一視できないであろう。

他方、ハイエクは晩年の『法と立法と自由』（1973－79年）での独自の議会制改革論において、あらためてミルの有名な『代議制統治論』を肯定的に引用し、真の立憲政体への系譜を切り開いた人物との評価も行なっている。このようにハイエクはミルのさまざまな側面に対して大きな親近感を持ち続けたとともに、それゆえに批判的な言辞もまた散見されるなど、両義的な態度を示していた。

今なおミルは、他者に危害を与えない限りで人々の自由が最大限尊重されなければならないという「他者危害原理」の主唱者として、同時に、たんなる利己性にとどまらない個人をとりまく社会性を強調した点で、現代の多様化した自由主義の重要な祖の一人と見なされている。少なくとも、「多数派の専制」による大衆民主主義やそれがもたらす社会の「画一化」の危険性に対して、時代を超えて両者が抱いていた懸念は明らかに共通していた。ミルの多面性は、後の章でも述べるような福祉政策の擁護を含む、ハイエク自身の多面性とも重なっており、自由主義思想の幅広い可能性を体現している。

ハイエクの初恋そして再婚相手のヘレーネは、ミルにとってのハリエットと同様、夫の著作活動を大いに活気づける非常に知的な存在であった。再会直後から彼女はハイエクの研究に絶えず有益な助言を与え、シカゴ大学での学際セミナーにも何度か参加するだけではなく、その時代に英語で書かれた『科学による反革命』（一九五二年）や『自由の条件』（一九六〇年）のドイツ語訳を自ら手がけるなど、たんなる家庭内での相談相手を超える役割を担った。

アメリカに移住する時期のハイエクは、『隷属への道』で一躍大衆的、一般的な知名度を得ながらも、社会主義の影響が強かった時代における「反時代的」な主張によりアカデミックな世界からはむしろ白眼視されるようになってしまったこともあり、あらためてより抽象的な学問的課題へと没頭したいと考えていた。その手始めに彼は、学生時代に志しながらもそのまましまい込んであった心理学の草稿「意識の発生論について」をおよそ三〇年ぶりにあらためて取り出し、完成させることにした。それが、彼の多大な著作のなかでも特異な位置を占める『感覚秩序』（一九五二年）である。同書の完成にもヘレーネは大きな役割を果たした。

†『感覚秩序』（一九五二年）

以降では、まず『感覚秩序』の内容について説明したうえで、それが持つ、心理学上の位置、そして哲学的・思想的連関について解説していこう。どちらの点においても驚くほど多様な文脈の重なりのなかに位置しているだけではなく、前章までの独自の経済理論と合わせ、「自生的秩序」というハイエクの最終的な到達点の根底をなしている点で意義深い著作である。

『感覚秩序』は「遠縁の従兄弟」ウィトゲンシュタインの前期の代表作『論理哲学論考』を思わせる、段落ごとに数字を振った断章形式で書かれているが、それもハイエクの著作としては異例である。同書では、人間の認知システムの特徴について、ニューロン（神経細胞）の形成メカニズムという神経生理学的な観点から分析を行なっていることも特筆に値する。

ハイエクは、この著作について「知識への貢献という意味では自らの著作のなかでも最大」と誇る一方で、自身の経済理論や社会哲学との直接的な関係を明確にすることに積極的ではなかった。そのため研究者の間でも、本書をどのように取り扱うか苦慮してきた経緯があり、体系的な研究書や解説書においてもほとんど言及されないこともあった。しかし、本書は若き日から晩年に至るまでの、彼の思想体系の中心に位置すると述べても過言ではない。

何より、ハイエクが同書において強調するのは、人々が社会のなかで個別具体的な経験を行なうためには、それに先だって抽象的な観念が脳のなかに存在していなければならない、ということである。かつ、そうした抽象観念は、脳の構造や機能も含め生まれながらに保持しているという意味ではアプリオリ（先験的）であるが、経験によって変化していくという意味ではアポステリオリ（後天的）な側面も持つ。この点にもハイエクの独自の立場が現れている。

いずれにせよ、われわれは事物を「ありのまま」に捉えているのではなく、脳のなかにあらかじめ存在するなんらかの「枠組み」を対象に当てはめて「解釈」し、それにもとづいて行動している。その意味でわれわれが認識する「事実」とはすべて、なんらかのフレームワーク、あるいは理論が前提となっている。言語も含め、思考がもとづく理論（言語の場合は文法）について明示的に説明することができない人間でも、自らが何かを知覚する際には必ずそれに従っており、それによって対象をなんらかの形で「抽象化」することで理解を行なっている。これは社会において人々の行動を導き制御するルールも基本的に同じである。

ハイエクはそうした抽象化の能力として、人間も含む生物一般の精神構造の特徴である「差異化」のための「分類の原理」が中心となっていると考える。彼は、生物を環境に合わせ感覚器官への物理的刺激をさまざまな感覚へと「分類」していく存在と捉えるが、その際、同一の物理的刺激とその感覚とは一対一で対応しているわけではないことを、しばしば強調する。

たとえば、われわれは振動という物理的な刺激を、聴覚と触覚とでは全く異なる感覚として認識する。前者では基本的に音として、後者では強弱も合わせ痛みや心地よさも含むそれぞれ「質」を伴うさまざまな皮膚感覚として捉えられる。酢の刺激も舌、肌、粘膜などではまったく異なる感覚となる。反対に、たとえば移調された音階であっても同一の旋律として感じるように、全く組成の異なる白い粉末を視覚としては同一のものとみなしてしまうように、あるいは人工甘味料など、異なった物理的刺激や組成であっても同じ感覚あるいは「現象」として「分類」されるものも多数、存在する。

種によっては、そもそも特定の刺激にまったく反応しないものもあるし、紫外線や赤外線は目では直接知覚できないなど、人間の感覚にも生物としての制約条件が存在していることは言うまでもない。人間だけではなく生物一般は、刺激を物理的な秩序そのままに受け取っているのではなく、それぞれに固有のやり方で「分類」したうえで「解釈」している。

物理的な秩序と精神的・感覚的な秩序が具体的にどのように結びついているかは未知の問題としても、両者が相関していることは確かであり、脳細胞から物理的に構成される神経システムなしには、現象を知覚することは不可能である。物理現象なくして精神現象は存在しない。その意味では、ハイエクの立場はある種の唯物論といってもよいだろう。しかしそのうえで、彼の立場は決定論や単純な機械論では全くない。絶えず不確定に形を変化させる流動的な秩序として精神現象がイメージされている。どれだけ物理学が十全な発展を遂げたとしても、そこに心理学を単純に還元することはできない。その点にこそ、心理学、さらには複雑な現象世界を分析する学としての社会科学の自律性も存在すると彼は考える。

そもそもハイエクは精神現象の分析にあたって、「心とは何か?」「意識とは何か?」といった問題の立て方は無意味であると指摘する。心や意識の本質的な要素やそれらの実体となる、いわば「機械の中の幽霊」(ギルバート・ライル)など脳の内部のどこを探しても存在しないからだ。ハイエクいわく、現在の科学水準で当面問うことができるのは、心や意識が生じている際、あるいはなんらかの感覚が生じている際には、神経細胞内では何が起こっており、それらがどういうメカニズムで機能しているのか、ということだけである。

ハイエクは、心あるいは精神を、端的には「生体内に生起し、環境中の事象の物理的秩序とは関係するところはあっても、同一ではないような一連の事象の特別な秩序」と定義する。だとすれば理論心理学の取り組むべき課題とは、われわれが経験している感覚的な

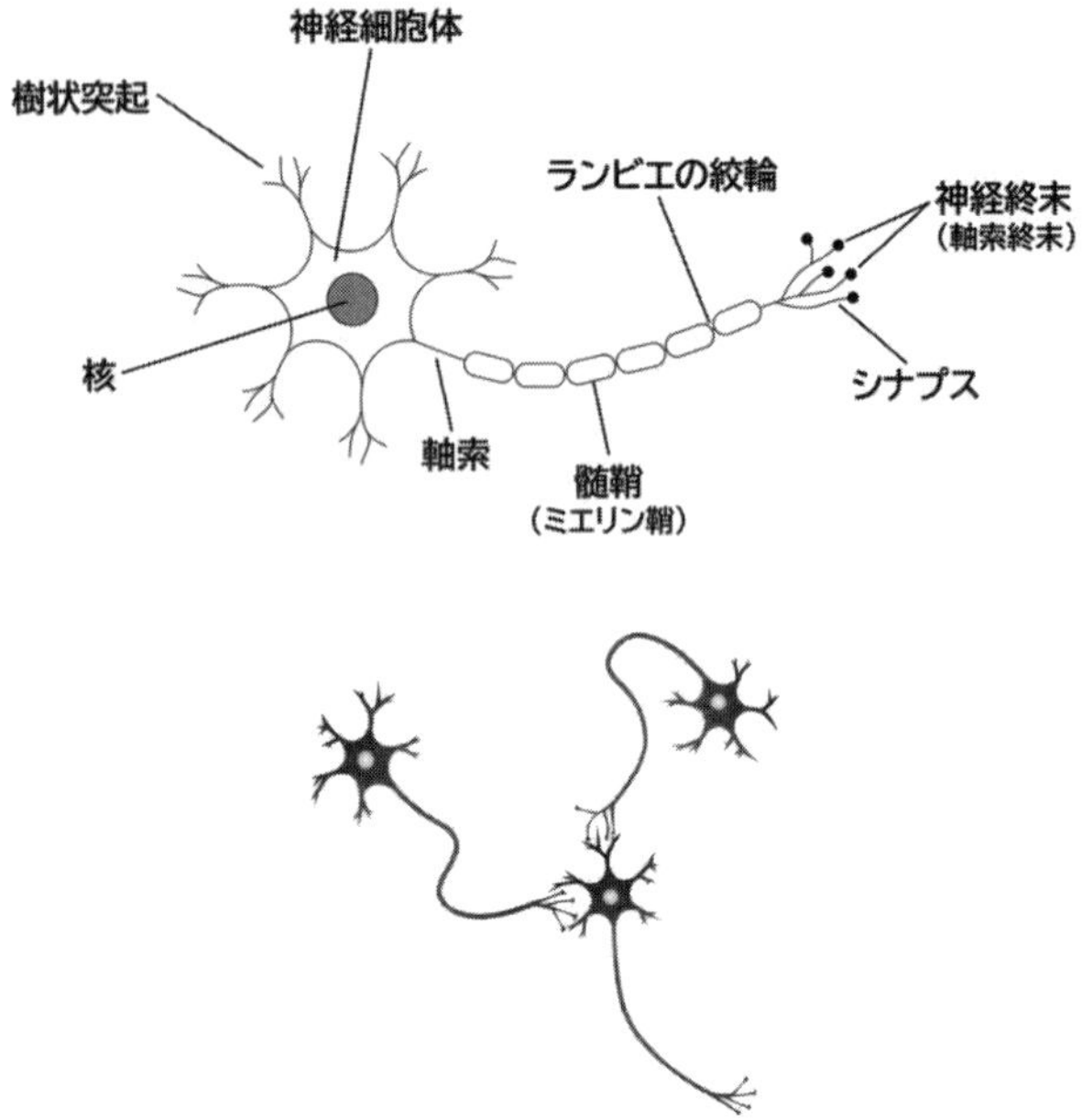

出所） illust AC

図5　ニューロン

現象や秩序が物理的・生理学的な基礎の上に立ちながらも、なぜ独自の「質」としての形を取って現れるのかを分析することにある。

†「分類」の原理

ハイエクは、こうした考えを脳神経学的、生理学的な観点に依拠しながら展開している。彼が使用している道具立て自体は、二〇世紀前半にすでに知られていた比較的古いものであるし、自らが

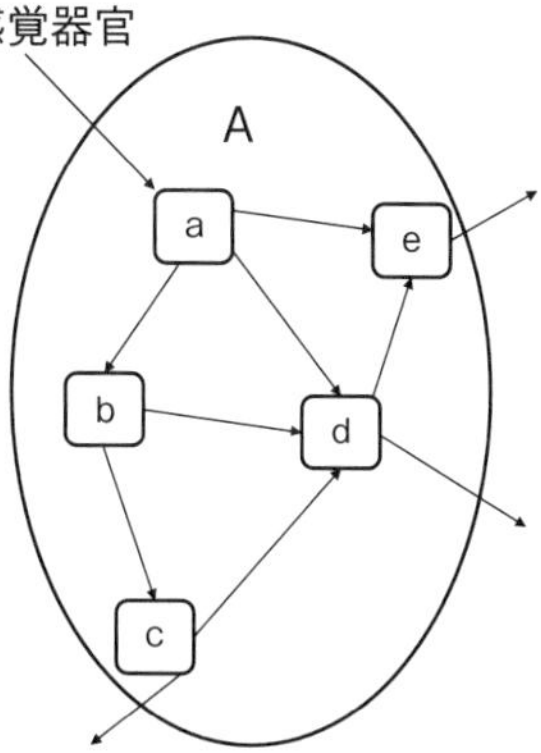
感覚器官からの刺激が「インパルス」としてニューロンaに入力され、次々とbやc、d、eへと連鎖していくことで、Aとしての「分類」されたグループを形成

図6　ニューロン間のインパルスの連鎖（上山 1987 を参考に作成）

述べるように「素人臭い」部分もあるだろう。しかし、その内容はニューロンやシナプスの理論にいち早く依拠したきわめて先駆的なものだ（図5）。

現在、人間の脳内全体にニューロンは一〇〇〇億個以上存在すると言われるが、ハイエクの執筆当時の認識では約一〇億個程度と考えられていた。いずれにせよ、ニューロンの一つひとつに、接続器官であるシナプスを通じて各感覚器官からの刺激が入力されることで、複数のニューロンに電気信号としてのインパルスが「喚起」される（図6）。

一つのニューロンへの刺激は周りの複数のニューロンへの刺激も次々と「喚起」していき、なんらかの刺激に対してひとまとまりのグループを形成するようになる。ハイエクによれば、いわばこ

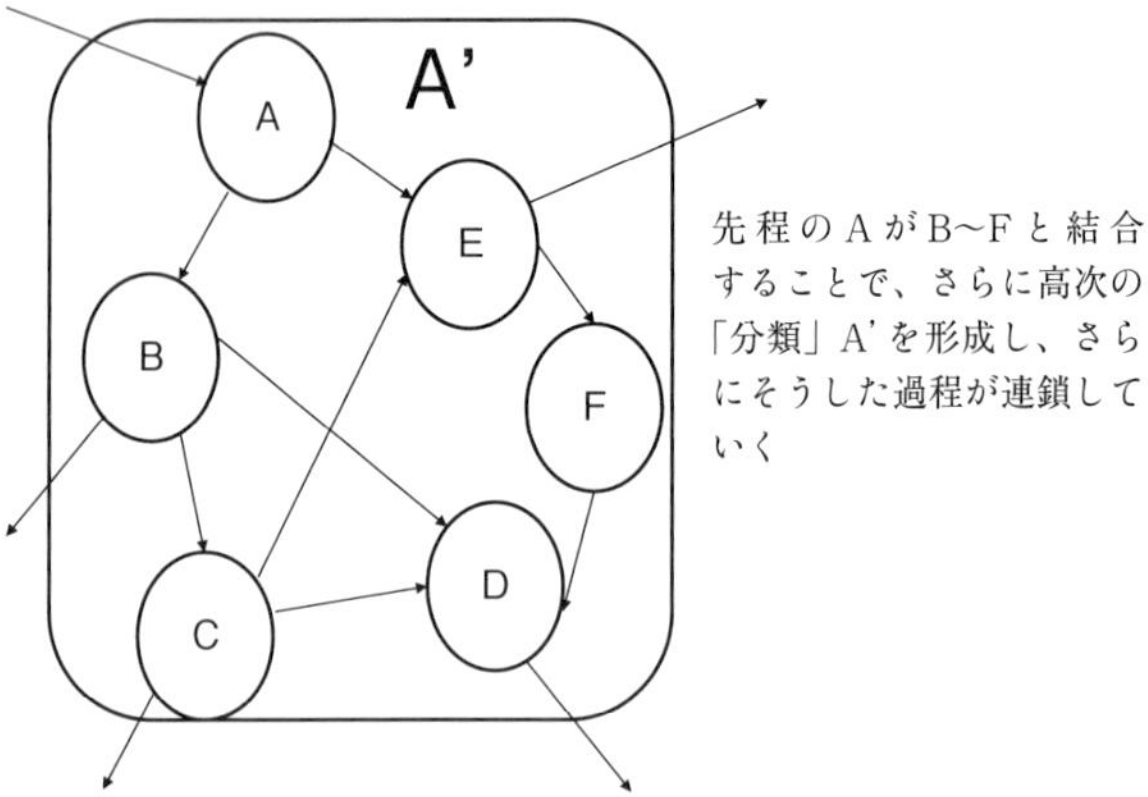

先程のAがB〜Fと結合することで、さらに高次の「分類」A'を形成し、さらにそうした過程が連鎖していく

図7　「分類」の階層化

れが最初の単純な「分類」でありさまざまな感覚の原始的な要因となっている。似たような刺激は似たような構造のグループを形成するとともに、それら自体もやはり上位の感覚のグループへと「分類」されていく（図7）。

こうした階層がさらに階層化されていくことでグループの構造はどんどん複雑になっていくが、それは一つの属性だけで秩序付けられた単線的な形態ではない。単一の物理的刺激が音であったり色であったり匂いであったりそうした感覚の元となるさまざまな「分類」を生み出すとともに、一つの小さな「分類」が、ある軸では音を基準としたグループに属しているとしても、また別の軸では触覚や匂いなど別の刺激によって形成された異なるグループにも属することになる。「分類」がさらなる「分類」を形成し、

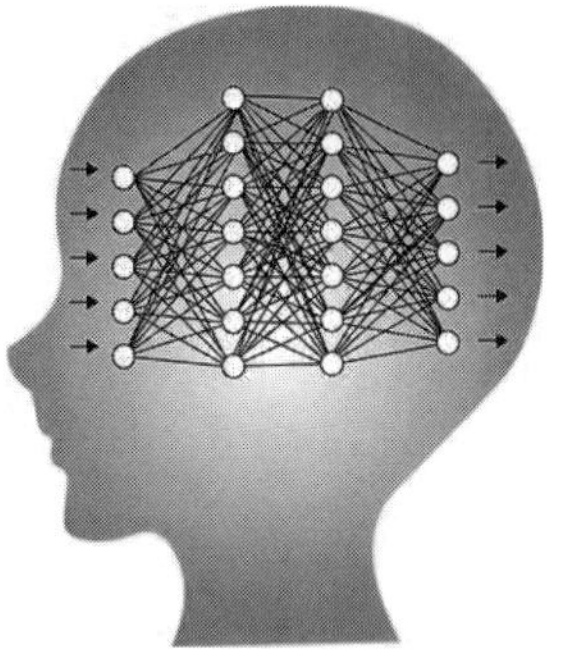

出所） illust AC

図8　脳内のニューラルネットワーク

そのなかの内部構造もまた別の「分類」によって「分類」される。このように一つのグループは、「分類」という機能を行なう主体であると同時に「分類」される対象でもある。一つひとつの小さなグループはこうした多元的な無数のネットワークのなかに秩序づけられる（図8）。

では、それぞれの個別のインパルスを一つのグループへと「分類」する基準とはなんであろうか。ハイエクは、それ自体は次のような意味で恣意的なものであると考えている。たとえば、16、17、18、22、28、30、31、35、40ミリの大きさだけが異なる九個の球体があってそれを選別する機械があるとしよう。それによって、球体がA「16、18、28、31、40」とB「17、22、30、35」という結果に「分類」されたとする。この場合、基準は球体自体にはどこにも存在していない。

しかしそれが何であろうが、「分類」されたという事自体が基準であり一つの意味を持つ。別の機械ではA「16、17、28、40」、B「18、22、30、31、35」という「分類」になるかもしれないし、三つ以上のグループに分けられる可能性もあるだろう。なんにせよ、なんらかの基準があって「分類」が行なわれるのではなく、「分類」という機能自体が他のグループとの差異を生み出し、基準を作り出す。

各ニューロンの間を行き来するインパルスの刺激も、それ自体がなんらかの外在的な感覚の要素を伝えているわけではなく、あくまで一つの「分類」がなんらかの「感覚」を生み出す。それについてハイエクはこう述べる。

> 感覚の質を相互関係によって論じながら、われわれが長いあいだ続けてきた堂々めぐりを脱することができて、感覚の質が生じるのもその一部であるような過程の説明に達する希望がもてる唯一の道は、感覚の質のシステムと「トポロジー的（位相的）に等価な」、あるいは「位相同型性（イソモルフィズム）」となるような物理的な質のシステムを構成することである。
>
> （『感覚秩序』四七－四八頁）

ここで彼が「堂々めぐり」と呼んで批判しているのは、感覚の性質をなんらかの外的要素に還元すること、たとえば、痛覚の根源をその感覚に共通する根源的な実体に求めるような考え方である。そのようなものは存在しない。風が吹いた時、健康な肌は心地よさを感じるかもしれないが、傷口は痛みを覚える。風という物理的運動やそれによる刺激が感覚の引き金になっていること自体は確かだが、その運動自体に感覚の根源があるわけではなく、あくまでも置かれた状況や機能に合わせて「分類」する作業にもとづいている。

ニューロンへの最初の刺激がインパルスとして入力される際、それはたんなる電気信号であって痛覚そのものではない。だがその信号が入力される度に類似した回路が構成され上書きされていくことでなんらかの一つの構造体が生じ、それによってわれわれはなんらかの感覚を得るようになる。そうした意味で全ての精神的・現象的な秩序と物理学的・生理学的な秩序は「連環（リンケージ）」と呼ばれる構造的な対応関係を持っている。その性質について彼はこう述べる。

> 位相同型性（イソモルフィズム）とは全体としての構造の類似と、構造のなかでの対応する要素の位置の類似のみをあらわすが、構造のなかでの位置を離れては、対応する要素のどのような特質を語るものではない。
>
> （『感覚秩序』四九頁）

こうした「構造」とは空間的な配置自体に意味があるのでもなければ、一つひとつの要素をモザイク状に積みあげて形成されるものでもない。結び目でできたゴム製のネットを引っ張ったりねじったりしても、位相空間としての図形の基本的な性質自体は変形していない。あるいは、電車の路線図を大胆に省略変形して表記しても目的に適うように、それらはトポロジー的には同型である。重要なのは、「分類」のトポロジー的な「構造」あるいは「関係性」であり、「分類」の連鎖が積み重なっていくことで、それらは非常に複雑で立体的な高次元なものとなる。さまざまな感覚は、そうした生理学的な「構造」にもとづいていると考えられる。

その過程において、単一の物理的刺激が、音であったり色であったり匂いであったりさまざまな「分類」を生み出すが、機能としてそれらは独立して存在しているのではない。一つの食べ物を口に入れたとき、味や匂いや食感や記憶までもさまざまな感覚が同時に惹起されるように、音と色が時には共感覚として同時に感じられるように、そして基本的に感覚は運動と連動しているように、感覚秩序とはさまざまな感覚が織りなす総体的・統一的な秩序である。一つの刺激や感覚の背後には、脳だけではない身体全体の神経細胞のさまざまなネットワークとしての「前感覚的連環（the presensory linkage）」が存在しており、明示的に近くできるのはあくまでその一端である。

そのうえで実際には、生物の種類や形状、置かれた環境によって、類似した物理的刺激に対しては、基本的には同じようなインパルスの「喚起」が行なわれるし、その頻度によってそれぞれの独特の「分類」のパターンを形成していくだろう。振動といった一定の物理的刺激が聴覚の形をとるか他の感覚の形を取るか、いずれがより重要となるかはその生物の置かれた環境と適応の過程に依存しており、それぞれの種が独自の神経網の「構造」あるいは「連環」を持つことになる。

†脳内の「地図」と「モデル」

こうしたメカニズムによって形成される脳内の神経の結合の「構造」には二種類があり、ハイエクは一つを「地図（マップ）」、もう一つを「モデル」と呼んでいる。三次元の立体を二次元に簡略化した地図で現在位置を知るように、前者は生物ごとの感覚や認識のための見取り図であり、これまでの既存の経験のストックとして中枢神経系に固定化されたものである。より単純に言えば、脳内全体の神経細胞のネットワークそのものと考えてよい。

いずれにせよ生物は、対象をありのままに写し取って認識するのではなく、「地図」という枠組み、あるいはフィルターを通じてそれを行なう。この「地図」は実際にはやはり多次元の「分類」からなる位相空間によって構成されており、基本的には生物ごとに遺伝的に継承される。そのうえで、各個体においても、それぞれの成長に合わせ累積された経験によって一定の相違があると思われる。

では、位相空間としての「地図」というスクリーンのなかに特定の刺激が入力された場合、具体的にどのような感覚が生じるのか。そこには少なくとも、もうワンステップが存在する。「地図」の存在を前提に、そのなかでさまざまな動き方、具体的な感覚の生じ方がありうるが、そのパターンのことをハイエクは「モデル」と呼ぶ。これにも生物としてあらかじめ遺伝的に継承された特徴と、個体ごとに獲得された特徴の二つの側面があると考えられるが、いずれにせよ感覚器官への刺激によるインパルスが、「地図」のなかにすでに存在する「モデル」が表すパターンをなぞるように次々に伝わっていくことで各瞬間の具体的な感覚が生じていく。ハイエク自身の表現では、「地図」が二次元あるいはより多元的な座標空間であり、「モデル」がそのなかに描かれる複雑で多様な幾何学的構造とされる。「地図」内での動き方のパターンとしての「モデル」とは、そこに描かれた川や道路の流れのようなものと言ってよいだろう。それらはさまざまな具体的な感覚のおよその形を示す。

このように、個別的な経験の前には「地図」と「モデル」という少なくとも二種類の抽象化のプロセスが存在している。ハイエクは、後の著作でそれらを「抽象の優位性」と呼ぶ。その意味は、生物は「前感覚的連環」としての「地図」と「モデル」という抽象的枠組みを外的世界に当てはめることで「解釈」としての知覚認識を行なうことに由来する。一方で、座標軸としての「地図」も歩き方としての「モデル」も、それらは完全に生得的でアプリオリなものでも固定的なものでもない。経験によって改定され新たなものへと上書きされ、それがまた新たに世界を「解釈」することになる。

人間の持つ、さまざまな感情を含む複雑な精神構造やその「質」の違いも、遺伝的な形質含め、こうした位相的な「関係性」の複雑さが大規模に重なり合っていくことにより獲得される。そして最終的には、それぞれ独立した人格を生み出すに至ると考えられる。脳内の「地図」はその時点での生物の経験が集積された結果、形成されたものであり、同じ遺伝子によるクローンであっても、全く同一のものを複製することは不可能である。

> 感覚の質の特徴的な属性、あるいは、さまざまな事象が知覚の過程において分類されるクラスとは、その事象がもっている属性でもなければ、なんらかの方法で心に「伝達される」属性でもない。感覚の性質とはすべて、「**差異化**（differentiating）」によって事象の質的な分類やそれらの秩序を生み出す生体の反応にこそある。
>
> （強調引用者、『感覚秩序』一九〇頁）

生物あるいは人間の「感覚秩序」とは、「差異化」をもたらす「分類」の過程を経て生まれるが、それはあらかじめ何者かが熟慮のうえで設計したものではない。「分類」が複雑に絡み合い、重なり合うなかでの結果として生じるという意味で、それは「自生的」である。ハイエクの観点において人間や生物が単純な機械と異なるのは、こうした能動的かつ「自生的」な「分類」の機能が備わっている点にある。

†心理学上の位置

『感覚秩序』が持つ哲学的な含意としてまず言えるのは、ルネ・デカルト(1596 - 1650)以来、伝統的な西洋哲学が取っていた、肉体と精神をそれぞれ独立したものと考える心身二元論への批判である。しかし一方で、ハイエクの立場は一元論的ではあるが、精神を物理的な実体に還元しようとする単純なものでは全くなく、そこに彼の独自性がある。彼の議論において、外的世界の「解釈」を行なうもととなる「地図」や「モデル」は、徹頭徹尾、物理的な組成からなる脳細胞やニューロンによって構成されている。その意味では、肉体を離れた意識や精神、霊魂といったものの存在する余地はない。

しかし何より重要なのは、そうした脳内の「地図」や「モデル」はあくまで、一つの

「位相」あるいは「構造」として成立していることである。そうしたニューロンの結びつきの「関係性」そのものが意識の根源となっていると同時に、それらは単純なデータや要素として客観的に取り出したり観察したり、組み合わせたりできる類のものではない。さらに、それぞれの個別的な構成要素も、あくまで全体的な「関係性」のなかで初めて意味を持つ。先述の「位相同型性（イソモルフィズム）」という用語も含め、こうしたハイエクの考えは、当時勃興したゲシュタルト心理学から大きな影響を受けている。

近代的な心理学は一九世紀後半にヘルマン・フォン・ヘルムホルツ（1821－94）とヴィルヘルム・ヴント（1832－1920）によって開拓された。ヘルムホルツは当時有数の物理学者、生理学者であり、とくにカント哲学と生理学との接合という観点から、人間は現象の根源としての「物自体」を直接認識しているのではなく、あくまで生理学的な感覚器官や構造に依拠した結果であると捉えた。こうした考えは、基本的にハイエクにも継承されることになる。

一方、ヴントは実験にもとづいて心理学の実証化、経験化を進めることで哲学からの離脱を果たし、新たな学問分野としての位置を確立した。ただヴント心理学は、同一の感覚には同一の物理的刺激が対応しており、そうした一つひとつの感覚要素がモザイク状あるいはブロック状に積みあがる形で全体が構成されているとの立場を取っていた。

ゲシュタルト心理学は、そうしたヴントの要素還元主義を「恒常性仮説」と呼んで批判し、精神の本質が要素や部分のたんなる集合や結合としてではなく、それらが織りなす「形態（ゲシュタルト）」にあることを強調した。たとえば音楽の旋律が構成要素としての一つひとつの音のたんなる集合ではないように（創始者クリスティアン・フォン・エーレンフェルス〔1859－1932〕はブルックナーの音楽上の弟子であった）、ゲシュタルトとは、それ自体は分離可能な要素から成立してはいるが、それを超えた意味を持つひとまとまりの全体という意味である。その成果の一端は、ゲシュタルト崩壊といった言葉でも一般によく知られている。

ただ、個々のインパルスと基本的な感覚は一対一に対応していないことを強調する点で、ハイエクはゲシュタルト心理学から「恒常性仮説」への強い批判とそれに代わる構造的な認識把握の重要性を継承したものの、当時の学説がたんなる空間的・実際的な配列にとどまり、数学的なトポロジーの理解にまで達していないことには不満を覚えていた。一方で、ハイエクはヴント心理学の要素還元主義的態度には反発したものの、生理学を心理学に取り込もうとする試みや実験を通じた経験的手法までをも全面的に否定したわけではなかった。彼が『感覚秩序』を執筆した意図は、こうした対立する当時の既存の心理学を同時に批判しつつ統合し、乗り越えていこうとするところにもあった。

†行動主義と精神分析

当時の主流派であったヴント心理学にゲシュタルト心理学は対抗的な立場を取ったが、その他、行動主義心理学とフロイト（1856－1939）による精神分析も二〇世紀の新たな潮流としてよく知られている。それぞれが以降の心理学の発展に大きく寄与したし、社会科学含めそれ以外の分野にも広範な影響を与えることになる。しかしハイエクはこれら二つには次のようにきわめて批判的な態度を取った。

まず行動主義心理学の特徴から述べよう。創始者ジョン・ブローダス・ワトソン（1878－1958）はヴント心理学が手法とした、被験者からの報告をもとにした内的心理や意識の分析は、結局は主観の曖昧な表明に過ぎないゆえに、データとしての客観性に大きな疑問があると批判した。それに代わって彼は、観察可能な被験者の行動のみを分析の焦点とすることで、対応する心理法則を発見することを主張した。有名な「パヴロフの犬」のような条件反射の研究も行動主義に大きな影響を与え、実験室のマウスが特定のレバーを押せば餌が出てくることを学習するといった、報酬と罰則にもとづくオペラント行動の分析へと発展していった。

行動主義は心理学を客観的・実証的科学とするのに大きく寄与し、経済学も含め社会科学にも多大な影響を与えた。しかし、その立場は心とは何かという問題を事実上ブラックボックス化してしまうとともに、観察可能で量的に扱えるものだけを研究対象とせざるをえないという限界も招くことになった。ハイエクの行動主義に対する批判もまさにその点にある。客観的とされるデータをもとに、その積み重ねや因果関係によって対象を説明し再構築することで、政策的あるいは規範的な含意を引き出すこと、それ自体は確かに科学的な色彩をまとっているかもしれない。しかし、その場合のデータの「客観性」や手続きの「科学性」とはいったい何によって担保されるのか、それが彼の抱いた疑問であった。

ハイエクは、行動主義が、内観のみを頼りに意識の動きを分析するという古いヴント心理学の手法から脱却したこと自体は一定程度評価するが、一方で意識という存在を徹底的に排除しようとする反対側の極端へと走り、心的現象を考察する際に本来不可欠なはずの感覚における主観的な質的秩序の存在までをも学問的な対象から消去しようとしたことにはたいへん批判的であった。その意味で彼にとって行動主義とは、観察や実験によって検証可能な素朴な感覚経験からモザイク状に世界が構成されるとの見解を取っている点で、やはり要素還元主義の一種であった。

なによりハイエクにとって、貨幣や資本といった概念に表れているように、社会科学において何を「事実」とみなすかの認識もまた「分類」の過程を経た主観的なものである。

それゆえ、彼は個人間に「分散した知識」を重視した。にもかかわらず、行動主義にもとづく分析が心理学以外の社会科学にも単純に波及していくことで、その成果を社会の「設計」に無批判に応用しようとする態度が現れてくることはたいへん危険なものに思われた。

返す刀でハイエクは、現代でも有名なフロイトの精神分析に対しても厳しい批判を行なう。行動主義とは対照的に、フロイトは人間の無意識の領域を積極的に研究の対象とし、それが人間行動を背後で規定していると考えた。とくに無意識下に抑圧された性衝動が決定的な役割を果たしているとする彼の学説はハイエクの青年時代、マルクス主義と並んでウィーンの知的な学生たちの関心の中心であった。

フロイトによる「無意識」の「発見」が、西洋近代が前提にしていた自律的な「主体」という考え方に根本から修正を迫るという意義があったことは確かであろう。ハイエクの思想も、社会の「設計」の「主体」となる合理主義的な人間像への異議申し立てという意味では、フロイト理論と重なり合う部分があるといえるし、『感覚秩序』だけではなく、彼の著作全体にそうした姿勢は貫かれている。

しかしハイエクは、精神分析をマルクス主義と同様に、「自分たちの言明が必然的に真になるように用語を定義しているがゆえに世界について何事も語っておらず、まったく非科学的なもの」ときわめて批判的に捉えていた。言い換えれば、後述のポパーが提唱したような反証可能性の不在ということにもなる。とくにハイエクは、フロイトが無意識を心の奥底にある根源的なある種の実体として捉えていたことに疑念を持っていた。フロイトが精神の構造を氷山に喩え、浮かんで見える意識の根底に性衝動（イドあるいはエス）や、それと対立し抑圧的に働く内面化された文化的・社会的規範としての超自我を置いたことはよく知られている。

ハイエクの心理学においても、抽象的な「地図」や「モデル」自体は直接的な意識としては現れないという意味で無意識的な存在であり、彼はそれを「前感覚的経験」と呼ぶ。彼も「感覚秩序」を山に喩えており、意識的な領域の下には中間領域である「半意識（下位意識）」が挟まれ、さらにそれらを根底で支える「前感覚的経験」が存在するという意識の階層的構造が成立していることを説いた。しかし、それらはどれも同じ「分類」の原理から形成された連続的なものであり、フロイトの学説のような決定的な種類の区別があるわけではない。精神分析は意識の構造的理解の進展に一定程度寄与したかもしれないが、しかしそれは非常に不徹底であり、全てを抑圧された衝動にもとづける精神の実体論的、還元論的な解釈から脱却していないというのがハイエクの評価であった。

マルクス主義的な唯物論もまた、物質的な生産力と生産関係が経済構造（下部構造）として社会の基底に存在し、さらにそれが政治や法律、道徳、宗教、芸術といった上部構造をも規定していると考えている点でフロイトの議論との近縁性がある。当時、激烈化していった革命運動も適切な下部構造の構築なくして上部構造の変革はあり得ないという観点に由来していた。抑圧によって歪められた無意識や私有財産制にもとづく下部構造によって生じた矛盾を克服し、ユートピアへと近づく方策として二つの思想は多くの知識人の共感を得た。

とくに当時のソビエト連邦では、環境によって個体が獲得した形質が遺伝として継承されるというルイセンコ主義によって農業政策が推進されるなど、科学がイデオロギーや政治体制に従属する事態となった。西側でもそれに傾倒する知識人が増えたが、それは学問の自由や自律性の危機を意味していた。

ハイエクは、そのような一面的な「科学」観にもとづいて世界を構築あるいは変革可能であるという考え方を「科学主義」とよんで、厳しく批判した。彼の意図は、そうした還元主義的な科学観、因果法則的な社会観に対して厳しい懐疑の眼差しを向けつつ、個人の自由な精神活動や社会活動の独自性を確立することにあった。

†「感覚秩序」の文脈

では、あらためて「経済学者」ハイエクの心理学の著作をいかに理解すべきであろうか。

発刊以後、学界からの大きな注目を浴びることは下記のような一部を除いてほとんどなかった。しかし、それはただの趣味や余技ではまったくなかった。現代の脳のシナプス構造の理論的基盤はヘッブの法則と呼ばれるものだが、ハイエクの発想は基本的にはそれと同じである。法則の提唱者である心理学者ドナルド・ヘッブ（1904－85）は一九四〇年代末頃、ニューロンとニューロンの間にあるシナプスに電気的なインパルスの発火が生じることによって記憶や意識の原型が生じ、それらが組み合わされることで複雑化していくと考えた。この概念は現在、シナプス可塑性と呼ばれている。

脳神経科学の立場から意識が主体のなかで統合され変容していくメカニズムを分析した業績で一九七二年にノーベル生理学・医学賞を受賞したジェラルド・エーデルマン（1929－2014）は、ハイエクがヘッブとほぼ同時期にきわめて類似した仮説を着想したとして、両者を自らの先駆者と位置づけている。とくにエーデルマンは、ハイエクの唱える「分類」という概念が知覚や精神の成り立ちを理解する鍵だと指摘する。脳は外的な物理世界をそのまま写し取っているのではなく、内的に構造化・パターン化されたシステムを外的世界に当てはめることで認識を行なうが、そうしたシステム自体も外界からの物理的刺激によって絶えず変化し成長していく。この点にハイエクの理論の意義があるという。

ハイエク自身は『感覚秩序』の最終稿を書きあげた後に、発表されたばかりのヘッブの著作を知ったと述懐しており、そちらが理論の専門的な詳細さに優れている一方で、自らの著作はより一般的な原理に焦点を当てており、両者は相補的であると述べている。ヘッブの業績も本格的に注目されるまでには、脳神経科学の研究が本格化する一九七〇年代以降まで二〇年以上の歳月を必要とした。

記憶の研究で世界的に知られるスペイン出身の脳科学者ホアキン・フステル（1930－）は、『大脳皮質における記憶』（一九九五年）において、認知科学におけるハイエクの先駆的な業績を次のように称賛している。

> 大規模な皮質記憶ネットワークの最初の提唱者は神経科学者でもコンピュータ科学者でもなく、興味深いことにウィーン出身の経済学者フリードリヒ・フォン・ハイエク（1899－1992）であった……数学的な詳細さには欠けているものの、ハイエクのモデルには、自分が抽出してきたような後の連想記憶モデルの要素のほとんどが明らかに含まれており、こうしたアルゴリズムを用いて、偏りのない妥当な方法で問題の解決へと接近したものは他になかった。入手可能な神経科学的知識がはるかに少なかったにもかかわらず、ハイエクのモデルが、五〇年から六〇年後に開発されたモデルよりもいくつかの点で神経生理学的に確かなものとなっているのは本当に驚くべきことであ

（*Memory in the Cerebral Cortex*, pp. 87–89）

る。

発刊当時としても『感覚秩序』の冒頭には、当時シカゴ大学の実験心理学の教授であり脳の扁桃体の研究で知られるハインリヒ・クリューヴァー（1897－1979）が序文を寄せ、第3章でもふれた一般システム理論の提唱者ベルタランフィに対しても草稿へのコメントへの謝辞が記載されているが、それらもたんなる社交辞令ではない。

エネルギーが散逸していくなかで自己組織化が行なわれるという「散逸構造」の概念で知られる化学者・物理学者プリゴジンも含め、彼らは皆、シカゴでハイエクが開催した学際的セミナーのメンバーであった。それ以外にも、ウィーンのギムナジウムに通っていた頃からの知己であり、量子力学における「猫」の寓話や分子生物学の開拓で知られるエルヴィン・シュレーディンガー（1887－1961）は、『感覚秩序』の内容を全面的に理解した人物としてハイエク自身、後年のインタビューでも名を挙げている。また、神経細胞の構造を数学的に応用したニューラルネットワーク研究の開拓者の一人であり、ディープラーニングの父とも呼ばれるフランク・ローゼンブラット（1928－71）もその内容に賛意を示した一人だ。

モルゲンシュテルンの共同研究者であり、晩年には自己複製システムの研究に従事したフォン・ノイマンも含め、彼らは皆、サイバネティックスや自己組織系、複雑系と呼ばれる新たな学問分野の開拓の立役者でもあった。彼らの研究の主眼はいずれも「単純な規則から複雑なパターンが生じていく現象」に焦点を当て、従来の自然科学の決定論的、機械論的、因果論的な分析、要素還元主義といった理論的な枠組みを転換することにあった。

サイバネティックスとは、神経系の通信網における情報と制御についての研究成果を機械工学やシステム工学、そして社会科学にまで拡張し応用しようとする試みである。また自己組織系は、全体を俯瞰することのできない個別の主体や末端の構成要素がそれぞれ自律的に振る舞うことで、相互作用としての秩序が生まれる現象を分析対象とする。さらにそうした現象は、多数の構成要素が相互連関のなかで独自の振る舞いを見せながら、予想がきわめて困難な帰結をもたらすという意味で複雑系とも呼ばれる。

この頃からハイエクは、経済現象も複雑系の一環として理解するようになる。『感覚秩序』もまた、そうした文脈のなかで書かれたものであり、「自生的秩序論」へと展開されていく以後の彼の著作でも、上記の論者たちの成果を援用する記述が目立つようになる。

その後一九七〇年代に入ると、理論生物学の分野ではオートポイエーシス（自己創出）と呼ばれる概念が提唱されるようになった。それは、単純な機械とは異なる生物の有機的構成を成立させているものとは何か、という問いに答えるべく誕生したものであり、細胞や神経系、そして生命体といった対象を、構成する要素を絶えず複製しながら、全体をも絶えず再生産、再構成しつづける自己組織的なシステムとして理解する。

オートポイエーシスもまた、神経システムが生み出す感覚とは外的な物理的世界と直接対応しているわけではなく、それぞれの生態に適したものを選択的に獲得しているという意味で相対的であると理解する。システムの自己組織性も合わせ、ハイエクはこうした二〇世紀後半の新たな生命観の先駆者であった。

†マッハとハイエク

さて、ここからは『感覚秩序』が持つ哲学的・思想的連関について解説していこう。学生時代にハイエクが心理学に関心を抱いていた際、最も影響を受け直接に意識していた存在はオーストリアの物理学者エルンスト・マッハ（1838－1916）であった。その名前は超音速の単位に名を冠することで現代でもよく知られるが、「要素一元論」の立場を取った当時有数の哲学者でもあった。第1章で述べたシュパンの全体主義的経済学への反発や心理学への傾倒も含め、ハイエクはマッハの影響下から出発し、次第にその立場をも批判することで独自の立場を作りあげていった。その意味で、マッハはハイエクの思想を理解するうえできわめて重要な人物である。

マッハの哲学はイマヌエル・カント（1724－1804）の哲学を批判的に発展させることで生まれた。カント哲学は、人間が思考形式としてのカテゴリによって認識する現象の世界とその背後にある「物自体」を区別するという意味で二元論と呼ばれる。カントは『純粋理性批判』において、現象の根源としての「物自体」は人間にとってあくまで不可知である一方、アプリオリ（先験的）な認識の形式・枠組みであるカテゴリが存在し、それによって感覚を分類・整理することではじめて認識が成立すると説いた。知覚される現象の背後にはそれを成立させている本体としての「物自体」が存在するものの、それ自体は認識を超えた地平にあり名状しがたいとされる。

同書によってカントは人間の認識や理性の限界を指摘するとともに、それらが成立する仕組みを明らかにした。「分類」を中心とした「枠組み」を対象に当てはめることではじめて認識が可能となるというハイエクの立場も、その点ではカントの議論を生理学にまで拡張したものと解釈することができるだろう。

ただ、マッハの「要素一元論」は、もともとはカントの影響下から出発しているものの、もはや彼は、経験的事実の背後に神といった形而上学的な超越的実体を想定

エルンスト・マッハ

することを放棄しただけではなく、カントが述べたような認識以前に存在する「物自体」という考え方までも徹底して批判した。その結果、マッハにおいて存在する世界とはもはや現象界だけとなる。

こうしてマッハは、世界を究極的に構成する要素とは、色や音や圧、空間、時間といった感覚に限定されることを主張した。こうした感覚要素それ自体は客観的でも主観的でもないという意味で「中性的」であるが、それが物理的や空間的な関係を取る際には客観的なデータとして現れ、網膜や皮膚など生物の感覚との関係において現れる際には主観的なものとなるとされる。

いずれにせよマッハは、そうした感覚要素の相互連関の複雑な結びつきが世界の全てであり、それ以外の形而上学的な存在は一切認められないとした。認識を行なっている「自我」もまた、そのもととなる何か統一的・同一的な実体が存在するわけではなく、やはり感覚要素が相互に連関し合うことによる複合体としての「感覚の束」に過ぎないことになる。

こうしたマッハの哲学は、感覚要素を基盤にしながらも、たんなる要素還元主義とは異なる。なぜなら彼の考えにおいては、感覚要素とはバラバラになった孤立的な存在ではなく、数学的な相互連関のなかで初めて意味を持つとされるからだ。彼の議論は、世界が感性的諸要素のたんなる寄せ集めやモザイク的な集合体であるとは考えておらず、むしろ要素間の連関の全体的な構成に目を向けているという意味で全体論（ホーリズム）的である。

こうした立場から古典的なニュートン力学への批判を行なったマッハの主張は、アルベルト・アインシュタイン（1879 - 1955）の相対性理論にも影響を与えたことがしばしば指摘されるが、先述のゲシュタルト心理学、そしてハイエクの心理学にも決定的な影響を与えた。第3章でも触れたが、ハイエクの思想全般に見られる、個別の要素の単純な積み重ねではなく「関係性」を重視する全体論（ホーリズム）的な特徴は、後年になってからの産物ではなく、むしろマッハの著作に初めて触れた頃の相当に早い時期から持ち続けたものであったと思われる。

しかし学生時代のハイエクはマッハに傾倒しながらも、その理解に飽き足りてはいなかった。後年、彼は、当時の自身の関心が「純粋かつ単純な感覚が感覚的知覚の全体を構成する要素である、というマッハの現象主義に対する懐疑」から出発したものだと振り返っている。若きハイエクはマッハの著作に熱中し、その「関係性」を強調する議論から大きな影響を受けた。しかし同時に彼は、「単純かつ純粋な感覚」の存在という実体的かつ客観的要素にマッハがこだわり続けたことには承服できず、それを要素還元主義的あるいは精神の実体論的思考の残滓とみなした。彼の立場からすれば、マッハは結局、精神現象を

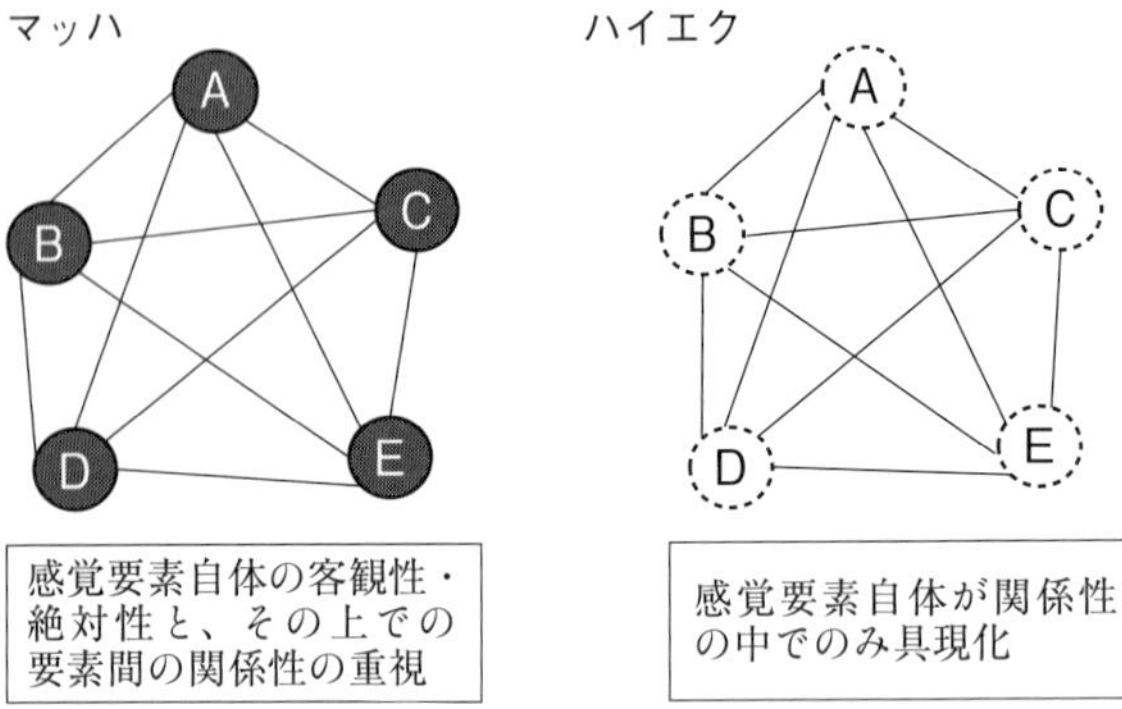

図9　マッハとハイエクにおける感覚要素

物理現象と同一視してしまっている。

それに対してハイエクは、感覚的世界の全体構造はニューロン間のインパルスが構成する「関係性」からのみ生じると捉えた。すなわち彼は、マッハの議論における出発点である「純粋かつ単純な感覚」という概念すらも完全に捨て去ることができるのではないかと思考することでマッハの立場から離脱し、独自性を深めていった。それもまた彼の「自生的秩序論」への大きな道筋であった。

付言すると、マッハの哲学は日本では「事的世界観」を唱えた廣松渉に大きな影響を与えたことでも知られる。廣松は『事的世界観への前哨』（一九七五年）においてマッハを、確固たる本質的な事物がまず存在し、それらが相互作用を行なうことで世界が成立しているのではなく、むしろ「関係性」の方がまず先にあってそのなかからはじめて「モノ」や

「実体」といった観念が生まれているという理解の先駆者と捉えた。

ロシア革命の中心人物であり哲学者でもあったウラジミール・レーニン（1870－1924）は科学的唯物論の立場からマッハの哲学をある種の独我論であると批判したが、むしろ廣松はマッハが科学を共同主観的な営みとしたことを評価し、その立場からマルクスの哲学を再生させようとした。廣松の議論の直接の目的はその点にあったが、西欧近代の既存の考え方を乗り越えていくという意味でポストモダニズムという大きな潮流に影響を与えることになった。

政治的立場は違えども、ハイエクがマッハから影響を受けそれを批判していった過程は、このように廣松の思想とも共通する部分があることは興味深い。ハイエクもまた、感覚秩序とは主観的な経験であると同時に、それが他の人との相互依存の間主観的な関係にあるからこそ成立すると指摘する。彼も廣松も、マッハの思想に残滓として残っていた世界の直接的な構成要素としての「純粋かつ単純な感覚」といった実体論的あるいは還元主義的な要素を乗り越えることで「関係性」の思考を深めようと試みた点に独自性がある。

†ウィトゲンシュタインとハイエク

こうした「関係性」を重視する立場自体は、現代思想の一大潮流である構造主義の源となったフェルディナン・ド・ソシュール（1857－1913）の言語学や、科学の発展史を「実体概念」から「関係概念」への転換と捉えた新カント派出身の哲学者エルンスト・カッシーラー（1874－1945）の著作などでもすでに強調されていた。ソシュールは、世界には個別の事物があらかじめ存在しており、各言語はそれに正確に対応する言葉を名付けているという旧来の考え方を批判し、各言語固有の言葉が世界をそれぞれの仕方で区切り分節化していることを明らかにした。また、カッシーラーは「関係概念」への転換において、数学における群論と心理学のゲシュタルト概念が並行的に発展したことを強調している。

彼らの活動は、実体論的な思考を否定する二〇世紀の現代思想への道を切り開いた。言葉は現実の写像ではなく、むしろ言語活動が世界を規定しているという新たな学問的潮流の誕生は、現在では「言語論的転回」として知られている。それは構造主義やポスト構造主義といった現代思想だけではなく、哲学全般、そして社会科学や人文科学にまで広がる大きな影響力を持ち、二〇世紀後半のさまざまな学問分野の発展に大きな貢献を果たした。

ハイエクの「遠縁の従兄弟」ウィトゲンシュタイン（1889－1951）もこうした潮流を代表する一人であった。彼は、前期哲学の代表作である『論理哲学論考』（一九二一年）の段階では、世界と言語は完璧に一対一で対応しているとする写像理論を唱えていた。ただそこにおいても、世界の個別事項があらかじめ存在し、それに対応する言葉が写像として映し出されるという古典的な主張ではなく、写像としての言語の獲得と事実の認識は一体となって行なわれるとされていた。その意味では前期ウィトゲンシュタインの写像理論も、「言語論的転回」以前の素朴なものではない。

彼はすでに、そうした世界の忠実な写像としての言語のあり方には限界が存在することを察知していた。その結果、『論考』の最後の「語りえないことについては、沈黙しなければならない」という有名な一節によって、これまで哲学上の問題とされてきたもののほとんどが、言語を使用すること自体に由来した擬制的なものにすぎないと指摘するに至った。次節で解説するように、前期ウィトゲンシュタインの哲学はマッハと並んで、ハイエクの論敵の一つであった論理実証主義に対して決定的な影響を与えたが、実際には論理実証主義からの一方的な思い入れに過ぎない部分も大きかったと思われる。

ウィトゲンシュタインは死後に出版された『哲学探究』（一九五三年）において、もはや自らが先鞭となった論理実証主義的な思考様式から脱却し、「語りえるもの」と「語りえないもの」という二分法そのものの解体を意図する。後期ウィトゲンシュタインにとっては、世界全体を、対応するような明示的な言語に一対一の関係で分割することができるような普遍的な論理形式などもはや存在しない。あるのは人々が日頃使用している、ときに曖昧で多義的な「日常言語」とそれが実践的活動のなかで網の目のように織りなす「言語ゲーム」だけである。彼はそうした全体的な「関係性」のなかに意味や知識の源泉を見た。「言語ゲーム」を成立させているなんらかのルールも、究極的には明示的に語れるものではなく、「ゲーム」のやりとりや進展に合わせて主に「慣習」といった形で表れてくるものであって、必ずしもそれ自体が最初から合理性を持っているわけではない。喩えるならば、現在の野球で四球と呼ばれるルールは、創生期には一つの進塁を認めるのに九球を要した。ゲームの発展に合わせて、次第に要求される数が少なくなり、現在のような形になったわけであるが、その数や発展の方向に合理的な必然性が必ずしもあるわけではない。

言語の使用も含め、ゲームの内部において互いの共通理解が成立していると思われる際、そこではなんらかの「本質」が共有されているわけではまったくない。むしろ、絶えず暫定的なルールにもとづきながら行なわれ継続される営みのなかで、はじめてなんらかの意味が生じ、ゲームが成立している。こうした理解は以降の章で解説するハイエクの社会哲学とも大きな重なりを持っている。

ウィトゲンシュタインは、政治的には共産主義の信奉者であったと言われる。そのきっかけは『論考』執筆後、自分の役目は終わったとして哲学から離れ小学校講師をしていた時期に、以前より親交のあったケインズからロシア革命直後の見聞録である『ロシア管見』（一九二五年）を贈られたことにあるとされている。

ケインズは、スターリニズム下の圧政や反知性主義に強い反感を抱いた一方で、貪欲さや貨幣への飽くなき追求という道徳的欠陥を抱えた資本主義への対抗的情熱をある種の「宗教」と見なしつつ、そうした側面については単純な肯定とも否定ともつかない微妙な評価を行なっている。ウィトゲンシュタインにはマルクス主義の理論というよりも、むしろそうした「宗教」的情熱に突き動かされ、ソ連への移住と集団農場での労働を真剣に考えた時期があった。

ハイエクとウィトゲンシュタインの政治的立場は全く対照的であり、第1章でも触れたように直接に深い学問的対話が行なわれることもなかった。しかし、ウィトゲンシュタインからの影響は、個人的な立場を超えてハイエクにもやはり存在したのではないかと思われる。少なくとも彼らは同じ文脈を共有していた。若き日のハイエクは『論理哲学論考』の熱心な読者の一人であったが、ウィトゲンシュタインが自身の「転換」のなかで模索した道筋にはハイエクとも重なる部分がある。二人の共通の知人であったケインズも含め、彼らは皆、神の存在はもとより理性の絶対性をもはや単純に信じられない時代、社会の基盤として設定できない時代において、継続的に繰り返される「慣習」自体が意味の根源となる過程に着目した哲学者・思想家であった。

†論理実証主義とハイエク

ここで時代を少しだけ戻ることにしよう。感覚要素の絶対性を強調するマッハや、言語は世界の写像であるとした前期ウィトゲンシュタインの哲学は、モーリッツ・シュリック（1882－1936）やオットー・ノイラート（1882－1945）らを中心とする二〇世紀初頭の論理実証主義（ウィーン学団）と呼ばれる人々に衝撃を与え、彼らの考え方の基礎となった。その後、論理実証主義は、二〇世紀前半の科学哲学においてきわめて重要かつ中心的な役割を果たした。

ハイエクもまた、その知的活動の最初期において、マッハと論理実証主義の面々から多大な影響を受けたと述懐している。しかし彼は知的成長を遂げるに連れて、論理実証主義も、マルクス主義やフロイト心理学と並んで偏狭な科学観によって最終的には社会の直接的な管理や設計を意図する思想であるとして、それらを「科学主義」と呼び厳しい批判を行なっていく。

論理実証主義は、「科学」を厳密に定義するための方法論を提唱したことで一世を風靡し、世界的な影響力を持った。その特徴は、厳密な観察や実験によって獲得されたデータにもとづいて真偽を確かめる「検証」を通り抜けた学問的な命題だけを真に「科学的」と見なしたことにある。一方で、「検証」された客観的な経験としてのデータにもとづくもの以外の理念的、思弁的、宗教的な知識や概念はすべて「科学」からは排除された。こうして、「検証」による正当化ができるという「検証可能性」を持つものだけが「科学」と認定されるに至った。

シュリックらは、「検証可能性」の概念によって「科学」の絶対的な領域や成立要件を確定しようとした。その考えに従えば、最終的には、あらゆる知識をどこでも通じる標準化された言語によって明文化することで集積と利用が可能となる。最終的に彼らは、そうした蓄積された知識を基盤として、自然科学、社会科学双方を貫徹するような「統一科学」を構想していた。社会活動もまた人間の物理的な行動によって成り立ち、脳細胞の働きさえも物理法則が貫徹しているとするならば、最終的には、学問全てが標準的な言語によって一つの体系の下に秩序付けられることになる。とくにノイラートは、唯物論にもとづくマルクス主義を理想的な「科学」の代表例として「統一科学」への道筋への大きな一助であると捉え、社会主義経済計算論争においても市場社会主義の立場からミーゼスやハイエクとの論戦に加わっていた。

モーリッツ・シュリック

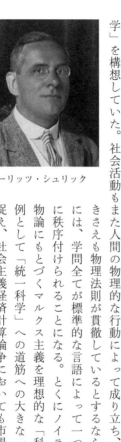

ハイエクが論理実証主義者たちの考えに承服できなかったのは、彼らが世界の構成要素を個別的で客観的な知識や命題にバラバラに分解することが可能であり、さらにそれらを可塑的に再構成することで世界を再現、あるいは構築できると考えていた点にある。ハイエクにとっては、科学という営みをそうした要素還元主義的な手法にのみ限定することと自体が致命的な誤りであった。同時に、そうした思考法を単純に政策に適用するならば、個別の要素を上手に組み合わせれば理想的な社会を設計し構築できるという、彼自身が最も忌み嫌った考え方である「設計主義」に行きつく危険性をもはらんでいる。非常に限定され矮小化された「科学的」な知識のみにもとづいて社会を「設計」することの危険性、こうした「科学主義」や「設計主義」に対し、彼は生涯にわたって強く警鐘を鳴らしていく。

実際、論理実証主義者たちによるマッハやウィトゲンシュタインの継承が一面的なものであったことは事実であろう。そこでは、マッハの全体論的・関係論的な要素は一部を除いてもはや影を潜めている。論理実証主義者たちとウィトゲンシュタインとの考え方の相違も次第に大きくなっていき、後者はより独自の哲学へと軸足を移していった。

論理実証主義は科学を厳密な証拠（エビデンス）によって検証することで正当化可能なものに限定したが、現代では、そうした科学観はもはや古典的であり大きな限界があるとみなされている。「検証可能性」にもとづいて世界を精密かつ明晰な言語で記述し尽くそうとした論理実証主義は、既存の哲学や社会科学の大部分を「非科学的」という言葉で切り捨てていったが、やがてそれ自体も、有名な科学哲学者カール・ポパー（1902－94）の反証主義によって葬り去られることになる。

†ポパーとハイエク

ポパーはハイエクの盟友であり、有名な主著『歴史主義の貧困』（一九五七年）は、一九三六年にLSEでのハイエクのセミナーにおいて発表された草稿が元になっている。ユダヤ系だったこともあり戦禍を避けてニュージーランドに渡って苦しい生活をしていたポパーだったが、彼の欧州への帰還の後押しをしたのもハイエクであった。ポパーがプラトン、ヘーゲル、マルクスを全体主義の根源として批判した『開かれた社会とその敵』（一九四五年）はハイエクの助力により出版にこぎつけることができた。『貧困』の骨子も一九四四年から四五年にかけてやはりハイエクが編集に携わっていたLSEが発行する『エコノミカ』誌に掲載され、ポパーが名声を確立した後にあらためて書籍として出版された。

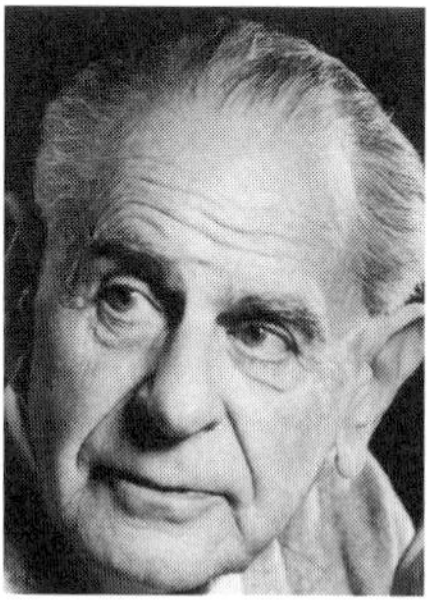
カール・ポパー

ポパーもまたハイエクと同様に、当時の知的世界の中心であったマルクス主義の単線的な歴史発展論に対して厳しい批判的立場を取り、フロイトの精神分析もまたそれに類似したものとみなした。さらに論理実証主義に対しても、彼らが標榜した「科学的」手法に対し強い疑問を投げかけた。

先述のように論理実証主義は科学を「検証可能性」という言葉で定義したが、そこでは実験や観察にもとづく厳密なデータによって科学的命題の正しさをつねに実証していくこと、少なくともその可能性がつねに担保されること（検証可能性）が科学的な営みの条件であるとされていた。小学生の自由研究などを含め、現代のわれわれの科学に対する日常的な理解もそうかもしれない。

しかしポパーは、論理実証主義が唱えるような、検証された正しい知識をひたすら積みあげていくことで世界を理解しようとする帰納的な手法には根本的な欠点があると指摘する。というのは、どれだけ個別的な事例を重ねていっても、つねに例外や主張に反する現象が観察される余地があり、完璧な一般化は不可能だからである。たとえば「全ての白鳥は白い」という命題を完全に検証しようとしても、論理的には無限回の試行が必要となってしまう。現実にもそれは不可能であり、「検証可能性」の基準にはこの点で大きな限界がある。

論理実証主義者たちは、「検証」の積み重ねによって「すべての○○は××である」という全称命題、すなわち、すべての対象に当てはまる普遍的な特徴を抽出しようとしたが、ポパーに言わせればそれは不可能な試みであった。そこで彼は、科学を正当化するのは「検証」ではなく「反証」であることを強調した。「検証」とはある命題が正しいことを証明することである一方、「反証」とはそれが誤りであることを証明することである。

ポパーは、両者は同等ではなく後者に優位性があるとみなした。というのも無限回あるいは対象すべての真偽を確認せねばならない「検証」に対して、「反証」は原理的には一回で済むからである。

反証主義の考え方では、たとえば古代の「天動説」もそうだが、何かを理解するためにある仮説を立てたうえで、観測される経験的なテストに合致している間はそれが支持される。「天動説」は古代ギリシャのプトレマイオス以降、イスラム地域やインドなどをも含む広い地域で発展を遂げ、コペルニクスが登場する一六世紀まで長きにわたり支配的な位置を保った。しかし、望遠鏡などの観測技術が精密化しそれに反する現象が報告されれば、それは既存の仮説にとって重大な「反証」となり、もはや成り立たなくなる。

その結果、行き詰まった「天動説」は打ち捨てられ「地動説」が新たな支配的な仮説として登場することになる。このように科学的な主張はつねに仮説であり、それが反証を受け放棄される可能性（「反証可能性」）を含んでいる限りにおいて、あくまで暫定的に科学としての地位を保つことができる。

科学とは永遠に完全には論証し尽くすことはできない仮説にすぎないが、しかし「反証」のチェックを受けながらつねに新たなものに置き換わっていくことで進歩していくという動態的なポパーの「反証主義」は、二〇世紀の科学観を一変させた。同時に彼は社会哲学者としても、全ては批判にさらされているがゆえにつねに改善の余地があるとして、全体主義が標榜する無謬性を厳しく批判し「開かれた社会」としての自由社会を擁護した。

こうした点からも、ハイエクとポパーの間には大きな影響関係があったことがわかるだろう。ポパーは、「全ての欲求の根源には性的な衝動がある」というフロイトの立場を反証不可能であるみなし、イデオロギー的な歴史法則の実在性を措定するマルクス主義の唯物史観についても同様に「歴史主義」と呼んで批判した。ハイエクも『科学による反革命』において「歴史主義」概念を直接に取り入れ「科学主義」と併置することで、自然科学を社会科学に無批判に適用しようとする態度を批判した。

さらにハイエクは、『感覚秩序』での議論をもとに、具体個別的な経験から帰納的な一般化を行なうには限界があること、認識のためにはむしろ抽象的な一般化のための能力がまず先行しており、そうした前提条件を経験的に反証し改定していくことで認識が深まっていくという「抽象の優位性」の概念を展開する際などにおいても、やはりポパーに肯定的に言及している。

ポパーの批判によって、純粋な意味での論理実証主義は二〇世紀中盤には「死んでしまった」と言われるほどの打撃を受けた。マルクス主義への接近や融合の試みなど、名前とは裏腹に政治性や党派性を強く持った運動となったこともその衰亡に拍車をかけた。この活動自体が、まさにポパーによる反証を受ける形で以降の科学哲学の発展のきっかけとなったこと、観念的な術語に依るのではなく日常言語を明晰な論理で扱う現代の分析哲学の隆盛への道筋を切り開いたという貢献はあるものの、少なくとも現代の科学哲学において素朴な検証主義の立場を明示的に取っている者はいない。ポパーからの批判によって、検証可能性という基準はもはや相当に古いものとなった。

だが、ハイエクとポパーの知識に対する捉え方の相違については注意が必要である。確かに、前者の科学観や自由観と後者の反証主義は互いに大きく共鳴しあう部分があった。互いに著作を献呈し合うなど、終生彼らは友人であり、独断的な「科学」がもたらす政治的な全体主義の恐怖に対して共闘を行なった。

しかし一方で、ポパーの議論において、「反証」によって獲得された知識自体は、論理実証主義と同じくきわめて明示的な性格を持つものであった。彼は、やはり理想社会をゼロから設計しようとする立場を「ユートピア社会工学」と呼んで批判する一方で、反証の成果によって整理され蓄積された知識にもとづいて「ピースミール的」(継ぎ接ぎ式)に自由社会の改良を目指していく重要性を強調する。こうした知識の明証性とその政策的応用という観点に限れば、論理実証主義とポパーの間には共通点が存在する。重要なのは検証を重視するか、それとも反証かという手法の相違であるとも言える。

ハイエクは、自分に兄事してくれていたポパーを表立っては批判しなかったし「ピースミール的」な手法も一定程度認めてはいた。しかし、秩序の進化や発展においては、むしろ明示化できないより個人的な「分散した知識」の重要性を強調しており、政府権力による知識の一元的な利用可能性にきわめて懐疑的であった。あくまで彼にとって政策の役割とは、秩序の成長にあたってそれを促進したり育成したりする「庭師」的な役割にとどまる(第5章参照)。こうした二人の間の知識論や政策的応用に対する考え方の違いには無視できない隔たりがあり、互いに提唱する自由主義の違いを考えるうえでもかなり重要なものである。

†マイケル・ポランニーとハイエク

「分散した知識」を重視するハイエクの知識論は、むしろマイケル・ポランニー(1891-1976)が提唱した有名な「暗黙知」の概念に接近している。ハイエクが自著において直接その言葉を使用していないことには注意する必要があるが、二人はやはり友人であり互いに影響関係にあった。

ポランニーはハンガリー出身の社会哲学者であり、やはりゲシュタルト心理学の影響下から出発した一人であるが、兄のカール（1886－1964）も『大転換』（一九四四年）を著した経済人類学者として名高い。ただ社会主義に近づいたカールとは異なり、マイケルは自由主義者であり兄弟の思想的立場には隔たりがあった。マイケルはもともと化学研究を専門としてさまざまな業績を挙げ、ノーベル賞候補者と目されたほどであった。ところが、彼は第二次世界大戦後に本格的に社会哲学へと軸足を移し、その独自性で知られるようになる。後に子息ジョン・ポランニー（1929－ ）が父の業績を継承して発展させ、一九八六年にはノーベル化学賞を受賞している。

「暗黙知」とは明示的な知識の背景に広がる、明晰に言語化や分節化することが困難な領域のことを指す。一般にも知られる例としては、歩行したり、自転車を運転したり、料理をしたり、多数の人の顔を識別したりといった、われわれが何気なく日常に行なっていながらも、すべてを説明し尽くすことはできない「身体知」や「経験知」としての知識のことである。

注意すべきは、それは単に言語化できない無意識下のコツというだけではない。科学的な発見や芸術などの創造活動を含め行動の過程のなかで、これまで未知であった方法自体を新たに知るという「創発」という要素に重点が置かれている。たとえば、機械を作る工学的知識も原理は徹頭徹尾、物理法則にもとづいているが、しかし法則だけでは機械は作れないし動かない。実践的な機械製作には試行錯誤も含めた工学特有の領域がある。こうした境目をポランニーは「境界条件」と呼び、それぞれの分野独自の「創発」のあり方を示した。

このように「暗黙知」と身体的な実践は深く関わっている。その点に関してポランニーは、フランスの哲学者モーリス・メルロ＝ポンティ（1908－61）が唱えた「身体性の哲学」からの大きな影響を認めている。メルロ＝ポンティは、精神活動のみに関心を集中してきた西洋哲学の欠点を指摘し、軽視されてきた身体のあり方や知覚のメカニズムの意義を強調したことで知られる。市場過程も含めハイエクが、ポランニーの主張するような知識の「創発」過程に強い関心を示したのはある意味自然なことであった。前章でも述べたように、「自生的秩序」という用語の使用もポランニーからの影響であるが、ハイエクもメルロ＝ポンティの著作には幾度か好意的に言及している。

さらにポランニーは、「明示知」と「暗黙知」の概念はイギリスの哲学者ギルバート・ライル（1900－76）が提唱した「命題知 knowing-that」と「方法知 knowing-how」の二分法に対応するものとしている。ライルもウィトゲンシュタインの影響下から出発した一人だが、その「方法知」の概念は一般的にはノウハウという言葉でよく知られている。ハイエクもやはり自らの著作でライルをしばしば肯定的に引用している。

ライルは、言語によって明示的に表現可能で意識的に使用することのできる「命題知」に対して、実践において言語化や意識的な利用が困難な「方法知」を対比させながら、後者の優位性を説いた。さらに彼は、デカルト以来の「心身二元論」を精神と肉体が別個のものであり、そのうえでなぜ前者が後者に宿るのかという問題の枠組みに囚われ続けたとして、それを「機械の中の幽霊」という言葉で批判した。なぜなら、ライルにとって精神の働きと肉体の動きは切り離せないものであり、後者の構成要素をいくら機械論的、あるいは要素還元主義的に分析しても、精神という機能の説明は不可能だからである。このようにポランニーもライルも、部分に対する全体の優位性を主張するホーリズム（全体論）の立場を取ったが、それはハイエクにも通じていると言えるだろう。

†ノイラートの船

さてここで話はやや複雑にはなるが、ハイエクやポパーが厳しく批判した当時の論理実証主義者たちの活動も、必ずしも単純に一枚岩として捉えられない部分が多々あり、彼ら

オットー・ノイラート

の論争においては当事者たちも必ずしも充分に認識していなかった共通点があることに触れておかねば公平を欠くことになるだろう。とくにノイラートは、マルクス主義に多大な影響を受けた社会改良主義者であったものの、改革にあたってすべてをゼロから構築、設計することが可能だとは考えていなかった。

彼はこう述べる。航海中の船が途中で嵐にあって故障しても、新たな部品を外部から好きなように調達できるわけではない。使える手持ちの材料は限られており、流木なども駆使しながらなんとか少しずつ修理して進んでいくしか他に方策はない。

これは「ノイラートの船」と呼ばれる寓話であるが、社会秩序にせよ言語にせよ科学的な検証にせよ、それには全体がまず存在しており、その文脈を前提にして細かい部分が修正されていくことで、徐々に全体の再構築を図るしかないことを意味している。こうした考えはホーリズムの概念を洗練させたことで知られる現代の言語哲学者W・V・O・クワイン（1908－2000）にも大きな影響を与えたが、後のハイエクの自生的秩序論とも一定程度重なっている。

事実、ノイラートは、個々の主体が一定の慣習的なルールに従うことで、自生的あるいは自己組織的に秩序が形成されるというハイエクの考えに政治的な立場の違いを超えて賛意を示しており、その点では全く同意するとの書簡を送っている（桑田 2014）。そのうえで、社会秩序の修正や再構築にあたって誰がどのような担い手になるのか、政府機関や官僚組織がどこまで中心となって関与するかを巡って、ハイエクとノイラートの立場はやはり大きく分かれることになる。

だが、それでも彼らが一定の共通する秩序の変遷過程を念頭においていたことは軽視できない。このようにノイラートに限らず、ハイエクがさまざまなライバルたちと行なった論戦とは、時に激しさを持ちながらも、どこかで重なり合う共通の領域を絶えず含んだものであった。

†ハイエクの独自性

いずれにせよハイエクの思想は、マイケル・ポランニーの暗黙知の概念を中心とする知識論やホーリズム的な科学観と密接な関係にある。社会主義や経済に対する国家権力による「計画化」を厳しく批判した点でも、ハイエクとポランニーは共通の論陣を張った。

言語哲学や身体論の文脈からポランニーやウィトゲンシュタイン、メルロ＝ポンティについての研究を行なっているアメリカの哲学者J・H・ギルは、彼らの思考と現代思想のポストモダニズムについて、どちらも西欧近代の合理主義やその源流にある実体や主体、本質を追い求めた形而上学からの脱却を目指したという意味で共通する立場にあるとした。そのうえでギルは、ポストモダニズムがあくまで既存の秩序や構造の解体と差異化を重視する「近代の脱構築」を目指していたのに対して、ポランニーたちはより建設的な「近代の再構築」を志向した点において異なると評する。それはハイエクの立場にも当てはまるであろう。

だがやはり、彼らの思想は必ずしも一枚岩というわけではない。先述のポパーの社会哲学が普遍的な「開かれた社会」を志向するのに対し、ポランニーはポパーを批判して、むしろ伝統的な共同体によって培われてきた信念が自由社会の根底に必要だとする、より保守主義的な立場を取る。

ポパーもポランニーもハイエクが主宰したモンペルラン協会の会員であったが、彼らの間でハイエクの取った思想的な立ち位置は非常に微妙である。終章でも見るように、ハイエクと保守主義との関係もきわめて微妙であり、基本的に彼はその立場から絶えず一定の距離を置こうとしていた。ハイエクは自生的秩序の成立において、伝統的な共同体からの発展過程自体は設計主義との差別化において重要だと考えていたものの、伝統社会それ自体や保守主義は直接の擁護の対象ではなかった。彼は、旧来の共同体の閉鎖的な側面や因習に対してはきわめて厳しい態度を取り、そうした社会を「部族社会」と呼んで批判した。ポランニーも具体的な伝統社会や特定の共同体を理想化したわけではないが、しかしこの点では、ハイエクの議論はポパーの「開かれた社会」の概念の方とより親和性が強い。

ハイエクは遺作となった『致命的な思いあがり』（一九八八年）において、「自生的秩序」と合わせて「拡張した秩序（extended order）」という用語を代替的に併用しているが、それは最晩年にポパーからの影響があらためて強まった可能性を示唆している。ただ同書は、未整理な草稿の寄せ集めに過ぎなかったものをポパーの高弟であるW・W・バートリーⅢ世（1934－90）が事実上、編集したものではないかとも言われており、どこまでがハイエクのオリジナルかをめぐっては研究者の間でも論争がある。

一方、知識論の性格については、「明示知」的なポパーの立場とは対照的に、この点ではハイエクはポランニーに近い。だが、ポパーもポランニーも彼らはどちらも、獲得された知識を政府が漸進的な社会改良に積極的に使用する可能性を否定しなかった。ポパーの「ピースミール的」な社会工学の提唱もその一環であり、ポランニーも経済政策においてはむしろ、ケインズに相当に接近した政府の役割をより重視する態度を取った。そうした二人の政策的立場と、政府の役割を完全に否定しないまでもその範囲を極力限定しようとするハイエクとの間には一定の隔たりが存在する。

このように、ポパーとポランニーという二〇世紀の対照的な科学哲学者を座標軸として眺めてみても、その間でハイエクの立場は相当に錯綜しており、適切な位置づけを行なうことはたいへん困難である。前章でも述べた、時期ごとのハイエクの思想内部における方法論的個人主義と方法論的全体論の相克を指摘する「転換問題」も合わせ、研究者の間ではやはりこうした点に彼の議論のなかに内在する矛盾を見出して、結果として彼はもっとどちらかの立場に寄り添った方がより整合的な主張ができたはずだ、との指摘がなされることが多い。あるいは、彼の立場はある種の折衷主義ではないかとの批判もなされることもある。

しかし、ハイエクの思想を既存の学問的な術語やグループ分けに押し込めようとしても、そこに収まりきらずにはみ出してしまう部分が相当に大きい。橋本努氏は、複雑にもつれあったハイエクの方法論的立場を整合的に理解する困難を指して「迷宮」と呼んだが（橋本 1991）、既存の代表的な立場に彼の思想を帰着させて考えることには限界がある。

だが、むしろこうした点にこそハイエクの最大の独自性がある。本章でも解説してきたように、ハイエクの立場は、ゲシュタルト心理学、行動主義、精神分析、マッハとウィトゲンシュタイン、論理実証主義、ポパーの反証主義、そして全体論（ホーリズム）といった、二〇世紀の相対立するさまざまな思想と複雑に絡み合っている。ニューロンの間でインパルスが織りなす「感覚秩序」内の位相空間の様に、彼の思想自体が、互いに対立し錯綜する複雑な網の目が複合的、重層的に折り重なる地点に成立している。

あらためて、ハイエクの思想の最大の特徴とは、複数の対立する立場をどちらも批判的に摂取しながら両極を乗り越え、独自の思考を打ち立てようとする態度にある。それはおそらくは、フェビアン社会主義やマッハの哲学に傾倒していた一〇代後半の時期から彼のなかに内在していたものだった。第1章でも述べたように、ハイエクは「混乱した人（パズラー）」として、絶えず自らの思想を端的に表現する言葉や概念を模索していた。数多くの、時には相対立する人物の学説や概念をさまざまに援用し統合しつつ自らの思考を紡ぎあげることで、言語化が困難な核心に迫っていこうとする態度、それが彼の思想の表現方法である。ケインズに「論理機械」と揶揄されるほどの抽象性と、対立しあう立場の境界線上に立とうとする独創性、その二つがハイエクの思想の最大の特徴であり魅力である。

第5章

自由の条件

†「社会主義の世紀」の終焉と「福祉国家」の時代

一九四五年に第二次世界大戦が終結し、ナチス・ドイツに代表されるファシズム体制は崩壊した。しかし、世界はその後すぐに、アメリカ合衆国を中心とする資本主義・自由主義陣営とソ連を中心とする社会主義陣営が対立する東西冷戦構造の時代に入った。ただ核戦争の恐怖の下、社会主義の影響力や訴求力は西側諸国でもとくに知識人の間では依然として根強かった一方で、一般社会においてはあくまで限定的なものに留まった。

ハイエクは、フランスにおいて労働者階級を中心としてオルレアン朝（1830－48）が打倒された一八四八年の革命（二月革命）から、社会主義思想や運動が興隆し、実際に国家が樹立されるに至った約一〇〇年間を「社会主義の世紀」と呼ぶ。そのうえで、彼の認識では、一九六〇年までの間に、「生産、分配、交換手段の国有化」を目指すという意味での「社会主義」は、ほぼ理念としての魅力を失っていた(『自由の条件』第一七章)。

その理由は、次の三つの致命的な欠陥が一部を除きほとんど誰の目にも明らかになったことにある。第一に、ソ連のソフホーズやコルホーズ、中国の人民公社といった集団管理による生産体制は、西側諸国における私企業を中心とした競争経済体制よりも、はるかに非効率であった。第二に、人々を古い体制の桎梏から解放し理想社会へと導くと思われていた社会主義は、むしろ一部の独裁者や特権階級による新しい、そしてはるかに専制的な階層社会を生み出した。第三に、言論出版はもとより職業選択や移動といった、何よりも重要な個人の自由や権利が軽視され抑圧されていた。

しかし、ハイエクがその状況に安住していたわけではなく、むしろ問題はより複雑かつ深刻になったと考えていた。なによりそれは、独裁者ではなく民主主義的議会制度のもとで西側に登場した「福祉国家」の台頭であった。

じつは、第二次世界大戦後の西側諸国の高度経済成長は、「福祉国家」型の経済政策路線によって支えられたものであった。理論的基盤を提供したのは、イギリス時代のハイエクが所属したLSEの学長を務め、彼の招聘にも関わったウィリアム・ベヴァリッジ(1879 - 1963)である。大戦中の一九四二年に提出された『ベヴァリッジ報告』は、イギリスだけではなく日本を含む戦後の西側諸国の包括的社会政策の青写真となった。

ベヴァリッジは、窮乏、疾病、無知、不潔、怠惰（失業）を「人類の五大悪」と呼び、その解消のために社会保障のシステムを構築した。それは、失業給付や退職年金といった保険料を収めることで給付資格が得られる社会保険と、生活保護のように保険料や納税の多寡にかかわらず緊急の場合に支給される公的扶助の二本柱からなっていた。

ケインズもベヴァリッジのプランに対しては賛意を表明し、両者の理念は基本的に補完関係にあった。なぜなら、社会保障には多額の財源が必要となるが、前者の有効需要政策・完全雇用政策によって可能な限り失業者を減らすことができれば、給付額も削減できる。また後者の社会保障政策によって国民生活が保障されれば、GDPの半分以上を占める有効需要としての個人消費を下支えすることにもなる。それは、さらに失業者とその対策のための費用を減らすことになるだろう。こうした二人の政策の組み合わせは「ケインズ＝ベヴァリッジ体制」と呼ばれる。

ウィリアム・ベヴァリッジ

『報告』にもとづき、イギリス史上初の労働党単独政権であるアトリー内閣（1945－51）は、一九四六年に国民保険法や国民保険サービス法を成立させ、「ゆりかごから墓場まで」という言葉で知られる高福祉政策を実施していった。日本でもそれを模範に、一九五〇年代後半には岸信介内閣のもとで国民皆保険・皆年金制度の導入が進められるに至った。

しかし、イギリスでは早くも一九六〇年代に経済停滞が深刻なものとなっていた。保守党と労働党の二大政党の間で中道を旨とする自由党所属の下院議員でもあったベヴァリッジのプランは、あくまで財政均衡を前提にしており、支払われた保険料や税金とは関係なく給付額が増大していく「サンタクロース社会」への懸念が意識されていた。しかし、アトリー内閣による実際の施策は、結局そうした望まれない形になってしまった。

さらに労働党政権では、石炭や電力、ガス、鉄鋼、鉄道といった基幹産業の国有化が推進されていった。続く保守党のチャーチル内閣（第二次：1951－55）で一部が撤廃されたものの、再び労働党が首班となった一九六〇年代以降、ウィルソン内閣（第一次：1964－70）では自動車産業も含む国有化が行なわれた。そうしたなか、世界的ロックバンドであるビートルズは、社会保障政策を維持するために高額所得者に対して九〇％を超える税率が課されたことに抗議して、「タックスマン」を政治声明的な楽曲として発表した。

国家による経済への介入だけではなく、政権交代にともなう度重なる急激な政策の転換は、企業の生産性や効率性を大きく阻害し、人々の勤労意欲や活力も低下していった。結局は、国全体が深刻な停滞と大規模な財政赤字に悩まされる、いわゆる「英国病」に陥った。

ハイエクはこうした実態を憂慮していた。そもそも国民が求めるさまざまな福祉や補助金、既得権といった要求は、それぞれ多様かつ対立的であり互いに矛盾を含んでいる。そのうえで、政治的な結果として現れる恣意的な所得再分配政策が、もはやナチス・ドイツやソ連のような独裁国家ではなく、むしろ民主主義にもとづく政府によって行なわれていったことは、彼により一層の危機感を覚えさせた。

価値観が多様化する社会において、何を「理想」と捉え計画を行なうかについての画一的な価値尺度など存在しない。しかしだからこそ、再分配のための政策は、結局は、社会主義やファシズム体制と同じく、やはり政府や当局による「強制」や「命令」あるいは「計画」として行なわれることになる。さらには民主主義的議会という手続き的正当性が担保されることで、抵抗が困難な圧力をともなうことになる。

そうした観点からハイエクは、西側諸国の経済体制の基軸となった『ベヴァリッジ報告』を次のように鋭く批判する。

ベヴァリッジ報告による福祉国家が戦うように構想された「人類の五大悪」に代わっ

て、いまやわれわれは堅実な生活にとってもっと大きな敵と確かに見なされる新しい巨大な災いを登場させている。われわれは、窮乏、疾病、無知、不潔、怠惰の克服をほんのわずか早めることができたかもしれないが、インフレーション、能力を麻痺させる課税、ますます増大する政府支配の教育、そして広大な権力を持つ社会事業官僚制という新たな危険を生み出した。

（『自由の条件Ⅲ』七一頁）

だがここで指摘しておきたいのは、それでもハイエクが、ベヴァリッジ計画が導入されたそもそもの意図とその後の労働党内閣による実際の政策を区別しており、前者には一定の評価を与えていたことである。元来、ベヴァリッジが意図していた、市場で獲得した収入だけでは自分を養うことのできない困窮者に対してなんらかの所得保障をすること自体は、ハイエクは全く否定しておらずその必要性を認めている。

今でも、一般にはハイエクの名は、「弱者切り捨て」の代表格と誤解されているところがある。しかし後の節でも説明するように、むしろ弱者救済としての最低限度の所得保障という理念自体は、ハイエク自身の意図とも合致するものであった。むしろハイエクの批判の焦点は、「ケインズ＝ベヴァリッジ体制」が、官僚事業の大幅な拡大による国全体の経済効率性の阻害や大規模な財政赤字を導くことで、自由と社会の成長が失われるという危機感にある。

　日本でも一九七〇年代初頭に「日本列島改造論」を掲げた田中角栄内閣（1972－74）の積極的な財政政策や公共投資は、むしろ急激なインフレなどの大きな混乱を招いた。一九七三年一〇月に勃発した第四次中東戦争に端を発するオイルショックにより、「ケインズ＝ベヴァリッジ体制」にもとづく高度成長の時代は世界的にも終焉を迎えることになる。

†自由とは強制のないこと

　現在、ハイエクの最も代表的な著作の一つとみなされている『自由の条件』は、一九六〇年に発刊された。その時、彼はちょうど六〇歳を超えたところであった。題名にも現れているように、同書は彼の自由主義思想を体現しており、彼自身、二〇世紀の『国富論』（アダム・スミス）あるいは『自由論』（ミル）と自負していた。ここから、「自生的秩序」に結実する後期ハイエクの独創的な社会哲学の展開が本格的に始まっている。

　ハイエク自身が「自生的秩序」という用語を本格的に使用するのは次作『法と立法と自由』においてであり、『自由の条件』では、いまだその言葉自体はマイケル・ポランニーの著作からの引用として一度だけ使われているに過ぎない。しかし、「自生的」という形容詞は数多く使われており、基本的に『自由の条件』と『法と立法と自由』は連続した延長線上にある。

『自由の条件』は三部からなっている。第一部は「自由の価値」と題され、その概念が持つ意味が詳細に検討されている。第二部は「自由と法」であり、「法の支配」の重要性とその歴史的展開について議論されている。「法の支配」については、続く著作である『法と立法と自由』において拡張された形で詳細に論じられているため、そちらを次章で解説しよう。

第三部は「福祉国家における自由」であり、先程の西側諸国の「福祉国家」への転換への厳しい批判の一方で、いわゆる「自由放任」とは区別される、最低所得保障政策を含む自由主義社会に適合的な政策のあり方が具体的に語られている。議論されている紙幅の量も含め、それはまさに「自由の条件」の重要な構成要素である。

それでは、まず『自由の条件』第一部において、ハイエクは自由という概念をどのように捉えていたのであろうか。それは端的には、人々がなんらかの行為を行なうにあたって「他人の恣意的な意志による強制に服していない状態」であると定義される。別の言い方をすれば、「ひとが自分自身の決定と計画にしたがって行動する可能性」、あるいは「一般的ルールに従って禁止されていない限りすべてを許可している状態」となる。いずれにせよ、自由とは個人が自らの行動を自らの意志で行ない、他人からの強制に服従させられない状態を表している。

ハイエクは、一貫してこうしたシンプルな定義に則って議論を進めており、それ以外の哲学上の伝統的な問題、たとえば、人間の意志や行為は物理法則や因果法則に必然的に決定されているのか、あるいはそれを超えて自由意志なるものは存在するのか、といった問いについては深く言及していない。また思想や良心、学問、信教といった内面の自由についても、当然、重要ではあるが、あくまで、他者からの強制を受けない行動の自由という外的な特徴を前面に押し出している。

もちろん、それには理由がある。人は、自由意志含め内面の自由を、他人の恣意的な意志の下にあっても持つことがありうる。奴隷でありながらも、あるいは独裁体制からの迫害の下であっても、良心といった内面の自由を保った高潔な人々は確かに存在したであろう。しかし、それでもその行動が主人や為政者の意志に服従し束縛されているならば、彼らを自由な存在と呼ぶことはできない。あるいは高邁に過ぎ、必ずしも平凡な一般人の模範とはならない。

また、投票などを通じてなんらかの政治体制を選出したり承認を与えたりする政治的自由ももちろん重要ではあるが、ハイエクが擁護する個人的な自由とは別物であり、あくまでその下位に属する。というのも、政治的自由は時に個人的な自由を抑圧する危険があるからである。

あるひとりの圧制者に完全に従属するよう自ら投票した数百万もの人びとをわれわれが知っているという事実は、おのれの政府を選択することが必ずしも自由を保障することにはならないことを、おそらくわれわれの世代に理解させたであろう。

（『自由の条件I』二一六頁）

なにより重要なのは、すべての人間が、全員に等しく適用される一般的かつ消極的なルールにしたがっていること、そのうえで、そうしたルールによって禁止されていない限り、すべての行動の自由が認められていることである。ハイエクにとって、思想や良心の自由などもまた、こうした行動の自由を前提として存在する。

ここでの消極的という言葉に悪い意味は全くない。達成すべき具体的な目的を定め、しばしば「命令」や「指令」の形を取る積極的なルールとは対照的に、消極的なルールは、殺人や窃盗をしてはならないとか、道路でどちらの車両が優先であるとか、主に「禁止」されている事項を示す。行為者は、それだけを指針とすればあとは自由に振る舞うことができる。「強制」に服さない個人の自由な活動を保障するという意味で、はるかに重要性が高い。

ではなぜ、そうした自由を擁護せねばならないのか。なによりそれは、人間が根源的に無知な存在であるからだ。自由な社会こそが、絶えず無知な人間を結びつけ、それまで「意図していなかった新奇なもの」を生み出す可能性を秘めている。端的には、資本形成を含む新たな「知識」や情報である。どんなに優れた人間であっても一個人が持っている知識はあくまで個別的であり、人類全体の総量に比べるならば圧倒的に少ない。しかし一方で、個人が置かれている現在の状況や消費や生産にあたっての自らの選好や、あるいは一企業としての技術的・予算的な条件など、完全ではないにせよさまざまな知識や情報をいちばんよく知っており、リスクを取って行動できるのは当事者をおいて他にはない。

先の章でも述べたように、各個人に分散、偏在した現場の固有の知識を政府や計画当局が客観的にデータ化して総合的に利用することは不可能である。それらは、主に市場を中心とした自由な試行錯誤を通じて初めて表面に現れ、他者の知識と結びつき、新たな技術、商品やサービス、さらには予想もしなかった自らのあり方を生み出して社会を変化させていく。

ハイエクはそれを「自由な文明の創造力」と呼ぶ。自由な行動の試行錯誤の過程は、偶然あるいは不確実性に多くを依存しており、われわれがどこに向かって進んでいくのかは全く明らかではない。自由な社会や市場においては、人々の個別の消費計画にせよある企業の生産計画にせよ、つねに事前の期待と結果とが一致して当初の目論見が達成されるわけではない。彼がしばしば指摘するように、そこでは「期待が失望に終わる」ことが避けられない。だが、誤りを避けられないという可謬性こそが人々や社会を成長させる。

第4章冒頭でも触れたハイエクが模範とした一人ミルは、『自由論』において「他者危害の原則」にもとづきながら、言論の自由、そして行動の自由の重要性を問いた。彼の主張もやはり可謬性を基礎にしている。

言論の自由の大事さについてミルは言う。第一に、社会にどんなに支配的な意見が流布していても、それが誤っている可能性はつねにある。そもそも全ての支配的な意見は、最初は異端であった。第二に、支配的な意見がやはり正しく、対立する意見が完全に誤りだとしても、その違いを認識し誤りを正していく過程こそ重要である。第三に、現実に対立しあう意見は、一方が正しく他方が誤りというよりは、なんらかの意味でどちらにも正しい部分を含むことがほとんどである。現在、真理とされているものもあくまで部分的に過ぎず、反対意見にも含まれる真理によって補完されていく必要がある。

行動の自由についても同様である。ミルはこう述べる。

人間が不完全な存在である限り、さまざまな意見が存在することと同様、さまざまな生活のあり方が試みられることも有益である。他者に害を及ぼさない限り、さまざまな性格の人間に対して自由な活動の領域が与えられること、誰もが、さまざまな生活のあり方のなかでそれぞれの方法を実践し、その価値を確かめることができること、どちらも有益である。

（塩尻公明・木村健康訳『自由論』岩波文庫、一一五頁）

彼が説いた「他者危害の原則」とは、単純に「他人に迷惑をかけなければ何をしてもいい」という意味にとどまらない。また、通俗化された「自己責任論」でもない。もちろん「自己責任」は重要な概念であるが、ミルにとって「自由」とは、人間の不完全性を前提に、個人の個性やとくに異才ともいうべき能力を発見し、錬磨し成長させていくためにこそあった。

しかし、ミルはすでに一九世紀において、旧来の支配者層に代わる市民階級の新たな「多数派」の思想や感情がむしろ多様な個性を抑圧し、それによって社会が均質化され多様性を失っていくことの危険性を敏感に感じ取っていた。女性参政権の獲得も含め、当時の社会にあってミルは誰よりも人々の政治的権利の拡大に尽力した人物であった。ただ同時に彼は、民主主義が直接的に理想的かつ安定的な政体を生み出すとは考えておらず、その行く末を深く憂慮していた。ハイエクは「多数派の専制」への批判も含め、こうしたミルの概念を自らの知識論と融合する形で現代化した。ハイエクは言う。

個人の自由に反対して、自由がしばしば濫用されるという議論は反論にはならない。自由は必然的に、われわれの好まない多くのことがおこなわれることを意味する。自由にたいするわれわれの信仰は、特定の事情の下での予見できる結果にあるのではなく、差し引きして悪に向かう力よりも善に向かう力を多く解放するであろうという信念にもとづいている……(中略)……すべての者が実施できることだけに自由をかぎるのは、完全に自由の機能を見誤ることになる。百万人のうちのただひとりだけが利用する自由は、われわれすべてが行使しているどんな自由よりも社会にとって重要であり、大多数の人びとにとってより有益であるかもしれない。

(『自由の条件I』四九頁)

自由とはつねに全ての望みがかなう状態ではない。時に「失敗」や「失望」、あるいは他者の行動に起因する自らが「好まない多くのこと」、あるいは「他人の期待を裏切る」

行動で溢れている。具体的には、嶋津格氏が下記のような例を挙げている（嶋津 2004）。

・もっと品揃えがよく価格も安い店ができたので、これまでの店で買うのを止める。

・新しい生産方法を適用するため、以前の原料・機材の供給者との取引を打ち切る。

・新しいより魅力的な生活のスタイルを採用するに際して、伝統的な消費行動とは異なった消費材に支出をふり向ける（携帯電話の費用を捻出すために、子どもたちがテレビ・ゲームへの出費を節約するようになる……）。

・古い形の商品の市場が急激に縮小することになるような新商品を開発しそれを売り出す。

・需給のバランスが供給に有利になった（たとえば農作物の不作）ので、価格を「つりあげる」。また逆の場合に商品を「買いたたく」。

・より高い利潤が期待できる分野に資本を投下するため、これまでの分野からそれを引きあげる。

・必要な技術をもった労働者を高い賃金で引きぬく。また、会社での処遇に不満があるので、もっと条件のよいところに勤め先をかえる。

・労働組織の合理化または市場の変化のために、不要になった労働力を他の分野に回す（現実には解雇または配転）。

どれもこれも「良心的」な感情を逆撫でするような「不人情」なものばかりである。しかし、その怒りは単に既得権への執着が形を変えたものに過ぎない。渡辺幹雄氏も同様の例を挙げ、市場経済の発展やそれによる社会の変化に対して人々が抱く苛立ちや怒りについて、「平等な自由の意味を知らない」あるいは「前近代的な差別的思考に囚われている（自分は王様だと思っている）」だけであると喝破している（渡辺 2014）。

あえて言うならば、自由な社会やそれにもとづく市場経済のルールは、「人間の顔」をしていない「非人格的」なものであるがゆえに公平であり、人々の自由な活動を保証する。にこやかで温情的な仮面を被った独裁者による支配や管理ではなく、自由がもたらすさまざまな不都合を甘受できる人間にとって、むしろそれは納得のいく貴重な指針となる。

いずれにせよ自由な社会では、成功よりもむしろ「失敗」や「失望」の要素が、知識の利用や模倣、そして結合について知るためのかけがえのない機会である。自らの行動の先に何が生じるのかを最初から完全に予見できるとしたならば、自由は必要ない。

しかし現実には、個人の持つ知識は限定的であり、誰が最善の知識を持っているのかはわからない。なんらかの問題の解決のためにさまざまな知識や技術がどういった方法とプロセスを通じ、「意図せざる結果」として結びつくのかはほぼ予測不可能である。未来は確実でないからこそ、われわれは自由な存在であり、そうでなければならない。

†自由社会を育成する「庭師」

現在では代表作とみなされている『自由の条件』も、発刊当初は学界から期待したような評価を得ることはなく、新聞や雑誌といった論壇においても『隷属への道』のような一般的関心を集めることはなかった。LSEでの旧友ロビンズやシカゴ大学のナイト、ヴァイナーといった英米の自由主義経済学者たち、そして当時ニューヨークを拠点として活動していた師ミーゼスも含め、友人や近い立場の人間からの評価も必ずしも積極的なものではなかった。

大恐慌以来、相当程度ケインズ側の立場に傾いていたロビンズは、ハイエクがあらためて経済に対する国家介入を厳しく批判していることに当惑を示した。一方、高齢ながらも依然、戦闘的、ラディカルな自由主義者としての矜持を保っていたミーゼスは、ハイエクが同書第三部において一般的な福祉制度を含む経済政策をかなりの程度、肯定的に評価したことに対し、不必要な譲歩だとの不満を示した。

これらの批判は相反しているように思えるかもしれない。しかし、やはりある意味ではハイエクの独特の立場を浮き彫りにしている。彼は、景気循環をコントロールするようなマクロ経済政策には一貫して反対していたが、市場の適切な枠組みや自由社会が成長していくための条件設定の努力自体は全く否定していなかった。この点に相反する反応が生じた原因がある。一方、その意味では、本書は『隷属への道』に続いて、「中道」あるいは「第三の道」としてのハイエクの立場を表しているとも言えるだろう。

ハイエクの自由論の現代における位置づけについては終章で解説するが、ここで強調しておきたいのは、彼の自由主義の漸進主義的な性格である。それはまさに彼の自生的秩序論の特徴でもある。彼は『自由の条件』の冒頭において次のように明言している。

> 西欧の歴史的発展の結果であるすべてを別の文化的基盤のもとへと移植することはできないし、またすべきでもない。そして西欧の影響下にあるこれらの地域において最終的に生ずるいかなる種類の文明であろうとも、それが上からあてがわれる場合よりはむしろ成長にまかされる場合のほうがより早く適切な形をとることになるであろう。
>
> （『自由の条件Ⅰ』九頁）

ハイエクが危惧しているように、近代以前の社会や非西欧地域に、市場制度や自由主義にもとづく法体系、民主主義のシステムをトップダウン的な社会の全面的改革によって計画的に「移植」したところで、簡単には根付かない。むしろ、混乱を招き失敗に終わる可能性も高い。自由な社会とは、人々の行動の累積によって新たなルールが生まれ、さらにそれにともない自発的に自分たちの行動を適応させていく長い過程において初めて現れてくる。これは「自由放任」とは全く異なる。

同様に「経済学の父」アダム・スミス（1723－90）は、自身の自由経済論を展開するにあたって、フランソワ・ケネー（1694－1774）に代表される当時のフランスの重農主義者と交流し彼らから大きく影響を受けた一方で、「自由放任（レッセ・フェール）」の体制を「上から」の設計によって急速に構築しようとする彼らの理想主義を矛盾であると鋭く批判した。そもそもスミスにとって、「自由放任」という用語は一八世紀当時の物理学的な科学観や法則観に偏っており、法の体系や交通網などのインフラによって支えられた社会制度としての自由市場（「自然的自由の体系」）を表すに適切なものではなかった。

ハイエクの「科学主義」や「設計主義」批判の要点もまた同様であり、彼も自らの市場観を「自由放任」とみなしたことは一度もない。むしろそうした概念に対する痛烈な批判者であった。スミスにせよハイエクにせよ、彼らが強調したのは、禁止されるべき事項だけを明示し、それ以外の自由な行動を保障する一般的なルールに人々が従うことで、漸進的かつ流動的に社会が変化、発展していくことである。それゆえ彼らは、自由社会といえども理想社会の直接的な「設計」あるいは「企画」には厳しい批判の目を向けた。そのうえでハイエクは言う。特定の結果を達成するための「制御（control）」は不可能である。しかし「法の支配」の一環として、個人や各企業がそれぞれの多様な目的を達成するための条件を設定し「育成（cultivation）」することは一定程度、可能である。彼はしばしば、市場経済を成立させる条件を整える作業を「庭師」に喩えた。すでに彼は『隷属への道』において次のように述べている。

特に自由放任の原則に関して、一部の自由主義者が行なった頑迷な主張ほど、自由主義を傷つけたものはおそらくないだろう（中略）自由主義者の社会に対する態度は、樹木を育てる庭師のようなものであって、樹木の成長に最も適する条件をつくり出すためには、樹木の構造とその機能の仕方について、できるだけ多くのことを知る必要がある。

（『隷属への道』一五頁）

もちろん庭にも多様な種類があるが、ハイエクがイメージしているのは、一つひとつの草花や木々の育成をサポートしながらも、それらが折り重なって予期しなかった世界を形作っていく種類のものである。「庭師」の役割の具体的な担い手については次章で説明するが、一般的かつ消極的なルールを「発見」する「裁判官」や、独自の立憲政体論における、とくに上院を中心とした立法過程が相当する。いずれにせよ、こうしたハイエクの自由論は、あくまで「設計」でもなければ、いわゆる「自由放任」や単純なグローバリズム礼賛とも全くの別物である。

†「設計」と「デザイン」の相違

二〇一二年にノーベル経済学賞を受賞したアルビン・ロス（1951－　）は『Who Gets What――マッチメイキングとマーケットデザインの新しい経済学』（邦訳二〇一六年）において、ハイエクの議論を肯定的に引用しつつ、市場構造の「設計」と「デザイン（構想）」の違い及び、後者の重要性を強調している。ロス曰く、「まったく手をかけられずに育つ植物は、雑草くらいのものである」。私的所有権以外のルールを全て撤廃すれば、市場は円滑に機能するといった認識は幻想であり、実際ハイエクはそうした場所から離れたところにいた。

『自由の条件』第三部では、税制や金融制度、住宅政策、農業、教育そして一般的福祉制度といった、自由社会を成立させるための適切な枠組みや政策のあり方が、相当の頁数を割いたうえで論じられている。だが、こうした政策は、特定の階級や集団を利するためのものではない。たとえば、貧者の救済を図るために家賃を市場価格以下に固定する制度を導入することは厳しく批判される。

現代の経済学でも同様だが、そうした温情的な政策は、単に住宅への過度の需要と住宅投資への意欲喪失による供給の低下を招くだけであり、結果として深刻な住宅不足を引き起こす。そうした状況で望む住居を手に入れられるのは、よほど運が強いか、あるいはなんらかのコネがある人間だけである。さらにこうした不公平さ以上に深刻なのは、政府当局の恣意的な決定や許可や指示に、人々がつねに依存する状態を引き起こすことである。これは個人の自由に対する著しい侵害となって現れる。

一方で、こうした批判は、政府が何もしないという意味ではない。公営住宅といった貧困層への支援は必要である。ただそれは、対象をしっかりと把握し、民業への圧迫とならないよう著しく良質のものはあえて提供しないといった条件の下、あくまで政府の独占事業として行なう必要がある。現在では公共財と呼ばれるような、市場においては十分に供給されない財について、市場構造をできる限り歪めない形で政府によって供給することの重要性をハイエクは充分に認識していた。

彼がいわゆる「大きな政府」を批判し、民間で行なえるものはできるだけ民間に委ねるべきだと考えていたことは確かである。しかし、それは全てを民営化することでもなければ、公的部門を全面的に私企業化することでもない。単に独占主体が変化するだけならば意味はなく、むしろ弊害が大きくなる場合もある。
他にも、建物の建造や存在によって火災や他者の健康を害したり、建築者側と使用者側の情報の非対称性による詐欺などの危険性を防止したりするための建築基準といった法令は積極的に採用される必要がある。環境基準についても同様である。また、石炭から石油へなど産業構造が大きく転換する際に不可避的に生じる失業者への就労支援や、彼らを新規に雇用する企業への補助金なども有効な政策として検討されるべきであろう。

集合的行動（訳注：政府の活動）によってのみ満たしうる、それゆえ個人的自由を制限することなく提供しうる共通のニーズがある。われわれが豊かになるに連れて、自分で自分の面倒をみることのできない人々に共同社会がつねに提供してきた生存の最低限度、そして市場の外で提供しうるその限度は次第に上昇し、あるいは、政府が有効、かつ害を及ぼすことなくそのような努力を援助し、またさらにはそのような努力を率先して行なうことがあるということは、ほとんど疑問の余地がない……ここでのわれわれの問題は、政府活動の目的よりもむしろその方法にある。

（『自由の条件Ⅲ』九頁）

問題は、政府が市場に関わるべきかどうかではなく、適切な関わり方はどうあるべきかである。政府が特定の目標を設定し人々に「命令」するのでなく、法を含む人々が自由に振る舞うための「条件」の設定が重要であり、それは国家介入でもなければ、「自由放任」でもない。

†最低所得保障としての社会保障

以下では、『自由の条件』第三部において集中的に論じられているハイエクの福祉論に焦点を当てる。まずその前提として彼は、環境問題への対策や困窮者の救済のためには、一国にとどまらない世界全体の持続的成長が何より重要だと考えていた。同様にアダム・スミスも『国富論』の主題として、経済成長によって下層階級の人々の生活水準が改善していく過程の重要性について論じていた。経済の成長こそが、困窮者を含む一般の人々の生活の向上をもたらす第一の要因である。

いわゆる「清貧の思想」的な、経済的な豊かさへの道を断念して個人の内面的な充実や研鑽に訴えかける思想は、すでに富を得ている既得権者にとっては選択肢の一つかもしれない。しかし、現実に困窮にあえいでいる人々にはたんなる抑圧か、あるいは現状を強制的に肯定するための道具に過ぎない。

ハイエクにとって経済成長をともなわない再分配は、それぞれが自分自身にとっての理由を正当化し主張し合う、終わりのないパイの獲得競争と化すだけである。結局、そのなかで最後まで放置されるのは、なんの伝手も、どこにも救いを求める場所がない、既存の共同体から疎外された匿名の人々である。だからこそあらためて政府には、「自分で自分の面倒をみることのできない人々」に対して援助を行なう義務があり、それ自体には「ほとんど疑問の余地はない」。

ではそのうえで、ハイエクは具体的な望ましい社会保障のあり方についてどう考えていたのであろうか。まず彼は、「一定の最低生活の保障」と「相対的地位の保障」の二つを区別したうえで、後者を否定し、前者を肯定する。前者は、社会の成員全体に対して等しい最低限度の所得を確保する制度である一方、後者は、「必要(ニーズ)」などの「社会正義」の観念や業績などなんらかの貢献度(「メリット」)にもとづいて、ある個人やある集団が要求する所得を認める制度である。

彼が後者を否定する理由は、自分たちの「相対的地位」を主張してそれに見合った再配分を要求することは、結局のところ自分たちの個別的な利害のために政府権力を使用する

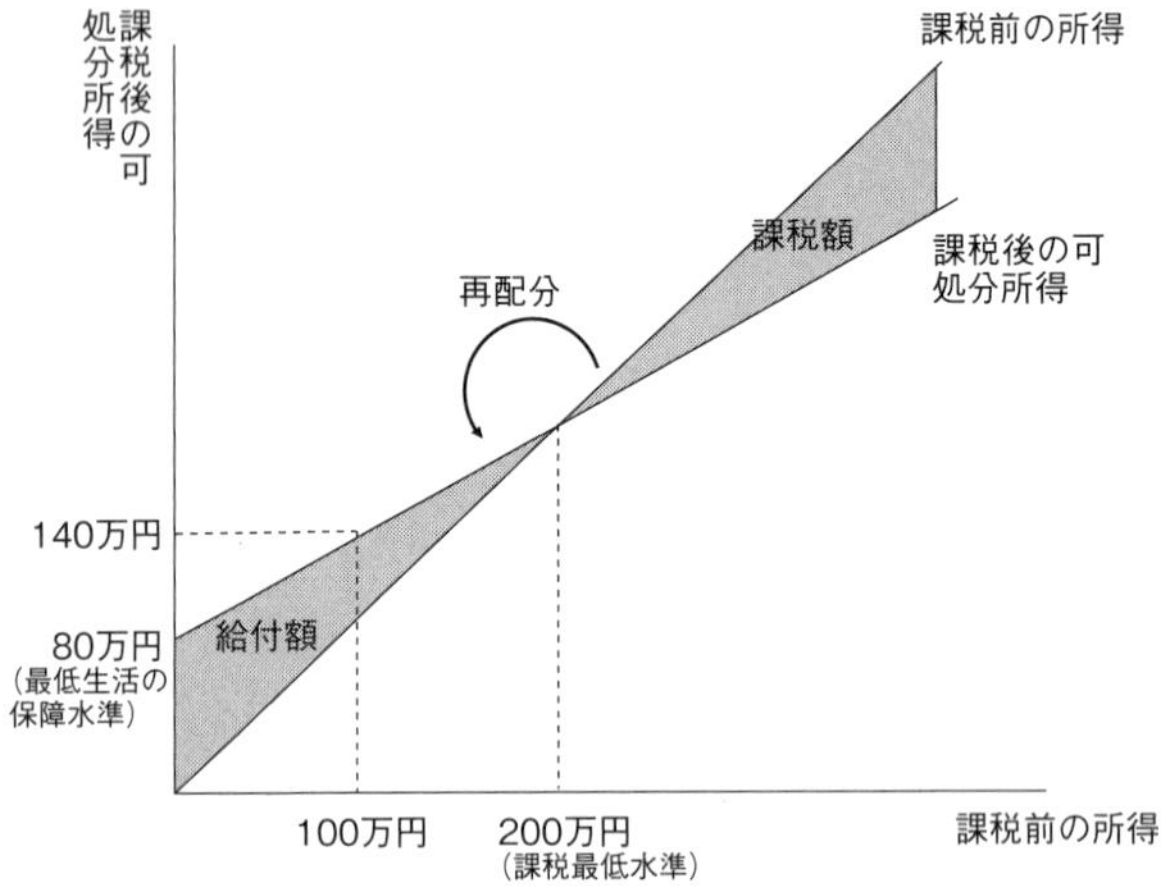

図 10　負の所得税

ことと同じだからである。それは必然的に権力の肥大化を招き、発言力の大きい人間によるそうでない人々への支配や差別を招く。

「一定の最低生活の保障」を提供する具体的な手段としてハイエクは、フリードマンが主張したことで知られる「負の所得税」に賛意を示している。周知のように通常の所得税は、一定の所得水準よりも所得が超過すれば、その部分に税が課せられるが、負の所得税とはそれに加えて、所得が所得水準を下回った人間には、その差額を比例的に支給する制度である（図10）。

　たとえば、超過すると所得税が発生する課税最低水準を年間二〇〇万円、「負の所得税率」を四〇%としよう。それにもとづき、病気や妊娠出産などなんらかの理由で年間所得が水準以下となる人間には、その差額の四〇%に相当する金額が政府から現金の形で支給される。具体的には、全く労働が不可能で給与所得が〇円の人間に対しては八〇万円が支給されることになり、それが最低所得保障となる。

また給与所得が一〇〇万円の人間の場合には、支給額は(二〇〇万－一〇〇万)×四〇%＝四〇万円となり、総所得は自分で稼得した一〇〇万円とあわせて一四〇万円となる。現実には、具体的な最低所得保障や控除の額、正負含めた所得税の税率をどの水準にするかは当該社会の状況に依存するが、あまりにも高い税率は経済の発展や効率性を阻害するであろう。

この点に関連して、フリードマンも同様だがハイエクは、基本的に累進課税ではなく単一の比例税を想定している。その主たる理由は次の通りである。第一に、経済学において伝統的に累進課税の根拠とされてきた、所得の多い者ほど追加的な所得に対する限界効用は小さくなるという想定(所得に対する限界効用逓減の法則)は、測定方法も含め実際にはそれほど現実性があるわけではない。第二に、高額所得者層に課される高い税率からの収入は、国家の総収入に対してそれほど大きな割合を占めてはいない。

第三に、累進課税は上位層よりも中間層により多くの負担を感じさせ、後者を没落させてしまう危険性がある。第四に、一定時間内に同等の労働サービスを行なった者には「唯一普遍的に認められた経済公正の原則」である「同一賃金同一労働」にもとづき等しい賃金が支払われなければいけないが、累進課税はそれを歪めてしまう。その結果、勤勉な者や消費者からの評価が高い者への賃金は相対的に小さくなってしまい、人々の労働インセンティブが大きく阻害されることになる。つまり過度に高率な累進課税は、そもそもそれが正当であるかどうか以前に、最大の目的とされる所得再分配機能を適切に果たすことに失敗しているというのがハイエクの理解であった。

「負の所得税」に話を戻すと、その最大の利点は、控除額に届くまで所得を補塡していくという形式のため、基本的に人々の労働意欲やインセンティブを減少させることがないことにある。一方、単純に一定の所得水準以下の人々に対して給付を行なったり、税金や公立学校の学費を免除したりする政策は、その水準より少しだけ高い位置にいる人々の勤労意欲を著しく阻害することで、彼らの地位を没落させ、保護政策の新たな対象者にしてしまう。

「負の所得税」の導入により、人々が貧困を理由として社会から排除されることがないようなセーフティネットの構築を図ることが可能となると同時に、課税と福祉のシステムを運営する膨大な数の公務員とそのためのコストを大幅に削減できることになる。実際に、そうした労働インセンティブへの影響への考慮は、アメリカの勤労所得税額控除や英国の就労税額控除といった制度にも反映されている。

一九七二年のアメリカ大統領選挙において、共和党のリチャード・ニクソン（1913－94）への対立候補となった民主党のジョージ・マクガヴァン（1922－2012）は選挙綱領に「負の所得税」を掲げた。マクガヴァンがいわゆる「リベラル」（終章参照）あるいはアメリカの左派の立場を代表していたことを鑑みても、同制度はイデオロギーとは関係なく貧者の救済を行なうための手段の一つである。

そのうえでハイエクは、社会保障を全て「負の所得税」に一元化しようとするフリードマンとは異なり、医療や年金などの政府による強制的な社会保険の必要性も認めている。なぜなら病気や加齢、災害、そして失業といった偶発的な出来事によって労働が不可能になった状態について、個人が全てを前もって予測したり自衛したりすることは困難だからである。

ハイエクは、そうしたリスクへの備えを「自動車の自賠責保険」と同じく、他人に負担を背負わせない人々の円滑な行動にとって必要不可欠であると指摘する。不運な人々に対して「政府がより多くの保障を与えることと個人的自由の間には原理的な矛盾は存在せず」、「負の所得税」を中心にした最低所得保障に社会保険を組み合わせた包括的な社会保障制度を政府が整備する必要性がある。

彼はこうした形で、フェビアン協会の中心人物であり漸進的な社会改革を唱えたビアトリス・ウェブ（1858－1943）とシドニー・ウェブ（1859－1947）の夫妻が提唱した、「国民最低限保障（ナショナル・ミニマム）」の理念を継承しているとも言えるだろう。また現在では、「負の所得税」はいわゆるベーシック・インカム論を構成する一つとしても扱われている。

一方でハイエクは、イギリスで導入されたような無料での医療給付は多くのフリーライダーを生み出すことになると批判している。医療技術の急速な進歩を考えれば、著しく負担が増大していく可能性はつねに存在しており、最新の医療を無料ですべての人に提供することは到底、不可能である。無論ハイエクにとっても、健康や生命というものは非常に重要な価値である。しかし、経済的な制約を度外視して制度を拡大することは、現実に負担している世代の体力や健康を犠牲にしているのに等しい。

さらに、日本の年金の現行制度にもなっている、現役世代がその年度の高齢者への給付額を負担する「賦課方式」についても、個人の自助努力が有名無実化するだけではなく、やはり若年層や将来世代に対して多大な負担を課すことになるとして、ハイエクはきわめて批判的である。代わって彼が推奨しているのは、自身が現役時代に保険料を払い、老後にそのお金を受け取る「積み立て方式」である。

ともすれば社会保障制度は「票あさりをする扇動的政治家」の手段と化してしまう。その結果、勤労によって予算を賄っている人々も、将来の給付にしか希望を見出すことができなくなり、保険料がどんどん高額になることに歯止めをかけるインセンティブは失われる。

こうして肥大化していく政府部門や予算は、継続的なインフレーションをもたらすだけではなく、長年自らで対策をしてきた健全な老人の生活をも圧迫し、政府にさらに従属させる。結局それは深刻な世代間対立をも、もたらすことになる。次のハイエクの言葉には、先進国の未来像への深刻な危機感が表れている。

自分自身を養いえない老人の強制収容所が、青年を強制するしか所得を当てにすることのできない老人世代の運命となるであろう。（『自由の条件Ⅲ』六一頁）

†教育と研究活動の重要性

ハイエクは、自由社会において必要な福祉制度の一環として、義務教育の重要性も指摘している。それには、次の二つの理由がある。第一に、社会の成員がみな基本的な知識や信念を共有するならば、不確実性やリスクはより少なくなり、優れた他者の成果から利益を受けることで社会もより発展する。通常これは経済学の用語では、教育の持つ正の外部効果と呼ばれる。教育のメリットは受ける本人だけではなく、周囲や社会にも一定程度、及ぶと考えられる。

第二に、そもそも現代社会では、日常生活を送るためにも、労働を行なうためにも、投票など政治参加のためにも、成員全体が一定の知識を身に着けていなければ上手く機能しない。とりわけ彼の自由論は、市場秩序や競争こそが個々人に分散している知識を互いに伝播させ、結びつけ、新たなものを生み出すことに重きをおいている。その意味で、さまざまな書籍などから適切な情報を取得する能力が必須とされる。何より、子どもは自発的に教育を身に着けるわけではないため、社会がその両親に教育を与える義務を強制せねばならない。

しかし、それらが全て政府の手に委ねられることに対しては、ハイエクは懸念を示している。彼自身が多民族国家であるオーストリア＝ハンガリー帝国で育った経緯もあり、政府当局がそれぞれ背景の異なる全市民に対して特定の文化的・社会的理念を強制することで、人種的あるいは宗教上の問題が発生する事態を憂慮する。そうでなくても教科書の検閲や検定を含め、国家による教育の一元的管理には弊害が大きい。

ハイエクは、義務教育推進のための具体的な政策として、やはりフリードマンが提唱した「教育バウチャー」制度に賛意を表明している。ハイエクにせよフリードマンにせよ、彼らが福祉政策を否定していたわけではまったくない。懸念していたのは、あくまで費用に見合った効果が得られないこと、さらにはそれを無視することによるさまざまな弊害である。

「教育バウチャー」は、政府が国庫から児童の父母に対して任意の学校で使用できるバウチャー（クーポン券）を配布することで、教育費の補助だけではなく、受け取る学校間の競争が生じて教育環境が向上することを狙っている。自分の子どもを私立学校に行かせたい父母には、税金として徴収される公立学校の費用と私立学校の授業料の二重負担が解消される。あるいは、経済的理由によって公立学校にしか進学できない人間も、バウチャーを差し引いた追加費用のみを払うことにより私立学校へ通うことが可能となる。

さらに、いじめや不適合などなんらかの理由で現在通っている学校に不満がある児童も、バウチャーを持参することで容易に他の学区に移動できるといった利点がある。各学校間でも、より多くのバウチャーを集めて収入を増やす競争が促進されることで、教育内容や環境整備が自発的に進んでいくインセンティブが生じる。加えてハイエクは、過疎地においては児童の数が少ないゆえに教育を受けるための平均的な費用が割高になってしまうため、政府が直接的に学校を運営すべきであるという留保をつけるが、少なくとも、全ての課程を政府の提供する学校に通う必要はない。

大学を含む高等教育や研究活動についても、政府が一定の費用を拠出すべきこと自体、ハイエクは否定していない。大学教育を受ける人数自体を無制限に増加させることには批判的であったし、とくに将来、大きな金銭的利益が見込める法学や医学などの志望者は、基本的に教育ローンで費用を賄えるであろうと考えていた。しかし、そうではない基礎的あるいは理論的分野への補助は、学問の着実な発展のために必要である（「知性の二つのかたち」『哲学論集』）。

ハイエクの提案は、そういった分野の学生に対し、同世代の人間ならば当然享受するだろうさまざまな快楽を断念して「修道士的」な禁欲生活を送るための補助として、最低限の住居費や食費、そして充分な書籍代を支給すること、さらに能力が認められた者に対しては、あらためて大学院において「完全に自由に使える奨学金」が与えられるべきというものである。

あわせて彼は『自由の条件』において、各種の奨学金の基準や資格を一元的なものに限定するのではなく、それぞれにおいて、より幅広いさまざまな基準が採択されることが望ましいとする。というのも、国民全体を点数や偏差値といった一つの客観的基準によって等級付けようとするならば、新たな位階制や階級社会を生み出す危険性があるからである。試験による能力の証明とはあくまでもその時限りのもの、あるいは暫定的なものに過ぎない。その人間が将来どうなるかは実際にはわからない。全員が受験競争に参入できるようになったけれど、エリート校出身でないと社会的地位を獲得できない社会は、むしろそれ以前の社会よりも階層の固定化の危険性が大きい。

ハイエク自身そうだったように、初めは学業成績が振るわなかったり、受験の際にはそれほどの得点ではなかったりしたとしても、明示的に数値化できない知識欲や向上心がその後の将来に大きな影響を及ぼすことはよくある。挫折や劣等感がむしろ学習意欲を刺激することもあるだろう。彼がたびたび指摘しているように、成功とは相当程度、「運」や「偶然」に依存しているからこそ、なんらかの公的支援は必要となる。

研究機関に対しても、ハイエクは支援の必要性と、政府による支配の強化への懸念の双方を表明している。旧共産圏がそうだったように、スポーツも含め達成すべき目標が明確な場合には、政府による資金の選択的・集中的な投入は短期的には有効かもしれない。しかし、電気の発見などをはじめ、研究の端緒ではいったいそれがなんの役に立つのか全く予見できなかった科学上の業績は数多い。

ハイエクは、学問の過度の「専門化」の危険性についても懸念していたが、その弊害はこのような面においていちばん現れやすい。とくに「基礎研究では重要な進歩はその性質上、予想がなお一段と困難」であり、それは大企業での莫大な資金を投入した研究開発においても例外ではない。

われわれの主要な命題からの適用としてもっとも重要なことはつぎのことである。すなわち、知識がもっとも速く進む傾向をもつのは、科学的探求が一部の統一的な社会的効用概念によって決定されず、それぞれの実力を認められた人たちが最善の機会と思う研究に自分を捧げることのできる場合である。(中略)進歩の見込みをおおいに高めるのは、ある統一的な計画によって進められる単一の当局の手中に資金の監督をまかせるよりは、独立の資金源がいくつかあって、正統的でない思想家でさえも好意的な耳を見つける機会をもつようにすることである。(『自由の条件III』一八七頁)

結局のところ、「知性と精神の領域における自由の保持」とは、物的な手段が政府や特定の大企業だけに独占されているのではなく広く分散されていること、そのうえで、自分たちが重要と信じるさまざまな目的に巨額の資金を投ずる人たちが、絶えずさまざまな形で存在することにかかっている。

人間が現在の自分を超えるところに到達し、新しいものがあらわれ、そして評価を将来に待つというところにおいて、自由は究極的にその真価をあらわす。

（『自由の条件Ⅲ』一八九頁）

知識や道徳や美的観念の発展において、どんなに優れた人間であろうと、何が正しいか、何が善きことであるかを他人に強制することはできない。さらにハイエクは、「人間の個性が豊かな多様性を持って発展していくこと」、それに対する教育と研究の重要性についてミルの言葉を引きながら、『自由の条件』の最後を締めくくっている。

前章の冒頭にも記したように、その後、晩年のハイエクのミルに対する評価は次第に微妙なものとなっていく。だが両者は、ともに多様な個性や異能の才がもたらす新たな社会の発展を何より重視していた。

†福祉国家批判を超えて

こうした観点から筆者はかつて、ハイエクを既存の福祉国家に対する厳しい批判者であると同時に、それに代わるある種の福祉体制の擁護者の一人として捉えた（太子堂 2011）。

こうした解釈が、奇をてらったものではないことは明らかだろう。

たとえば、現代の福祉国家論の第一人者であるイエスタ・エスピン＝アンデルセン（1947－）は、先進諸国の体制はそれぞれ形態が異なるものの、みななんらかの社会保障政策を行なっているという意味では、すべて福祉国家であり、その概念自体の多様性を強調した。そのうえで彼は、現実の福祉国家を「新自由主義型」（アメリカやイギリスなど）、「保守主義型」（フランスやドイツなどの大陸ヨーロッパ）、「社会民主主義型」（北欧）の三つのレジーム（体制）に分類する。

学術的な議論においても、リバタリアン（自由至上主義者）と呼ばれる一部の急進的な立場（終章参照）を除いては、なんらかの福祉政策を完全に否定する論者は存在しない。エスピン＝アンデルセン以降、問題の枠組みは福祉国家の擁護かその否定かという単純な二分法ではなく、どのようなタイプの福祉国家を擁護するのかという観点に移行している。

さて、ここでハイエクは、福祉国家といえば真っ先に連想される北欧についていったいどう考えていたのか、という疑問が当然浮かぶであろう。じつは、彼は生涯を通じて、北欧福祉国家についてはほとんど言及していない。不可解ではあるが理由を想像するに、もちろん彼はその体制を自身の理想とは考えていなかったものの、少なくとも、限られた資源、それも他人のものを自身のために利益誘導する体制とは異なっていることを意識していたと思われる。

北欧においては、すべての国民がほぼ中間層に統合されることで、生活スタイルの画一化などの難点はあったものの、自分たちの拠出した税金を自分たちのために使うという政治的合意が基本的に達成されていた。嶋津格氏は、北欧の高負担・高福祉の制度が経済活動については抑圧的ながらも、言論や学問の自由はほぼ確立されていたとして、むしろハイエクの立場との整合性を指摘している（嶋津 2004）。

じつは、スウェーデンをはじめとする最近の北欧福祉国家では、二一世紀初頭から福祉政策を堅持しながらも、旧来の大きな政府主導型の高負担高福祉からの構造転換が行なわれてきた。旧来のケインズ型の積極的な財政政策や補助金による斜陽産業への保護は放棄され、所得税や法人税の減税、相続税、贈与税の廃止、それに代わる消費税の重視といった税制改革、福祉事業の民間業者への委託が進められている。

さらに国際競争に対応するために、解雇規制の緩和など労働市場の流動化・柔軟化が進められる一方で、男女間の雇用機会や賃金の均等化や「積極的労働市場政策」と呼ばれる職業訓練の重視と企業での再雇用が奨励されている。自由で自立した個人を前提に、市場経済を否定するのではなく、その利点と福祉政策を組み合わせるこうした潮流は、現在「北欧型新自由主義」と呼ばれる（橋本 2012）。あえて述べるならば、ハイエクやフリードマンの理念は、むしろ北欧でいちばん達成されていると言えるのかもしれない。

ただもちろん、いくら市場を重視しているとはいえ、こうしたトップダウン型の経済体制がハイエクの立場からは一定の距離があることもまた事実だろう。税制は転換したものの依然として高水準の国民負担率もさることながら、あまりにも平準化された所得水準や生活様式は、彼が理想とした、真の意味での多様な人々のあり方や知識の発展にはむしろ弊害をもたらす可能性がある。

国家という閉じた枠組みではなく、その支配や思惑を超えて、「法の支配」の下で人々の自由な活動が描く模様が流動的に千変万化していく「自生的秩序」については、あらためて次章で解説する。何より、ハイエクは国家管理型の市場経済を社会主義の一形態であるサン＝シモン主義と呼んで嫌悪した。じつはそれは、旧来の「福祉国家」だけではなくいわゆる「新自由主義」的な「統治」のあり方、どちらにせよ上から人々に枠を嵌めるような、国家制度と財政の維持のために国民が労働力として絶えず再生産されるような体制を厳しく批判したフランスの哲学者ミシェル・フーコーの議論とも重なる部分がある。それについては終章で述べることにしよう。

†欧州への帰還

『自由の条件』から次作『法と立法と自由』完結に至る時期のハイエクは六〇歳過ぎから八〇歳までの時期にあたるが、彼の個性的な思考が最も花開いた時期であった。しかし一方で、それは彼にとって引き続き苦闘の時代でもあった。

『自由の条件』出版後、ハイエクは体調を崩しがちになり、心臓発作とそれを引き金とする抑鬱状態に苦しむようになる。同書は現在では主著とみなされているが、専門書ということもあり『隷属への道』のような名声と収入をもたらすには至らなかった。引き続き離婚のこともあって彼は金銭的事情に悩んでおり、より高額の所得が得られる職場を探すようになった。自身が創立したモンペルラン協会でも内紛が起こるなど、精神的な面でも、落ち着かない日々が続いた。

ただ橋本努氏が指摘しているように、彼の抑鬱症は単に健康問題や高齢といった要因に由来するというよりは、「まさに彼がこの時期に、独創的な理論を生み出すという天才特有の経験をしたから」というのが当たっているのではないだろうか（橋本 2006）。この時期のハイエクは苦闘を重ねながらも「混乱した人（パズラー）」として、集大成としての文章を削り出していた。ミルの「精神の危機」と同様、ハイエクの抑鬱も個人的なものを超えて時代の状況を反映していた。その経験は、人間の持つ弱さや限界について彼がさらに深い洞察を持つことに寄与したとも思われる。

一九六二年、ついにハイエクはシカゴを離れ当時の西ドイツ南西部のフライブルク大学に移ることを決意した。離婚と再婚にともなう二つの家庭の維持は彼に大きな経済的負担としてのしかかっていたが、そもそも個人的な蓄財が得意なタイプでは全くなかった。それは師のミーゼスも同様である。一方、ケインズは投機の達人として知られたが、少なくともこの面では、ハイエクは確実に彼の後塵を拝していた。

ただケインズのそうした技能は、歴史に名が残る経済思想家のなかではむしろ例外と言ってよく、その道に長けていたことで有名なのはもう一人、イギリス古典派経済学の重要人物であるリカードくらいである。ハイエクは『自由の条件』第一部の「独立した財産家の重要性」という一節において、ケインズがインフレの進行による「金利生活者の安楽死」を説いていたことを皮肉りつつも、彼の理財の才に比較的素直な感嘆の念を示している。

アメリカを離れることを決意したハイエクがもともと考えていたのは、母校ウィーン大学への復帰であった。同大学において伝統あるオーストリア学派を涵養した「国民経済学」の講座が「社会哲学」へと改組されたのを機に、オーストリア教育省がハイエクを正教授として招聘したいと考えたのである。実現すれば、彼にとってもたいへんな名誉であり前向きに検討されたが、一方で、シカゴに比較すれば給与が大幅に減額されることが予想された。なにより、ハイエクの広大な知的作業を支えた膨大な蔵書を収納できる住居を見つけることがウィーンでは困難であり、引っ越し費用を含めた負担についても折り合いがつかなかった。そのため結局この話は流れ、最終的に彼は、同時並行的に交渉が進んでいた、より条件のよいフライブルクへの移住を決意した。

一二年ぶりのヨーロッパへの帰還であった。ハイエクにとってアメリカは心情的に両義的な場所であり、それは結局初めての留学以来変わることがなかった。彼がアメリカを評価していなかったわけではない。ハイエクは『自由の条件』の冒頭に「アメリカに成長しつつある未知の文明のために」との献辞を載せるとともに、第四代大統領ジェームズ・マディソン（1751 - 1836）や同じく建国の父であるアレクサンダー・ハミルトン（1755 - 1804）らフェデラリスト（連邦主義者）たちが、イギリスの「法の支配」の概念を継承して「立憲主義」を確立したことを、非常に高く評価していた。ただアメリカの知的環境にはかなり満足していたものの、一方でつねにどこか異邦人としての感情を抱いており、イギリスとは違い母国との心情を抱くにまでには至らなかった。

なによりハイエクは、経済理論においてシカゴ大学の本流の経済学者たちとつねに距離があり、それは埋まることがなかった。だが、それでも彼が残した社会哲学上の影響は大きなものがあった。離米前の誕生会では、フリードマンやスティグラーが祝辞を述べ、ニューヨーク大学で精力的な活動を続けていた師ミーゼスも祝電を寄せて別れを惜しむとともに、フライブルクの名が意味する「自由の城（街）」への移籍を祝福した。シカゴ大学のポストの定年が六五歳であったのに対し、フライブルクでは七〇歳であり終身年金も獲得することができ、これもハイエクにとっては大きかった。

新天地フライブルクはフランスとの国境ほど近くに位置するが、故郷オーストリアにも比較的近く、大都市シカゴと違い現在でも閑静な大学街として知られる。モンペルラン協会の参加者の一人であり、「社会的市場経済」と呼ばれる大戦後の西ドイツの経済政策の理念を牽引したオイケンはすでに亡くなっていたが、彼が自身の学派を組織したのもこのフライブルクにおいてであった。

フライブルクでの肩書は政治経済学教授であったが、母校のウィーン大学もそうであったように、法学部のなかに経済学の講座があるという古いシステムをハイエクはむしろ気に入っていた。それは明らかに『法と立法と自由』の内容とも関連している。彼は日常会話では再びドイツ語を話すようになった。離婚で疎遠になっていた子どもたちともあらためて交流が復活した。

母国オーストリアでもハイエクの存在感は失われておらず、フライブルク時代には、オーストリア中央銀行の総裁就任の打診もあった。若き日より金融制度が経済に与える影響について並々ならぬ関心をいだいていた彼にとって、魅力的な話ではあった。学生時代には冗談混じりではあるが、総裁になってみたいと語ることもあったという。

しかし打診を受けたハイエクは、国際的な監査事務所によって国有企業を監査させるべし、という条件をつけたために、結局この話は破談になった。彼は長年、中央銀行による恣意的な融資が経済に混乱を招き、ついには恐慌を引き起こすことを厳しく批判していたが、このしばらく後には中央銀行の通貨発行独占権を否定して、民間による発行の自由化を主張するようになる（終章参照）。

オーストリア学派の先達、ベーム＝バヴェルクは三度にわたって蔵相になり、シュンペーターも短期間ではあるがやはり同職に就任している。もしハイエクが総裁に就任していれば、その政策はどのようなものであったであろうか。結局は、やはり野に置け蓮華草ということになったかもしれない。あるいは、監査の条件は彼一流の謝絶の方便であったのだろうか。

その後、一九六九年にフライブルクでの七〇歳の定年を迎えたハイエクは、もはや高齢にもかかわらず引き続き金銭的理由によって職を求める必要があり、オーストリアのザルツブルク大学へと移籍する。一九三一年にウィーンを離れて以来、四〇年近くぶりの故国への復帰であった。ドイツとの国境近くにあり岩塩の産出と流通の歴史を持つこの街は、モーツァルトや二〇世紀を代表する指揮者の一人、ヘルベルト・フォン・カラヤンの故郷としても知られ、ハイエクと妻ヘレーネの家系のルーツもここにあった。

しかし、故地ともいえるザルツブルクの研究環境はハイエクにとってそれほど喜ばしいものではなかった。大学がハイエクの蔵書を買い取ったうえで自由に利用できるという条件で移籍したが、実際にはいろいろと制約があった。経済学部の規模は博士号の授与ができないほど小さなものにとどまり、研究や教育のレベルもハイエクの期待した水準には達していなかった。彼は一九七七年までザルツブルクの教職を続けたものの、その後、最晩年には再びオーストリアを離れフライブルクへと戻ることになる。

第6章　自生的秩序論へ

†原理の説明

ケインズとの論戦を経た第3章での独自の経済理論の展開、第4章での特異な心理学、第5章での自由論を経て、ハイエク思想の中核である「自生的秩序論」の説明へと移るときが来た。その概念の展開は、ヨーロッパに帰還した後の著作『法と立法と自由』（一九七三－七九年）において完成を見る。

その前に少しだけ時間を遡ると、ハイエクは『自由の条件』（一九六〇年）を刊行した前後に、「説明の程度」（一九五五年）、「ルール、知覚、理解可能性」（一九六二年）、「複雑現象の理論」（一九六四年）といった重要な科学哲学の論考を発表している。これらは「自生的秩序論」へと結実する独自の社会科学の方法論を表している。彼はそれ以前から、社会科学の自律性を擁護するために自然科学との相違をしばしば強調していたが、この頃からは「単純現象」と「複雑現象」の区別に置き換えて表現するようになる。後者は基本的に「自生的秩序」に対応している。

ここで「単純現象」とは、あり方を決定する変数の数が少ないためにすべての決定要因を観察したり制御したりすることが可能な閉じたシステムを指す。そこでは伝統的に、力学を中心とする古典物理学が分析の中心であった。たとえば太陽系は、もちろん本来は外部からの影響も受けているが、とりあえずはそれらを捨象して系内の物質のみを対象として扱い、惑星など構成する天体の動きをほぼ完全に予測することができる。より身近なところでは、ビリヤード台上の複数の球の動きも同様に予測可能と言ってよい。

限界革命以降の新古典派経済学が高度な体系化を果たし「社会科学の女王」と呼ばれるに至ったのも、やはり経済現象を閉鎖系と捉えたうえで熱力学を模倣したモデルを洗練させることで、少なくとも理論的には、各変数の織りなす結果が完全に解析可能あるいは説明可能だと捉えたことにあった。

一方、「複雑現象」とは、無数の構成要素が相互に連関しつつフィードバックされていくことで次の行動とそれらがもたらす秩序が変容していく開かれたシステムを指す。シカゴでハイエクと交友があった物理化学者プリゴジン（一九七七年ノーベル化学賞）は、「複雑現象」にともなう「散逸構造」の概念で知られている。それは固定的な構造を持つ岩石などとは異なり、絶えずエネルギーや構成要素が外部から流入し熱として散逸しながらも、その流れのなかで一定の構造や秩序が維持し続けられるシステムを指す。

例とされるのは、海の渦や台風、ガスの炎のような現象、そして生命である。プリゴジンは「散逸構造」の着想をもとに「複雑現象」の研究を進めていったが、そうした構造の性質は要素の単純な結合に還元することが不可能であると同時に、非可逆的であり非決定論的である。この種のシステムの分析は自己組織系と呼ばれ、ハイエク自身もそれを意識しているが、現在では経済学を含む社会科学一般にも広く応用されている。

こうした新たな科学観もハイエクの洞察に大きな影響を与えた。気象や生命や脳内の心的秩序や経済現象といった複雑現象においては、なんらかの理論的モデルを適用して分析しても、結果を完全に予測することはできない。

しかし、こうした認識は無秩序の承認への退行でもなければ科学や理論の敗北を意味するものでもない。「複雑現象」あるいは「自生的秩序」の探究においては、結果の完全な予測は不可能であり、「原理の説明」あるいは「パターン予測」しかできないことをハイエクは強調する。これは科学や心理学や経済理論の否定ではなく、限界を見定めたうえでの擁護である。

気象の長期的な予測は不可能でも、そこで生ずる雲の流れや天候のタイプ、それらの変容についての一般的かつ法則的な「パターン」あるいは「原理」の説明は、なんらかの形で行なうことができる。精神現象においても、長期にわたる個人の個別具体的な心的状態の変化を予測することは不可能であるが、やはりなんらかの共通する法則ないし「パターン」について語ることは可能であり、その探究が心理学の目的となる。

経済現象における景気変動などの「パターン」も同様の性質を持ち、法則の解明は必ずしも短期的な政策の具体的な結果を求めるためにあるのではない。経済現象は政治や文化など他の社会現象や自然現象とも密接に関わっているため、現時点で立てた予測は、将来において「意図せざる結果」として大きく異なっているのがむしろ当然である。しかし、たとえそうであっても、経済学者は少なくとも現象に対して首尾一貫した「説明」を行なうことができる。

たとえば、ある消費者が具体的に何を購入するのかを詳細に予測することは不可能である。しかし、特定の予算のもとでの個人的な消費のパターンや、それに税を課したり補助金を付したりした際の変化を予測し説明することはできる。一般均衡理論が意味を持つのも特定の結果の予測や説明ではなく、こうした「原理の説明」あるいは「パターン予測」の一環としてである。それならば充分な意義があるとハイエクは考える。

他にも経済学にはたとえば、「国際経済のトリレンマ」という定理がある。為替の安定を狙って固定相場制を維持したいならば、国際的な資本移動の自由と金融政策の独自性は両立せずどちらか一方しか達成できない。あるいは、資本移動の自由と金融政策の独自性の双方を達成したいならば、固定相場制を放棄し変動相場制を採用する必要がある。必ずしもこの定理自体が、各国の経済問題について最適な処方箋を与えてくれるわけではない。

しかし「その旅路には水がない」という指摘は、行く手に何が存在しているかについての数多くの肯定的な言明よりも、ずっと重要であることが多い。ある状況では何をしてはいけないか、あるいは、両立が不可能な目的のために無駄な努力をしなくとも済むことが示されることで、不確実性に満ちた未知の世界へと進んでいく際の重要な指針が与えられる。こうした経済理論の「消極性」という特徴は、後で述べるような「自生的秩序」をもたらすルールの「消極性」とも軌を一にしている。

†自生的秩序

『自由の条件』の完成直後からハイエクは、自身の社会哲学と過去の経済理論との連関をもう一度再構成する必要を感じていた。結果として生まれた『法と立法と自由』は、狭い意味での経済学の範囲を超えているが、知識や情報が互いに折り重なることで発展していく社会システムについての研究であり、その意味では彼の経済学研究の到達点でもある。というのも現代の経済学は、まさに知識や情報の相互連関やそこから生じてくる法や慣習、制度のあり方を、ゲーム理論などを主要な手法として分析することが一つの大きな目的になっているからだ。

同書は複数の著作からなる三巻本として構成されており、第一巻『ルールと秩序』では、自生的秩序の概念の本格的な検討とそれを支える「法の支配」の意義について、第二巻『社会正義の幻想』では、自由社会あるいは「自生的秩序」の発展に対して脅威となる「社会正義」概念への痛烈な批判、第三巻『自由人の政治的秩序』では、秩序の発展のための理想的な政体・統治モデルが論じられている。こうした点で、法哲学や政治学との関連性も深い。

まずはあらためて「自生的秩序」のイメージについて述べよう。それは、個々の構成要素が一定の消極的なルールにしたがって振る舞うことで発展していく、結果の詳細な予測が不可能な複雑な現象である。前章でも述べたように、この消極的という言葉に悪い意味は全くない。消極的ルールは、主に「禁止」されている事項を示すことで、人々の自由な行動を保証する。その「意図せざる結果」として生じる「自生的秩序」は、なんらかの積極的な目的の達成のために設計される、単純現象としての閉じた秩序と対照をなす。

自然現象においても、なんらかの法則に従いながらも結果の予測が困難な現象はしばしば観察される。先ほども例に挙げた気象は、初期条件がほんの少し変わっただけでまったく違う軌跡を示し、長期的な予測は困難である。他にも、微分方程式で記述自体は可能なものの複雑すぎるがゆえに解けない、あるいはそもそも原理的に解を求めることが不可能な現象は数多く存在する。

ハイエクはM・ポランニーに倣って、そうした概念を社会現象においても援用し、言語や市場制度、貨幣制度などを「自生的秩序」の例として挙げる。たとえば言語においては、ルールである文法自体も言葉のやり取りのなかで形成され変容していくが、何より、それにともなって生じる言語世界の広がりや発話行動の結果を予測することはほぼ不可能である。

市場社会も同様である。それは消極的なルールにもとづく「法の支配」にもとづく人々の自由な行動、自由な市場競争によって不確実な未来へと発展、進化していく流体的な秩序である。第3章で解説したように、人々は将来を完全に予見することが不可能であり、限られた「分散した知識」、現場の知識しか持たない。ただ市場だけが知識の偏在に対応することができる。だがすでに指摘したように、ハイエクにとって市場とは、つねに正しい状態を表しているから、万能だから、すべての結果が期待通りになるから、擁護されるのではなかった。

むしろそこでは、もともと持っていた「期待」が裏切られることがしばしばである。しかし、だからこそ市場は、問題点を認識し次なる改善へとつなげていくネガティブ・フィードバックの過程により互いの断片的な知識や情報を結びつけ、新たな「意見」を形成する。そうした分権的な統合と「発見」の機能が市場競争の本質であった。

そのように市場とは、未知で不確実な未来を見据え絶えず新たな消費計画や人生設計を行なう人々や、生産計画や資本の組み換えを模索する企業家たちの行動が複雑に絡みあうダイナミズムの場である。ここで企業家とは、たんなる経営者だけを指すのではない。「強制」のない状態で、自身の能力や知識の最善の利用方法を「発見」するべく自発的に行動するという意味では、人はみな企業家である。第5章で述べたように、こうしたハイエクの市場観はその自由論とも深く関わっている。

さらにこうした特徴は、第4章での人間の認知メカニズムの説明とも結びついている。市場秩序と脳内の感覚秩序はともに「自生的秩序」としての流動的・流体的な開かれたネットワークである。現実の市場においては、限られた知識しか持っていない個人が一定のルールに従って振る舞うことで、他者との交流を介し新たな知識の「発見」を行なう。神経系においても互いに独立したニューロンが、インパルスの刺激の連鎖を通じて複雑な感覚の秩序を獲得する。ニューロン同士の一つの結合が、次なる知覚のための一つの道筋あるいはルールとなり、それらが重なりあうことで秩序が成立し、その構造自体も次第に変容していく。市場も脳も、最小単位の織りなすネットワークが個別要素のたんなる集積を超えた新たな地平を作り出す、流動性に富んだ進化的秩序である。

市場社会主義者が夢想したように、経済における各個人や企業など経済主体の持つ知識や方法を複雑な方程式体系やコンピュータに置換することで、全体を再構成することは原理的に不可能である。同様に脳内のインパルスの相互連関は、神経細胞という基質自体のきわめて複雑な構造があって成立している。名ピアニストの卓越した技能全てをその脳細胞の構造や身体から単独で取り出して機械に置き換えることはほぼ不可能であろう。

市場も脳もともに「多中心的な秩序」であり、全体の知識や情報を俯瞰的かつ統一的に扱うことのできる主体は存在しない。それゆえに、とくに前者においてはルールにもとづく人々の自由な活動の保護が求められる。ただ脳の構造が市場秩序にそのまま直結している、あるいは前者が後者の直接の基礎になっていると単純に述べてしまうならば、ハイエクが嫌った還元主義、あるいは「科学主義」の誤謬を冒すことになりかねない。市場秩序はあくまで「文明」の成果であり、人間の本能に直接由来してはいないからだ。

彼自身が二つの秩序の結びつきについて直接的に語ることに消極的であったのも、それが大きな理由であると考えられる。ただ、両者についての彼の説明は明らかにパラレルであり、同様のアナロジーによって成り立っていると言ってよい。

また「分類」という枠組みはハイエクの感覚秩序論の中心概念であるが、生産者が何を「資本」と見なすか、あるいは人々が何を市場活動の目的とし手段とするかを絶えず組み替えながら新たに「発見」していくという彼の経済理論、市場理論とも深い関わりがある。

貨幣を例に取るなら、われわれは硬貨や貴金属だけではなく、紙幣やさまざまな証券、債券、さらにはプラスティック製のカードのなかの情報やコンピュータ・ネットワークで処理される電子データといった非実物的なものさえそう見なして日常的に使用している。それらの物理的組成は全く異なっており、共通する点は全くない。貿易という概念も同様である。それは物理的には物体の移動に過ぎない。しかし、われわれは社会現象として非物質的なものも含め、なんらかのやりとりを国際的な取引とみなす。「事実」がそう「分類」され「解釈」されることで、貨幣や貿易という一つの同一性が形成されているのだ。

†ルールと秩序の区別

ハイエクは第一巻『ルールと秩序』において、タイトルになっている二つの概念を厳密に区別することの重要性を強調する。先程も述べたように、秩序とは構成要素がルールに従うことで生じる現象であり、あくまで両者は別のカテゴリに属する。

さらに注意が必要なのは、ハイエクが第一に主張しているのは「意図せざる結果」としての「自生的秩序」の重要性であっても、自生的なルールの生成ではない。こうした点が彼の思想を正確に理解する鍵ともなる。

「自生的秩序」という言葉は、しばしば誤解にさらされている。とくにそれは、干渉を完全に排して各自の思いのままに任せておけば勝手に全てが調和し解決する、あるいはルールさえもその中から自然と生じるものであり、人の手が加わったものではないし加えるべきではない、といった「自由放任」の主張と混同されやすい。しかし、何度も繰り返すようにそれは全くの誤りである。

たとえば、東京ではエスカレーターに乗る際に左側に立つが、大阪では右側に立つ慣習的なルールが一般に観察される。ただ、これを「自生的秩序」と呼ぶのは正確ではない。この場合、そう呼ぶべきは、それぞれの地域によって右側あるいは左側に立つべき、といったなんらかの消極的ルールを採用した場合に生じてくる、人々の行動の連なりやあり方のことである。こうしたルール自体はなんらかの手続きを通じて、あくまで人為的に決定されることもしばしばであり、必ずしも「意図せざる結果」やその産物ではない。

ただこの事例の場合はまだ単純すぎて、いずれかの側に立つべしというルールと、それによって生まれてくる秩序がほぼ同一のもののように見えるかもしれない。だがさらに議論を道路一般に拡張すれば、自動車や自転車は左側通行、歩行者は原則として右、といったルールを制定し、それに従って人々が自由に移動することで生じる社会の様態が自生的秩序である。加えて、他のさまざまな交通ルールだけではなく、たとえば窃盗や詐欺の禁止など別種のものが組み合わさることで、社会の秩序のあり方や内部の様子は「意図せざる結果」としてさまざまな変容と繁栄を見せる。

ただ後の節でも述べるように、右側通行なのか左側通行なのか、そうしたルール自体が慣習や伝統として育まれることの重要性もハイエクが強調していることもまた確かである。しばしば、彼は、なぜそれが存在しているのか理性的には説明できない慣習や伝統に従うことの重要性を強調する。これはハイエクの思想を保守主義の一環として解釈する動きにもつながっている(終章参照)。

だが注意すべきは、必ずしも、慣習や伝統自体が積極的な評価の対象となっているわけではないことである。当然ながらそれらの中には、遵守すべきものとそうでないものが存在する。なにより、慣習や伝統の継承の過程のなかで、人々の自由な行動範囲を確定する消極的なルールの萌芽が生まれ、それを採用した社会が繁栄することで、さらに洗練され伝播していくという進化的な側面、あるいは孵卵器や運び手という機能的な役割が重要である。

事実ハイエクは、人々の行動の自由を束縛する因習や陋習については生涯、きわめて批判的であった。そうしたある種の積極的ルールにもとづく社会も一つの秩序ではあるが、無論、「自生的秩序」ではない。旧ソビエト連邦の体制が七〇年近く続いたように、それなりの長さを持った政体や組織、社会には、ある種の「自生的秩序」が存在していたのでは、という誤解もよくある。しかし、これもその意味を取り違えている。封建社会やファシズム含め、確かにそうした社会にもある種の慣習や伝統が生じ、それにともなうなんらかの秩序も存在していた。しかし、それは人々が消極的ルールに従った結果としての「自生的秩序」ではない。

こうした誤解も、自生的秩序をたんなる時間の経過とともに生じた現象とみなすこと、かつルールと秩序の概念が混同されていることによる。いずれにせよ重要なのは、消極的な自由のルールが適切に採用されることで、侵してはならない最低限の禁止された領域について把握した人々の自発的な行動が連鎖していくことである。

むしろ、適切なルールの制定のためには「自由放任」どころか「裁判官」を中心とする司法制度の役割はきわめて重要であり、慣習によって育まれたルールを明示化する役割を持っている。これは前章で述べた「庭師」の役割とも関わっている。

たとえばある時代において、馬車や人力車に代わって乗用車が登場するなど予想外の新たな事態が発生し、新たなルールを策定する必要が生じた際には、直接的かつ明示的な立法が求められる局面もありうる。「裁判官」や独自の議会制度案を通じた立法過程の重要性については後半で解説するが、いずれにせよ、ルールや法がそのまま自由放任の結果として生ずるわけでは全くない。

†二種類のルールと二種類の秩序

というわけで、単に時間さえかければ全ての社会が単純に「自生的秩序」となるわけではないことは明らかであろう。なんらかのルールが存在してそれに人々が従っているだけではなく、ルールの性質が人々の自由な領域を確保する消極的なものであることが重要である。

この点に関連してハイエクは、秩序には「自生的秩序」と明示的かつ意図的な設計によって「つくられた秩序」の二種類が存在すると述べる。とくにあるべきルールについて検討する法理論の文脈においては、前者には「コスモス（cosmos）」、後者には「タクシス（taxis）」という名称が与えられる。

自らの概念を述べるために、新たな名辞を古典から再構成するのもハイエクの思考の特徴であり、とくにこうした古代ギリシャ起源のものが多い。他の多くの哲学者や思想家と同じく、彼もそこに自由や民主主義、「法の支配」の起源だけではなく失敗や衰退の原因を見ており、つねに立ち返る必要性を感じていた。

さらに「コスモス」だけではなく、アダム・スミスにちなんで「大きな社会」や、後述するように経済的な文脈では「カタラクシー（catallaxy）」という用語が使用されたりもする。最晩年の著作である『致命的な思いあがり』（一九八八年）においては「拡張された秩序（extended order）」が「自生的秩序」と併用される。この点、やや煩雑ではあるが、いずれも「自生的秩序」と互換的であり基本的に同じ意味を表す。こうした理由は、執筆が長期にわたったことでハイエクが文脈ごとに微妙に表現を変えるようになったことにある。

いずれにせよ「自生的秩序」＝「コスモス」とは、「ノモス（nomos）」としてのルールによって生じる秩序である。「ノモス」は人々の行動の自由を保障する法である。具体的には、民法や商法、刑法などが挙げられる。こうした法は人々に例外なく適用され、何をしてはならないかを示すという意味で消極的かつ「目的独立的」な「禁止の体系」である。

窃盗や詐欺や殺人の禁止などに端的に現れるように、それらは人々の「私的領域」、つまり所有権の範囲を含む自由な行動を保護する。それによって人々は、自らの行動の適切な範囲とそれを超えて侵してはならない領域について理解し、「異なる他者同士の行動が互いに干渉することをできるだけ阻止する」ことが可能となる。その意味で「法、自由および財産は三位一体」であり、各個人は互いに衝突することなく、自らの知識を自らの目的達成のために使用することができる。

ちなみにハイエクは、現金や金融商品、建物や不動産など有形物に対する所有権と、著作物や発明、商標といった無形物に対する知的財産権を区別している。前者を最大限に保護することは個人の「自由の条件」である一方、後者については必ずしもそうではない。当然ながら、一定期間の著作権やそれに類する権利は承認されるべきだが、長期にわたってそれらの独占や排他的使用権が墨守されることは、むしろ弊害が大きい。というのも、知識や情報は誰かが利用することで、他の誰かの利用が妨げられるものではなく、むしろ自由に複製され、伝播され、また他の知識と結びつくことで、予想もしなかった新たな発展を遂げていくものであるからだ。

すなわち、自生的秩序としての社会のあり方は地域ごとに異なり、一様ではない。後でも触れるが、「ノモス」のルール自体が、一般的かつ消極的という条件の下で地域や社会ごとに異なる性格や内容を持つことは充分にありうる。同じルールが適用されたとしても、風土や地理的なものを含むさまざまな条件の違いによって、「意図せざる結果」としての自生的秩序はさまざまな相貌を見せるであろう。その意味でハイエクの議論は、世界を単純に均一化しようとするグローバリズムとは異なる。

一方「つくられた秩序」＝「タクシス」とは、明示的かつ意図的な設計によって生まれた秩序、あるいはその一環としての領域がはっきりとした組織のことを意味する。「タクシス」は、「テシス（thesis）」のルールによってそのあり方が定められる。「テシス」には企業や学校、各種団体といったさまざまな組織の内部ルールも含まれるが、より一般的には、政府が自らの運営のあり方について定める行政法、特定の支出内容を定める年度ごとあるいは臨時の予算案、景気対策や社会資本整備といった財政立法などが挙げられる。つまりは政府という「組織」＝タクシスのルールである。これらは何々をせよ、という具体的な命令の形をとるという意味で積極的かつ「目的依存的」なルールであり、制定法として示されることが多い。

ここで注意しておきたいのは、ハイエクは、「ノモス」のルール、あるいはそれによって生じる「コスモス」としての秩序だけを肯定して、「テシス」のルールや「タクシス」としての秩序を全面的に否定しているわけではない。確かに彼は、ケインズ型の財政政策や全体主義国家、そして福祉国家における政府権力の肥大化を厳しく批判したが、政府の完全な撤廃を主張する無政府資本主義や、政府の役割を国防、警察、司法に限定する最小国家論とは異なり、福祉制度や社会資本整備など公共財の提供を含むさまざまな政策や行政制度の役割を一定程度認めている。

経済活動において企業組織の存在の重要性は言うまでもない。家族や学校を含めさまざまな組織が社会の重要な構成要素であることもまた当然である。彼は次のように述べる。

家族、農場、工場、企業、会社や各種団体、政府を含むすべての公共機関は組織であり、これらはさらに包括的な自生的秩序に統合される。（『ルールと秩序』六四頁）

つまり、各種組織としての「タクシス」は「コスモス」＝「自生的秩序」に包括される形で、言い換えれば、「テシスの」ルールが「ノモス」のルールの制御下にあるという限りで存在が認められる。あくまでハイエクが批判したのは、社会秩序全体を「タクシス」としての政府の統制下に置き換えようとする試みに対してであり、単純な否定ではない。消極的ルールとしての「ノモス」には上記の他にも、競争や独占に関わる経済法、課税原理や会社法、生産基準や安全基準、労働基準、環境基準、健康のための指標、さらには、死刑や堕胎、離婚、安楽死、アルコールやドラッグなど薬物の使用、ポルノグラフィーの認可といったさまざまな問題の是非についての一般的ルールが含まれる。

これらは市場社会の基本的枠組みを規定する重要な役割を果たす一方で、ハイエクは、憲法についてはそれを実定法である「テシス」を規定する最上位ではあるものの、「ノモス」とは考えていない。というのも、「ノモス」は主として私人の間の適切な関係を規定する私法としての性格が強いが、一般的にも憲法とは、社会秩序全体ではなくその統治組織に過ぎない政府の権力の規定や制限を目的とし、具体的機関のあり方について定める公法と定義されるからである。「国家」と「社会」はけっして同一でもなければ前者が後者を包含するのでもなく、前者はあくまで後者の一部に過ぎない。

ハイエクの法理論は、憲法観も含め基本的に英米法の体系に近い。その観点からすれば、優れた憲法とはあくまで主に政治や行政の必要かつ適切な手続きを記述あるいは保護するにとどまる。その意味ではイギリスのように、私人の消極的な権利を国家干渉から保護する「権利の章典」を、憲法を構成する数ある慣習法の一つとして位置づけることは重要である。しかしたとえば、完全雇用、住宅供給や大学教育の無償化、特定産業の政府独占といった目的を積極的に達成しようとする条項やなんらかの国家理念、社会理念を具体的に示す条項を加えることは望ましくなく、現実に維持することも困難である。

マグナ・カルタ（一二一五年）がそうであったように、歴史的にも憲法とは、政府の権限の肥大化のためではなく、あくまで権力を抑制するために要請された。こうした観点にもとづくならば、社会を構成するあくまで一部に過ぎない政府という組織＝「タクシス」の無制限の拡張は自由社会の危機をもたらすことになる。

これに関連して、「法の支配（rule of law）」の概念は「法治主義（rule by law）」とは異なる。前者は、国家による権力の行使が専制的にならないよう法によって拘束し、人々の権利と自由を保障することを意味する。一方、後者の「法治主義」とは、厳格な法律の運用によって人々を統治することであり、「法の支配」に近似した自由主義的な国家論を含む場合もあるが、主として一九世紀のプロイセンや古代中国（秦）の法家思想のような、ハイエクの用語法で言えば「テシス」による専断的な支配を意味する。いかに一般的で公平な運用がされようと、それは人々の自由を守り「自生的秩序」の発展をもたらすものではない。

†正義感覚と「フェア・プレイ」の精神

語源をたどると、自由の法たる「ノモス」も組織の法たる「テシス」も、やはり古代ギリシャ語の「人為」という意味を表す言葉に由来している。確かに、法は物理的な自然法則ではなく、あくまでも人為の産物であるが、そのうえで二つの「人為」の性質は大きく異なっており、それが二つのルールの性格の違いにも現れている。

「テシス」は、それぞれの組織＝「タクシス」の目的に合わせて制定されるという意味で人為的である一方、「ノモス」についてハイエクは、「人間の行為の結果ではあるが、人間の設計の産物ではないもの」と呼び表す。彼がしばしば好んで用いるこの言葉は、アダム・スミスやその友人の哲学者デイヴィッド・ヒューム（1711-76）とならぶ一八世紀のスコットランド啓蒙の中心人物の一人アダム・ファーガスン（1723-1816）からの引用である。「ノモス」とは、「テシス」のように明示的に人為的な存在と人の手の加わっていない純粋に自然的な存在（「ピュシス」）との中間領域に存在する。

ハイエクは「ノモス」と「テシス」のたんなる二分法ではなく、「ピュシス」と「テシス」の二項対立を超えるものとして「ノモス」の概念を提示している。自由社会につながる「真の個人主義」と全体主義につながる「偽の個人主義」など、彼はさまざまな場所において善悪二元論を多用しているように一見、思えるが、そうした理解は不十分である。むしろ、二項対立を踏まえたうえで双方の特徴を併せ持ち、それらを超えるなにものかを言語化していくというのが彼の思考様式の本質である。

「ノモス」は、多くの場合、慣習の形をとって発展してきたものであるが、その意味では徹頭徹尾、人間行為の結果である。しかしそれは同時に、一人の人間や一世代の人間が理性的に考案ないし設計したものでない。どのような世代に生まれた人間であっても、誕生した際には既存の法の体系が前提として存在しており、自分たちの行為は良くも悪くもそれを前提にして遂行されざるをえない。その意味で、ノモスとは人間にとって自然的な性格も併せ持つ。

関連してハイエクが指摘するのは、少なくとも各個人が行為するというレベルでは、ルールを明文化された形ではっきりと自覚している必要は必ずしもない。それに従って行為する方法のみを知っているだけで充分である。

たとえばわれわれがなにか言葉を発する際、全ての文法を把握して行なっているわけではない。むしろ今使用している言葉の規則について明示的に語ることができない方が普通かもしれない。しかし、そのこと自体が必ずしも言語の使用に差し支えるわけではない。われわれは暗黙のうちにこうした「言語感覚」を持っているが、他の行為についても同様であり、直接意識することのない抽象的なルールに支配されている。ハイエクは同様に、意識下にあって行為の判断のもととなる感覚を「正義感覚」と呼ぶ。それに従って行為を繰り返し、合意を形成していくなかで、今回の合意自体が次の合意を支える基盤となり、その結果、並列的に存在する同意がさらに連関し合うことで相互依存のシステムが形成される。

こうしたプロセスもまた、第4章で説明した彼の心理学と関連している。この点、ハイエクは言語能力の部分的な先験主義的特徴と発話行為による経験的な発展と多様化という理解の文脈で、政治的な立場は違えど、何度か言語学者ノーム・チョムスキー（1928－）の「生成文法」理論に言及している。

「正義感覚」の例で重要なものとしては、「フェア・プレイ」の精神がある。それについては、アダム・スミスも『道徳感情論』のなかで強調している。人々は日常生活の至るところ、家庭や職場、学校、スポーツ、そして遊戯といった状況において、公正にふるまうことが求められる。それらに共通する「フェア」な事例の一定の属性を明示的に記述することは難しい。しかし、「フェア・プレイ」の明示的な規定を知らなくともそれに従って行動し、逸脱する者は状況にあわせて非難あるいは罰則を受ける。その意味ではわれわれは「フェア・プレイ」について知っている。

また公園で子どもが行なう野球やサッカーのようなゲームは、大幅に省略された暗黙のルールから、言語化されたとしてもごく簡単なルールから成立していることが普通である。ゲームの始まり自体、基本的にはそのようなものであろう。ただルールを言語化していくこと、さらには成文法の形で明示化していくことでゲームが発展し、確立していく。

こうして人々が「正義感覚」に従いながら行為してくるなかから現れてくるのが、やはり明示的な言語で表現されるというよりは、人々が暗黙のうちに従う「意見（世論

opinion)」である。「意見（世論）」とは、一般には公共的な問題に対して人々が共有する見解を指すが、ここではとくに、具体的かつ積極的な特定の目的を指し示す「意志（will）」と対比され、してはいけないこと、禁止されていることへの合意という、あくまで消極的な性格を持つ。訳語として「世論」をあてる場合もあるが、「意見の形成過程」としての競争の意義との対応を示すためにも、ここでは「意見」の方を用いよう。いずれにせよそれは、人々の互いの干渉や衝突を避けることで自由な行動の指針としての「ノモス」の基盤となる。「意見」と「意志」の区別の思想史的な詳しい意義については終章で解説しよう。

二〇世紀を代表する法哲学者の一人、H・L・A・ハート（1907－92）は主著『法の概念』（一九六一年）において、一般的に法とは一次ルールと二次ルールの結合したものであると述べた。一次ルールとは、原始社会や先述の子どもの遊戯含め、どんな社会やゲームにも存在しており、暴力や詐欺や窃盗の禁止など問題が発生した際に責任の所在を示す法の中核である。二次ルールとは、一次ルールを明示的に承認し、変更し、裁定する司法手続きを指す。

ハートは一般には、法実証主義を発展させた一人とされる。ただ彼は、法を規定する言語を固定的と捉えるのではなく、あくまで日常の社会活動において遂行される過程で形成され変容していくものとして捉えた。橋爪大三郎氏は、ハートにおける一次ルールの暗黙的な性格を強調し、それに従って人々が行為していくなかで二次ルールによる明示化や改定が行なわれていくことを、第4章でも解説したウィトゲンシュタインの言語ゲーム論や「言語論的転回」の一環として解釈した（橋爪 1985）。

そのことをふまえたうえで落合仁司氏は、ハイエクの法理論にもハートと同様の側面があり、直接的に言語化が困難な領域から法が生成するプロセスに焦点を当てた彼らの法哲学・社会哲学には近縁性があることを指摘した（落合 1987）。こうした議論は、法が主権者からの強制的な指令や命令ではなく、人々の社会活動の折り重ねから発展してきたものであること、さらにそのうえで、人為的な手続きの位置づけや必要性について的確な指摘を行なっている。

†法の階層構造

ここまでの議論をまとめると、ハイエクの法理論は次のような階層構造をなしていることがわかる。すなわち、「正義感覚」―「意見」―「ノモス」―「テシス」である。早い順ほどより抽象度が高いとともに、それぞれはより上位の法に従属している限りで正当性が担保される。先ほども述べたように、政府を含む組織のあり方を司る「テシス」も、

「ノモス」の規定する枠内で存在が認められ、内閣や官僚組織もそれに従属している。こうして、自由社会としての「自生的秩序」を成立させる法の根拠と体系が確立する。

こうしたハイエクの立場は、文章で明記された実定法の上位にその基盤となるメタ・ルールが存在しているという点で、ある種の自然法論と見なされることが多い。ただ伝統的な自然法思想が、古代ギリシャにおいては純粋な自然としての「ピュシス」、キリスト教以降は「神」の概念、近代以降は主に理性を基盤にしていたのに対して、むしろハイエクの議論はそれらの独断主義を批判しつつ、もはや宗教的要素や過度に合理主義的な要素を完全に払拭しようとする。代わって彼が基盤に置くのは、人々の社会的な相互活動の産物としての「意見」であり、そうした世俗的、経験的な点に特徴がある（終章参照）。

ハイエクにおける法の階層構造は、彼の国家学（政治学）の博士号の審査委員であった法哲学者ケルゼンの理論を批判的に継承したものと言える。第1章でも触れたようにケルゼンは、法理論から倫理的・政治的な価値判断を徹底的に除去するという「純粋法学」の立場を説いたことで知られる。

近代国家の形成と発展とともに、地域ごとの価値規範を背景にした慣習法ではなく、統一的で客観的で明示的な法が必要とされるようになった。その立場にもとづけば、幾何学の体系が少数の公理からの演繹によって導き出されるように、それぞれの法は、純粋に法体系の内部で個々のあり方が決定されなければならない。

こうした一種の相対主義は、特定のイデオロギーを標榜する全体主義から民主主義を擁護するためであり、自然法思想もその立場から厳しく批判される。そのうえでケルゼンは、全ての法は政府によって制定され明文化された実定法に限定されなければならない、という法実証主義の立場を堅持した。

ケルゼンにおいて、全ての実定法は法の究極的な根幹となる「根本規範」を最上位とする。その下に、「憲法」、個々の法律や判例としての「一般規範」、判決や行政命令、その他の法的行為としての「個別規範」、そして刑罰や執行による「強制」という形でピラミッド的な階層構造が形成される。

このなかで、「根本規範」だけは必ずしも明文化されているわけではなく立法者の「思惟」にもとづくが、あくまで理論的な仮定であり、ケルゼンはより実質的な内実を持つ自然法的な規範との区別を強調している。また、実定法の最高法規として「憲法」がより重視されているのもハイエクとは異なる。ハイエクは「ノモス」を慣習法の一種と位置づけるとともに、あくまでそれを「憲法」を含む実定法の上位に置く。

「純粋法学」を提唱したケルゼンは、第一次世界大戦後の民主主義的なワイマール憲法体制（1919－33）の最大の擁護者となった。しかしハイエクは、こうした彼の実証主義的立場に飽きたらないものを感じていた。実際、ワイマール体制は左右のイデオロギーからの抵抗や攻撃にあまりにも脆弱であり、結局、ナチスの台頭によって崩壊するに至った。

なによりハイエクは、ケルゼンが法を実定法のみに限定したことや、法から価値理念を徹底的に排除しようとしたことがその原因だとみなした。ケルゼンが擁護したかった体制も含め、あらゆる社会秩序はなんらかの価値理念に依拠しているゆえに、その排除の試みは不徹底に終わらざるをえず、結果として悪しき理念の侵入と拡大をゆるすことになる。

むしろ必要なのは、消極的ルールの根幹をなす「自由」を強力な理念として全面に掲げることであり、そうでなければ自由社会は維持できない。また法を立法者による制定に限定することは、その近視眼的な脆弱さに絶えず晒され続けることになり、そうでなくても「設計」の危険性が大きい。むしろ法とは、必ずしも明文化できないような、現世代の立法者の思惑を超えた大きな体系にもとづいており、それを前提とする形で進めていくしかない。またその意味で、なんらかの自然法的要素は残る。

第4章で紹介した「ノイラートの船」の寓話にも通じるが、次節でも説明するようにハイエクにとって法体系をなにもないところから丸ごと設計することは不可能あるいは非現実的であり、既存のものを前提に部分的な「発見」と改定を繰り返していく他ない。この「発見」という概念は、市場競争における知識の発見機能と同じく、彼の法理論においてもきわめて重要な役割を果たしている。「自由」という価値理念の強調や憲法の位置づけも含め、それがケルゼンとは異なる、ハイエク独自の立憲主義あるいは「法の支配」であった。

†「裁判官」による法の「発見」

それではあらためて、「ノモス」は誰によって「発見」されるのか。そこで能動的な役割を与えられるのが「裁判官」である。「裁判官」は、その時点における既存の「意見」や「ノモス」の蓄積された体系を念頭に、一つひとつの裁判において判決を下し判例を示す。それ自体が、ノモスを「発見」し、修正し、制定したりする作業の一環である。必然的にそれは「設計」ではなく、長期的過程として遂行される。こうした主張はやはり明らかに、英米法の判例法主義を念頭に置いてなされている。

それに関連してハイエクが強調するのが、「内在的批判」の概念である。この言葉は、超越的で俯瞰的な視点を持つ理性によるルールの設計や制定ではなく、新たな状況で個人や企業間の紛争が発生した際に、それらの可否を既存のルール体系との「整合性」や「両立可能性」によって判定することを意味する。その作業は、厳密に演繹的・論理的なものと言うよりも、当該の社会でこれまでルールが運用されてきた文脈に大きく依存する。ある状況のもとでは整合的であり両立可能なルールであっても、別の状況においては、そうではないことも充分にありうる。

一つの文化の特定の側面は、その文化の脈絡のなかでしか批判的に検討しえない。（中略）われわれはつねに、与えられた全体の一部を手直しすることができるに過ぎず、全体としてそれを再設計することは決してできない。

（『社会正義の幻想』三八－三九頁）

特筆すべきはハイエクが、「裁判官」の判断に対して「熟慮にもとづく努力」にもとづくべし、というたいへん積極的な役割を与えていることである。社会秩序の形成にあたって「合理主義」や「設計主義」にもとづく計画を徹底して拒否する彼の議論としては異例とも言える。しかし先にも述べたように、「自生的秩序」の根幹となる消極的なルールの体系は、慣習的な性質を強く持ちながらも「自由放任」によって生じるものではない。

ただこうした見解は、ともすると裁判官の権力の濫用や警察国家のような支配につながるのではないかとの懸念を生むかもしれない。しかし、裁判官に積極的に求められる役割は基本的に私人間や企業間の紛争の調停であり、あくまでそれを通じた消極的な「ノモス」

の「発見」である。たとえば詐欺などの事件が生じた場合、司法機関による公平かつ明示的な判決や補償や刑罰の厳格な執行は必要不可欠であり、むしろそれが個人の自由な活動を保障する。またこの点で、漸進的ではあってもより政治的に社会秩序全体の修正や改革を試みるノイラートの立場とも異なる。

ハイエクにとって憂慮すべきは、司法機関が行政機関と一体となって人々に統制的な命令を発することであり、そうした「テシス」による全面的支配である。一方、「裁判官」は、法の体系の全面的な設計者では全くない。あくまで一般的な「意見」や既存の「ノモス」に従う範囲内で自由な裁量権を持ち、部分的な改定を行なっていくことが求められる。

†社会正義の幻想

続く『法と立法と自由』第二巻はこう題されている。そこでハイエクは、いわゆる「社会正義」の概念を「ノモス」の支配を破壊するものとして徹底的に批判している。これは現代でもきわめて「反時代的」な言説である。

「社会正義」の実現の訴え、それは現代社会において「良心」を持った「善良な人間」であることを標榜するための何よりの証《あかし》である。どんな党派であれ、「社会正義」を喧伝しないような政治運動や政治家はほぼ存在しない。

ただ「社会正義」をたとえば『日本国語大辞典』（小学館）で引いてみると、「世間一般の通念から考えて正しい道理」、具体的には「法の下の平等、同一労働に対する等しい報酬など」を指すとある。これ自体は賃金のあり方含め、ハイエク自身の主張と基本的な意味においてとくに変わらない。弁護士が理念として掲げるのも、こうした意味においてであろう。

しかし、ハイエクが問題にしているのは、「社会的」という概念の無制限な拡大であり、無条件に「倫理的」や「善」といった言葉を指し示すことである。しかしそれが、結局は自由を抑圧し、「テシス」による「命令」あるいは「タクシス」という閉じた社会による全面的支配に陥ることを彼は危惧する。

われわれが「社会正義」について言及すべきは、それが単に疑似宗教的な迷信に過ぎないということである。その考えを抱く人間が幸せである限り、われわれは敬してその判断に委ねるべきである。しかし、他者への強制への口実となるならば戦わねばならない。「社会正義」という現在の支配的な信念は、自由文明の他の諸価値に対する最も深刻な脅威であるだろう。

（『社会正義の幻想』九五頁）

ハイエクが生涯にわたって厳しく指摘したのは、いかにそれ自体は高邁な理念であろうと、特定の「社会正義」を全体に貫徹させることで社会の改良を試みる運動には必然的に限界がある、ということであった。現代に今なお残る独裁的な国家も、もともとはなんらかの「社会正義」の実現という理想によって成立した。しかし結局その支配は、法に縛られない独裁者の放縦で恣意的な政策、あるいは特定のイデオロギーを拠り所にそれを上意下達として強制的な命令へとことごとく転化していった。

ハイエクの指摘では「社会正義」を求める要求は、いかに洗練された現代的な装いをまとっていようと、過去の「部族社会の情緒」あるいは「対面社会」への「先祖返り」に過ぎない。彼の視点からすれば、ファシズムだけではなく社会主義や共産主義こそ、「反動」なのだ。

近代以前の村落共同体では、それぞれの価値観のもとに族長や長老などの差配によって各構成員の役割や立場、資源の分配のあり方が決定されていた。職業も世襲が中心であり、相互扶助や互酬といったある種の利他性が統合の原理であった。しかし、そうした原理はきわめて限定された範囲でしか通用せず、しかも基本的に人々の活動を束縛するものであった。

一方、「文明」の産物としての自由社会や消極的な市場経済のルールは「非人格的」な特徴を持つがゆえに、より密接な関係を志向する人間の本能にはなかなか合致しない。むしろさまざまな「失望」や反発が、歴史的にもたびたび生じてきた。それゆえ、人々は懐かしい過去の共同体への「先祖返り」をはかる。その意味で「われわれはみな社会主義者」としての側面を持っている。

だが、それはあくまで「幻想」への郷愁に過ぎない。人々が単一の共同体の支配から切り離され、互いに他者としてそれぞれ異なる価値理念に従って行動する近代以降の大規模な経済社会、すなわち「自生的秩序」においては、なにか特定の積極的な理念を社会全体の統合原理とすることは不可能である。

もちろん、今でもわれわれは、家族や企業、地域といったさまざまな共同体や組織に属しており、それが自分たちの存在を規定している。今後もそうした紐帯の重要性自体は変わらないだろう。しかし現代では、人々が属する組織は単一ではなくつねに複数存在し、複雑に重なり合い、しかも流動的である。「自生的秩序」はそうした人々の多様なあり方を描き出す。

そのために人々が共有できる理念は唯一、消極的ルールとしての「ノモス」を基盤とした「法の支配」だけである。それがハイエクにとっての貫徹すべき唯一の「正義」であった。「正義」の概念が意味を持つのは、適用されるルールが適切か否かという問題についてのみであり、もたらされる結果に対してではない。あるゲームの結果に後から恣意的な改変が加えられるとしたら、そのゲームに参加する意味とは一体なんであろうか。

ハイエクは「正義」概念そのものの批判者ではまったくない。彼はむしろ、「正義」がたんなる情念に取って代わられること、情念にもとづく多種多様な「社会正義」の追求が限定された範囲のなかで狭隘化していくこと、さらに、本来そうした事態を調停するはずの一般的な「正義」の概念がますます見失われていくことを憂い、その再生を図った。

仮に「社会正義」の概念が効力を持つとすれば、人々が何をなすべきかを軍隊のように命令される司令・統制経済においてのみである。加えて、そうした強制権力を持った中央当局による「社会正義」にもとづいた報酬・分配パターンの施行は一回限りでは済まない。再分配が終了したその瞬間から人々の能力と運の相違によって、強制されたパターンは絶えず揺らぎ始める。それを回避するためにはさらなる権力の強化が必然的に求められることになる。


社会は単純に新たな神となるが、作り出した期待が充足されないならば、われわれは償いを求めて不平不満と抗議の声を上げることになる。しかし適切な訴えを突きつけるべき個人や人々の協同組織は存在せず、機能的な秩序を保障しそうした失望を防ぐことで個人に適切な行動を促すようなルールも存在しない。

（『社会正義の幻想』九八頁）

ハイエクにとって、無批判に冠せられる「社会的」という言葉自体、つねに少数派を作り出し抑圧する「多数派による専制」を正当化する用語にほかならない。結局その支配は、独立した個人を超えた「思考する集合体」としての擬人的存在、あるいは「新たな神」となって君臨する。

人々が生きていくうえでなんらかの道徳や倫理が必要なことは言うまでもない。しかし、なぜそれに「社会的」という形容詞が重ねられなければいけないのかをハイエクは疑問視する。「社会正義」以外にも「社会的良心」、「社会的責任」、「社会的活動」、「社会的制裁」、「社会福祉」、「社会政策」、「社会立法」といった概念は「法の支配」の下で形容詞なしに重要である。だがあえて屋上屋を架す意味は何であろうか。

戦後の西ドイツの自由経済を主導したオイケンらオルドー学派はハイエクと近い関係にあったが、彼らでさえ自分たちの理論に「社会的市場経済」と名付けたことには不信感を抱いた。ハイエクにとっても市場経済が「社会的」なものであるのは自明である。ただそれは「タクシス」としての政府ではなく、一般的で消極的かつ非恣意的なルールの下に置かれている必要がある。

ハイエクは、当時のソ連で社会主義労働英雄の称号を三度も獲得しながら反体制的な活動で流刑の処分を受けた理論物理学者でありノーベル平和賞受賞者、アンドレイ・サハロフ（1921－89）の言葉を引きながら、何百万もの人びとが「社会正義というスローガンの背後にそれ自体を隠そうと努める」恐怖政治の犠牲になっていることを指摘する。「社会正義」の主唱者は、それが世界の全ての基準であるがゆえに、しばしば容易に寛容を失う。それどころか、往々にして単に自身の好悪の判断に過ぎないものがその名を僭称する。そうでなくとも「社会正義」の観念の内実自体、きわめて多様であり、実際には互いに衝突しあっている。それぞれは限られた範囲にしか通用しないため、一般化しようとすればダブルスタンダードになる。疑問を無理に抑えつけようとすれば、権力的にならざるをえない。

そうした道徳が過剰となった社会では、人々はオーウェルが『1984年』で描いたような、相反する政府の命令の間の矛盾をどんなに支離滅裂でも受け入れてやり過ごす「二重思考」の実践を余儀なくされる。絶えざる内部対立やヘゲモニーを巡っての争いに適応できない人間は、密告や裏切りを経た逮捕によって「再教育」の対象となる。「良心」の果ての集団的狂気、「正しさ」を貫徹しようとした、矛盾に矛盾を重ねた教義による支配の恐怖は、必ずしも冷戦構造の崩壊とともに過去のものになったというわけではない。

ちなみにもともとのマルクスの考え方もまた、一見、高邁な理念がしばしば人々に対する抑圧とへと転化することを厳しく批判するものであった。そうした現象は、人々が生み出したはずのものが人々の上位に君臨するという意味で「疎外」と呼ばれる。松尾匡氏によれば「疎外」の危険性は、身内集団原理にもとづいた閉鎖的なムラや職業団体によって構成される封建社会、商品が生産者を超えて独り歩きする資本主義社会だけではなく、その対抗運動としての反資本主義思想においても例外ではない（松尾 2010）。

そこで掲げられる「社会的なこと」もまた往々にして独り歩きし、恣意的な「強制」へと転化する。スターリニズムや幾多の暴政、革命を目指す集団内の権力闘争や粛清のような悲劇もその一環である。素朴なグローバリズム批判含め、身内共同体の理念の裏側には、しばしば過度の同調圧力だけではなく、異質な者に対する抑圧や外部の者への無関心や敵視がつきまとっている。

松尾氏は、これまでの多くのマルクス解釈が、近代社会がもたらしたはずの「資本の文明化作用」としての対等な個人的関係の原理の重要性や旧弊の打破といった成果を軽視し、「社会的なこと」に再び安易に取り込まれることで新たな「疎外」を生み出したことを批判する。少なくともこの点については、ハイエクの「社会正義」批判も同じ射程を共有しており、それが「擬人化された神」として君臨することに強い警鐘を鳴らした。その意味で、両者は共に「近代」の成果の擁護者であった。

†カタラクシーとしての市場秩序

各人が消極的ルールにもとづき、それぞれの目的のために自らの知識を利用することが許される「自生的秩序」や市場経済の最大の意義は、生じる結果が誰の予測や意図をも超えるところにある。一方、市場経済において人々は「正当」に評価されていない、その人の「本質」や「本来のあり方」が見失われている、という嘆きの声はしばしば挙がる。

しかしハイエクは、「社会正義」、あるいは「分配的正義」の名の下に、人々の「功績（メリット）」や「功労（デザート）」、さらには「必要（ニーズ）」に値する報酬を受け取る権利があると主張することは、まったく意味がないと指摘する。むしろそれは恣意的な基準による位階制に社会を転落させる。分配を決定するのは、あくまで市場における「非人格的な過程」である。

どれだけ汗水を垂らして積みあげたものでも、ある場所においてはなんらかの理由で何の価値もないこともありうる。一方、ただの思いつきがきわめて有益なヒントとなったり人々を魅了したりすることもある。市場経済と能力主義（メリトクラシー）に必然的、内在的な関係は存在しない。

むしろ一元的な価値基準による「功績」や「業績」の評価が絶対化し、それを疑うことを許されない社会や組織は、まさにメリトクラシーである。旧ソ連など全体主義の国家においては恣意的なノルマによって労働量や賃金が決定されたように、「社会正義」の概念とメリトクラシーはより親和性が強い。また、資源の希少性を無視して互いの多様な「必要（ニーズ）」を叫び合う社会は、結局は声の大きい人間によるさらに不公平な支配を招く。結局、いずれの行き着く先もディストピアとなろう。

対して「自生的秩序」では、基準自体が多元的であり、評価軸自体が作り出される。ある場所や過去において軽視されていた才能や能力も、別の新たな場所では高く評価されることもある。現代社会においては、その人の「本質」や「本来のあり方」というもの自体、単一もしくは少数の組織（「タクシス」）において外在的に決定されるものではない。市場秩序の無数のネットワークにおける数多くの価値観や評価軸のなかで重層的多面的に織りなされるものであり、時間の経過とともに絶えず姿を変えていく。

ハイエクは「自生的秩序」の一環である市場社会を表現する際、もはやそれまでの「経済」に代え、「カタラクシー（catallaxy）」という用語の使用を提唱する。「経済（economy）」とは、古代ギリシャにおいて元来、家そのもの、後には家計や家政を意味するようになった「オイコス（oikos）」に由来する。当時の都市国家であるポリスや、その構成単位である大家族を運営していくためには、奴隷を含む財産の適切な維持管理の方策が求められた。オイコスの管理術、それがオイコノミアであり、現在のエコノミーやエコノミクスといった言葉に繋がっている。

しかし古代ギリシャ人たちは、必要な最低限度を超える財の獲得のための商人術や、財産の増殖が自己目的化した貨殖術を、私的かつ卑しい行為として激しく嫌悪した。それらは「市民」の存在を支えるはずのポリスの基盤を掘り崩してしまうと考えられた。

ハイエクは、現代でもエコノミーという言葉が、そうした閉じた世界や組織（「タクシス」）の意味を引きずっていると指摘する。それらはなにか単一の目標を持ち、人員の配置や資源の利用もそれによるヒエラルヒーによって順序付けられている。ルールはしばしば上意下達的な命令（「テシス」）の形を取り、人々の自由な活動は制限される。古代社会だけではなく封建社会や社会主義、ファシズムといった体制はみなそうした固定的な秩序であり、そこではいみじくも市場社会主義が主張したように、新古典派経済理論さえも計算や統治のための道具として活用される。

だがハイエクの観点からは、「オイコス」あるいは「タクシス」における経済問題は真に「経済的」な問題ではない。それは解法があらかじめ定められた「技術的」なものに過ぎない。さらに、そうした社会では、人々の多様な需要に合わせた商品を作ろうとする発想がない。既存の殻を破ろうと厳格に定められた作業手順や生産計画を逸脱し改良しようとする者は、叱責や処罰の対象でしかない。品質や技術は向上せず、現実を把握できないリーダーがリスクを無視した見当外れの投資や計画を行なう。成長自体が悪とされ、現状を糊塗するための政治的文言だけが数多く躍ることになる。

一方、「カタラクシー」としての市場秩序とは、個々の参加者の持っている目的や能力、知識などがそれぞれ異なっており、そうした多様な主体が一定の消極的ルールに従い、貨幣を含む交換を通じて互いに関係しあうことで新たな「発見」が生まれ、予測できない結果を生み出す自由な秩序である。

「カタラクシー」とは、「交換」や「交易」だけではなく、「コミュニティへの参加を受け入れる」「敵から友人に変わる」を意味する古代ギリシャ語に由来する。ハイエクは、そうした秩序の構成原理やパターンを分析する学問分野としての経済学についても、もはやエコノミクスからカタラクティクス（catallactics）という用語に代えることがふさわしいと指摘する。

「カタラクシー」とは、誰かが得をすれば誰かが損をする閉じたゼロサム・ゲームではない。知識や情報の拡大により総生産物が増加していくことで、参加者全てが初期条件よりも改善を期待できる。一方、ゲームであるからには、その結果をあらかじめ完全に予測することはできない。ルールは公平であるが、結果が公平になることを主張するのは無意味である。しかしだからこそ、ゲームに参加し成立させるためには、第5章で述べたような一般的福祉制度が必要とされる。

そのうえで、「カタラクシー」やそれを元にした「自生的秩序」においては、市場や競争から距離を置いて生活を送りたい、農本主義的な自給自足や晴耕雨読の生活を選択したい、あるいは古代のポリス的な政治的・公的空間への参加をより重視したいといった人々の存在も、もちろん許容される。

そうした生き方のためにも、市場秩序が生み出してきた情報や技術は現代ではそのほとんどが非常に安価、ときには無料で利用可能であり、数十年前、百年前とは比べ物にならない。そうした選択の多様性自体、市場によってはじめて可能となり、促進される。

†二つの立法議会と主権概念の放棄

ハイエクは「ノモス」の「発見」のために「裁判官」の役割を重視したが、一般的に立法には、民主主義的な選挙で選ばれた議会も大きな役割を担っている。それについても彼は、『法と立法の自由』の第三巻『自由人の政治的秩序』において、興味深い独自の議会改革案、立憲政体モデルを提唱している。

日本も含め、一般に立法議会は上院と下院の二院制から成り立っており、かつ普通選挙にもとづく下院が優越し、より大きな権限が与えられている場合が多い。しかしハイエクは、下院が一般的な「意見（世論）」を適切に反映するどころか、往々にしてさまざまな利害集団を背景にした党派に分裂し、それらの力を背景にしたパイや利権の奪い合い、不透明な取引の場と化してしまう危険性に厳しく警鐘を鳴らす。彼にとって「ノモス」の立法のためには、もはや利害で分裂し「腐敗」した議会は不適切であり、一般性・公平性のある判断は期待しがたい。

そうした事態を打破するためにハイエクが提唱するのが、独自の議会改革案である。それは、「ノモス」の制定のための「立法院」と「テシス」の制定のための「行政院」を峻別し、かつ前者を第一院として優越させる点に特徴がある。簡単にいえば、二院制を前提にした上院の相対的な権限の強化である。

まず「行政院」とは、普通選挙で選ばれる通常の下院議会のことであり、議員内閣制を取る場合には、多数を占めた政党が政権を構成する。ただそこでの決定は、行政法の制定や予算案の策定、一般的福祉政策を含む財政支出の決定といったあくまで「テシス」に限定される。それらは完全に「裁判官」あるいは次の「立法院」が制定した「ノモス」に拘束されており、それを超える命令を発することはできない。

ハイエクがはるかに多くの役割を期待する「立法院」は、間接選挙で選ばれる上院議会である。選挙権を持つのは、四五歳から六〇歳までの男女で、なんらかの意味で「日常活動のなかですでに力量を示してきた人々」であり、同世代による互選によって選ばれる。選挙権が四五歳なのはある程度の社会経験の蓄積が求められるからであり、定年が六〇歳なのは老人支配を防ぐためである。

互いの「力量」を知るために、人々は成人すると同世代の男女からなる社交クラブに加入することが推奨される。それは、ハイエク自ら語るところではロータリークラブのようなものであり、所得階層や職業の違いを超えて、学校や兵役などで一緒だったがその後、別々の進路を歩んでいる人々を結びつけ、交流を維持促進する役割を持つ。居住地を変えた人間は、もちろんその土地のクラブへの参加が認められる。

クラブでは定期的に参加者間での議論が行なわれる。その際の議長は輪番制であり、そこでの議論は政治的な問題に対する関心を喚起するとともに、反対意見も奨励される。このクラブが四五歳以降の「立法院」議員選出の母体となる。

イギリスのコーヒーハウスやクラブ、フランスやオーストリアのサロンやカフェなど西欧の啓蒙思想においては、こうした「社交」は学問や思想の普及や交流、伝播の重要な担い手であった。参加者の中心は当初の進歩的な貴族から次第に都市部の商工業者や新聞記者などの新興階層に移っていき、しばしば女性が中心的な役割を果たした。ウィーンに生まれた作家シュテファン・ツヴァイク（1881－1942）は自伝『昨日の世界』（一九四二年）において、「あらゆる新しいものに対する最良の教養の場所はつねにカフェであった……これほどオーストリア人の知的な活発さと国際的な視野の獲得に貢献したものはおそらくない」と回顧したが、ハイエクの提案もこうした伝統を引き継いでいる。

議員はなにか罪や罰則を犯さない限りは一五年という長い任期を持ち、毎年一五分の一ずつ交代する。選出は一回限りであり、特定の政党に所属する人間はその資格を持たない。さらに二院が採決したそれぞれの決議に対立が生じた場合には、先述の「裁判官」に加え過去に「立法院」や「行政院」の議員であった者によって組織された「憲法会議」が採決を行なう。また、「裁判官」の任命や昇進の権限はやはり「立法院」の元議員が構成する委員会に任されている。このように、それぞれの権力の分散や均衡が徹底されていることが著しい特徴である。

それだけではなくハイエクは、立法過程においては、もはや「主権」の概念を放棄することを提唱する。一般に主権とは国家の存在を前提として、領土や国民の統治権、他国の支配に属さないという対外主権、そして政治のあり方を最終的に決定する権利という三つからなるが、ここで彼が言及しているのはとくに最後の要素についてである。

政治や立法のあり方を決定する主体はどこにあるのか。一六世紀フランスの政治思想家ジャン・ボダン（1530-96）は、封建貴族に対して相対的に弱かった国王の権力を確立し中央集権を進めるため、王権神授説にもとづいた主権概念を提唱したことで知られる。社会の発展とともに、それは近代的な国民主権・人民主権へと転換していった。

しかしハイエクの理解では、こうした転換は、必ずしも人々の自由を拡大した歴史的進歩ではなかった。むしろ「無制限の権力」による専制が強化され、戦争への動員含め、その命令への人々の服従が絶対化されてしまったことを憂慮する。実際、ファシズムや社会主義もまた、まさに「人民」の意志によって成立した体制であったが、それゆえにこそ暴走の歯止めがかかることはなかった。一方、彼の立憲政体モデルにおいては、そうした「主権」としての権力はもはやどこにも存在しない。

最終的にハイエクは、消極的ルールにもとづく「法の支配」を歪め人々を抑圧する「恣意的権力に対する最終闘争」のためには、「政治の退位」が必要であるとまで指摘する。もちろん、社交クラブなどへの中間共同体への参加やそこでの議論を通じた、「ノモス」の中核となる「意見」の醸成、「立法院」議員の選出といった政治の側面は重要であるし、一定の政府機構や行政機構は当然、必要である。「退位」すべきなのは、「自身のためにより多くのものを得ようとするあらゆる集団の貪欲な本能」が限られたパイを奪い合い、「自分たちを拘束するどんな法によっても抑制されない」種類の政治である。

そうした事態が、政治にかかるコストの際限のない増加だけではなく、裏腹の政治不信を招いている。健全な民主主義を擁護するためには、恣意的な権力を抑制せねばならない。ハイエクにとって自由社会の枠組みとなるのは、歴史的プロセスを経て洗練・抽出されてきた「ノモス」ではあっても「国家」ではなく、彼はきわめてラディカルに国家権力の問題を捉えていた。

†ハイエクと共和主義

一方、ハイエクの立憲政体モデルは相当に理念的かつ青写真にとどまっており、どこまで現実可能性や実質的効果があるのかという疑念もあるだろう。ただ現実の先進国の議会制度は、基本的にどの国においても、上院の存在が直接選挙で選ばれる下院の暴走の危険性を掣肘する仕組みを取っている。

たとえば、制度への賛否は別にしてイギリスの上院はいまだ貴族院であり、二〇〇九年までは最高裁判所の機能も兼ねていた。アメリカの上院（Senate）は古代ローマの元老院が名称の起源であり、人口比にかかわらず各州あたり二名ずつの計一〇〇名からなる。被選挙権も三〇歳からと比較的高く、下院に対しての優越権を持ち議員のステイタスもより高い。

ドイツの連邦参議院は、封建領主が林立していた中世以来の諸侯会議や地方分権の伝統を受け継いでいる。間接選挙として各州政府や自由都市の代表者（通常は州の首相や閣僚）が出席する形式であり、下院に比して権限は小さいものの、定められた任期も存在しない。フランスの上院（Sénat）の名称も元老院に由来し、地方議員を中心とした間接選挙によって選ばれる。権限は下院とほぼ同等であり、任期は現在六年であるが二〇〇三年までは九年と比較的長期に及んでいた。

以上のような歴史や文化を背景にした各国のさまざまな議会制度のあり方を考えれば、ハイエクの提案は必ずしも突飛なものではない。こうした制度構築や上院と下院の勢力均衡により、民主主義の暴走や腐敗を防止しようとする思想は「共和主義（republicanism）」と呼ばれ、自由主義や民主主義と並んで西欧の政治思想の長い伝統に属する。

近年、日本でも共和主義あるいは共和政には一般も含む注目が集まっているが（宇野2020）、それは単に君主の存在しない政治体制という字義的な意味にとどまらない。以下に述べるように、むしろ時には君主政的要素をも含みながら、自由主義や民主主義を根底で支える理念である。

民主主義と共和主義は起源も同じと言ってよいがそれだけに混同されやすい。重なる部分もあるがあくまで別の概念である。民主主義の由来は、古代ギリシャのポリスにおいて自由民が積極的な政治参加を行なっていたことに始まる。しかし、共同体の維持や国防の義務が一体となることで安定が図られたその制度も、人々を扇動するデマゴーグたちの登場によりポピュリズムへと転落した。ポリスへの貢献という理念は失われ、代わって人々は自分たちの利害を第一に訴えるようになり、民主主義は腐敗し形骸化した。

それを踏まえアリストテレスは、『政治学』において、統治形態を支配者の数に応じ、それぞれ理想的とされる「王政」、「貴族政」、「共和政（国制）」（ポリテイア）に区分した。しかし、それぞれの政体はどれも安定的ではなく、「王政」は「独裁者の利益」を目的とする「僭主政」に、「貴族政」は「富裕者の利益」を目的とする「寡頭政」に、そして「共和政（国制）」は「貧困者の利益」を目的とする「民主政」（デモクラティア）、すなわち衆愚政治へと堕落していく運命にあると捉えられた。

このように古代ギリシャにおいて「民主政」とは、失敗した政体を指すあくまで否定的な用語に過ぎなかった。続く古代ローマでは王政の廃止後に共和政が成立したが、権力の腐敗や堕落を防止するために、君主政的特徴を表す執政官、貴族政的特徴を表す元老院、そして民主政的特徴を表す民会が互いに均衡を保つことが意図されていた。

政体の自己崩壊を防ぐための、有徳で「公的」な事項に関心を抱く市民たちによる積極的な参加、あるいは権力均衡を図るための制度構築の必要性、こうした考えが共和主義である。西欧思想の伝統において民主主義とは必ずしも至上かつ無謬の概念ではなく、つねにその腐敗や崩壊への懸念がつきまとっていた。また近代社会において民主主義とナショナリズムは基本的に不可分であり、両者が一体となって制御不能となることもしばしばある。

それゆえ「共和主義」は、単に君主だけではなく民主主義を含む、政体の暴走や崩壊に歯止めをかける思想として育まれた。その系譜は現代にも受け継がれており、積極的な政治参加と権力均衡のどちらを重視するかでやはり二つの立場に分かれる。

先述の西欧諸国の議会制度も、とくに制度構築の理念を受け継いでいる。アメリカの大統領選挙が単純な得票数の合計ではなく、あくまで各州の選挙人の数を競い合う間接選挙の要素を残しているのもその一環である。

前章でも触れた、ハミルトンやマディソンといったフェデラリストと呼ばれる一八世紀のアメリカの建国の父たちは、古代ギリシャ的な市民が直接集まって政府を運営するような直接民主主義は近代社会ではもはや成立不可能だと考えた。彼の地でもアテネを除けばポリスの規模は一万人が上限であり、それでも党派対立などの腐敗は免れえなかった。大国ではもはや全ての市民に有徳であることは期待できない。そのためアメリカでは、代表制や選挙方法を含む間接民主制の制度構築によって権力の均衡、あるいは抑制を志向する共和政が導入された。

ハイエクもまた、直接参加型の民主主義は弊害が大きく危険であると考えていた。政治的な情熱が強ければ強いほど、「多数派による専制」(数の暴力)として「ノモス」よりもむしろ「テシス」の方に力点が向かいがちである。『自由の条件』の第一二章「アメリカの貢献=立憲制」では、フェデラリストによってイギリスの「法の支配」の伝統がアメリカに継承されたこと、さらには二院制に大統領を合わせた三つの要素の権力均衡が制度化されたことが高く評価されている。それらに恣意的な権力の抑制と人々の自由の保護の基盤を見出し、かつ独自の制度案を提唱したという点で、彼の思想は共和主義思想の系譜にも位置づけられる。

そのうえでハイエクは、現在の民主主義(democracy)という用語では、無制限の権力としての「多数派による専制」との区別が曖昧になるとして、あるべき真の政体の姿を「ディマーキー」(demarchy)と呼ぶことを提唱する。デモクラシーが「民衆(demos)」の「権力(kratos)」に由来するのに対し、「ディマーキー」とは「民衆(demos)」の「支配(archein)」を意味する。前者は人々の特定の「意志」にもとづく「恣意的な命令」にもとづく一方、後者は正義に関する一般的な「意見」を最高の権威とする。それこそ民主主義が本来表現していた理想を表す用語であり、長年、不幸にもその言葉に付随させられてきた誤りから救い出すことになる、というのが彼の意図であった。

†ノーベル経済学賞

病気のせいもありザルツブルクで鬱屈した生活をおくっていたハイエクであったが、『法と立法と自由』を公刊し始めた一九七〇年代に入った頃から、少しずつ精神的に回復しつつあった。必ずしも直接の関連があったわけではないが、ちょうどこの頃、「ケインズ＝ベヴァリッジ体制」の行き詰まりが露《あらわ》となり、学界ではなかば忘れ去られたと思われていたハイエクの経済学や思想が再び脚光を浴びつつあった。

グンナー・ミュルダール

ハイエクの復権はこうした時流にも乗ったものであった。一九七四年一〇月、彼はスウェーデンの福祉国家体制の理論家であるミュルダール（1898－1987）とともにノーベル経済学賞を受賞する。それは「貨幣理論および経済変動理論に関する先駆的業績と、経済現象・社会現象・組織現象の相互依存関係に関する鋭い分析」に対して与えられたものであった。ケインズに比して自分の過去の理論が顧みられていないことを自覚していたハイエクにとって、受賞は望外の知らせでありたいへんに驚いたが、一九三〇年代を遥かに超え、あらためて彼の経済学者としての名声を世界中に広げることになった。

ハイエクの受賞にはさまざまな偶然が関与した。ウィーン時代にミーゼスのもとでともに学びアメリカに移っていた旧友フリッツ・マハループ（1902－83）が選考委員会への推薦人を務めていたこともあったが、フリードマンはハイエクの受賞を喜びつつ政治的な背景が存在したことを指摘している。それによれば、ノーベル経済学賞は一九六八年に新設されて間もなかったが、五年間は賞の授与主体であるスウェーデンからは出さないことになっていた。六年目を迎えるにあたり、選考委員会はぜひとも同国人のミュルダールに受賞させたかったが、お手盛りとの批判を恐れたために、全く対照的な立場のハイエクとセットで同時受賞の形にしたのではないかというのである。真相はともあれ、ハイエク自身も政治的なバランスを取った結果であることは自覚していた。

ハイエクもミュルダールも同時受賞を内心、歓迎しておらず不快に感じていた。じつは、そもそも経済学賞とは正式なノーベル賞ではない。正式名称は「アルフレッド・ノーベル記念スウェーデン国立銀行経済学賞」であり、同銀行の設立三〇〇周年を記念して新しく作られたものである。そのためノーベル財団は創設者の遺志を継ぐものとは認めておらず、あくまで他の賞とは区別している。それもあり、ハイエクとミュルダールの両者とも、賞が標榜する科学的正当性への強い疑念と、それと裏腹の「主流派」の経済学に偏りがちの政治性に対する不満を抱いていた。

一方、第3章でも触れたように、もともと彼らは、ともに北欧学派の経済学者ヴィクセルの先駆的な業績から大きな影響を受けていた。一九三〇年代前半には、ハイエク自らが編集する論文集にミュルダールの寄稿を依頼するための手紙のやり取りを行なっており、そこでは後者が「われわれは皆、ヴィクセルの弟子である」と好意的に記すなどの交流があった（藤田 2012）。

その後、彼らは全く別の道を歩むことになったが、後年まで、それぞれの理論は秩序の累積的な形成過程を重視するという点で、ある種の共通点があった。ミュルダールは、北欧含む西側の資本主義諸国における福祉政策の成立を、社会主義国家のような「上から」の包括的かつ「事前的な」計画ではなく、「下から」の「事後的な」、半ば偶然によるつじつま合わせの過程の産物として捉えるが（「無計画な展開の計画化」）、そうした認識は、ハイエクの自生的秩序論とも一部重なるところがある。またノーベル賞の受賞理由にも挙げられているように、両者はともに、経済学が政治学など他の関連分野から遊離し過度の専門化が進んでいく潮流に抗して、総合的な社会科学の復権や重要性を訴えた。

そのうえでミュルダールは、倫理学や政治学との分業が進み価値理念を喪失していった二〇世紀の経済学を批判し、社会科学者は自らの持っている価値前提を明示しなければ現実の問題に対応できないと主張した。彼が提示したのは「平等」の概念であったが、価値前提の重要性自体はハイエクも同意見であり、彼は「自由」の概念を掲げた。そうした意味でも彼らは、枠組みを共有する部分がありつつ対照的な存在であった。

またミュルダールは「ケインズ以前のケインズ的政策」と呼ばれる積極的財政政策を提唱した一方で、ケインズ『貨幣論』に対してはハイエクとも異なった観点から批判を行なっていた。こうした三者の複雑な関係も、二〇世紀の経済思想を考えるうえでとても興味深いものだ。

性格の違いはあれども、経済学賞も授賞式は他の賞と一緒に開催される。一九七四年一二月の授賞式には、『収容所群島』で当時のソビエト連邦の強制収容所の実態を告発したアレクサンドル・ソルジェニーツィン（1918 - 2008）の姿もあった。彼はすでに四年前に文学賞を受賞していたが、その時には出国を許されず、この年の二月に国外追放処分を受けたばかりであった。席上で彼と知り合ったハイエクは、出版されたばかりのロシア語版の『隷属への道』を贈呈した。ソルジェニーツィンからの返信には、「ロシアに住んだことのない人間が社会主義の実状をこれほど明確に述べることができたとは信じられない」と記されていた。

この授賞式にハイエクは、一人の日本人を招待していた。その人物とは、戦前の武装共産党の中心人物であり、転向後は右翼の巨魁、フィクサーとも目された田中清玄（1906－93）である。両者には一九六〇年ごろから親交があり、ハイエクにとって田中は、生活においても社会的評価においても困難な時期に称賛と理解を示し、支援の手を差し伸べてくれた友人であった。とくに田中は、「経済学者たらんとする者は、自らに対する評価や名声を求めるべきではなく、知的探究のためなら、あえて不遇も厭うべきではない」との信念を貫くハイエクの生き方とその経済理論にも深い感銘を受けていた。

田中の人生に綺麗事では済まない部分があったのは確かであろう。ただ少なくとも、彼は偏狭なナショナリストでは全くなかった。むしろその枠組みを超えた汎アジア主義を生涯、志した人物であり、日本の戦争責任についても目を閉ざすことはなかった。田中は基本的に自由主義を志向しながらも、全体主義に対してはもちろん、アメリカの資本主義がしばしば独占企業の意向に左右されることや急速な自然破壊にも批判的な態度を取った。一九六〇年の安保騒動の際には、岸内閣を批判してむしろ学生運動の側への共感を示した。

田中とハイエクとの交流のきっかけには、オーストリア帝国の最後の皇太子であったオットー大公（1912－2011）の存在があった。オットーは第一次世界大戦による帝国崩壊後も一定の影響力を保ち、自由主義の立場を堅持してナチス・ドイツの台頭と併合の圧力に抵抗する勢力の代表者であった。彼は第二次世界大戦後も、欧州各国の対立を調停し平和のための協力を唱える汎ヨーロッパ主義の提唱者として活動しており、その一環でハイエクとの交友を持っていた。田中は汎アジア主義者としてオットーの思想に共鳴し交流を重ね、そこでハイエクとの知己も得るに至った。

ハイエクのノーベル賞記念講演は「見せかけの知」と題されたものであった。経済現象は物理現象以上に複雑な要素から成り立っているにもかかわらず、既存の経済学は、「原理の説明」や「パターン予測」の枠を超えて、測定可能なデータのみからなる相関関係に過ぎないものを単純に因果関係と取り違えてしまう傾向にある。かつ、そうした関係がそのまま現実の経済構造を表していると思い込むことで、有効な政策決定が計画的に行なえるとの誤謬に陥っている。受賞におもねらないハイエクの厳しい指摘は、現代の経済学が標榜する「科学性」にあらためて強い疑念を投げかけつつ、長年の知的探究の成果の一端を披露するものであった。

終章　ハイエクの自由論

†二つの自由主義

終章では、現代の自由主義におけるハイエクの位置づけについて解説しよう。そのためにもまず念頭に置いておくべきは、現在、自由主義（liberalism）と呼ばれる思想は、大きく二つの対照的な立場に分かれていることである。一つは、政府や共同体といった束縛から個人の自由な行動や選択を解放し擁護する古典的・伝統的な自由主義である。

さらにもう一方には、経済格差の解消や、生存権などの社会権、教育を受ける権利、環境権といった特定の権利を実質的なものとして確保するため、むしろ政府権力による積極的な市場介入や再分配制度の拡充の必要性を訴える、いわゆる「リベラル（liberal）」と呼ばれる立場がある。

基本的にこの区別は、アイザイア・バーリン（1909－97）が唱えたことで知られる「消極的自由」と「積極的自由」の概念に対応している。前者が「干渉されない自由」を意味するのに対して、後者は「特定の目的」を設定したうえで、自己実現ないし自己支配を達成することを意味する。ただそのうえでバーリンは、とくに「積極的自由」の概念において、自己実現のはずの「目的」がいつの間にか国家など他者が設定したものに転化してしまい、それに個人が強制的に服従させられる危険性を指摘した。

いずれにせよ現在のアメリカでは、リベラリズムという言葉自体が「リベラル」の意味で用いられることが普通となっている。そうした含意が生じたのは、大恐慌期に、人々の生活を保障し安定化させるためには政府が市場経済を一定程度コントロールすべき、という機運が高まったことによる。第二次世界大戦後においても、個人の平等な権利を確保するためには政府のより積極的な政策が必要だとの声がさらに強まった。その結果、現在ではアメリカだけではなく日本でも、伝統的な「消極的自由」の概念に直接の関心がない、むしろ正反対の立場を志向する政治家でさえ、しばしば「リベラル」を称するに至っている。一方、それが選挙や論壇など含め、しばしば誤解や混乱のもととなっている。

それゆえ、伝統的な自由主義の立場を示す際には「リバタリアニズム（libertarianism）」、日本語では「自由至上主義」や「自由尊重主義」という訳語が使われる事が多い。それにはさらに、政府権力の完全な撤廃と警察や司法含む公共サービスの全面的民営化を訴える、ある種のアナーキズムとしての「無政府資本主義」、政府の必要性は認めるが、役割を治安維持や国防、裁判機能などの最小限に限定する「最小国家論」、それ以上の社会資本整備や一定程度の福祉政策も承認する「古典的自由主義」という三つの区分がある。

「無政府資本主義」の代表者としては、ミーゼスの薫陶を受けた新オーストリア学派の中心人物の一人であるマレー・ロスバード（1926－95）やミルトン・フリードマンの子息デイヴィッド・フリードマン（1945－）、日本では推理作家として著名な笠井潔（1948－）などがいる。「最小国家論」の代表者としては哲学者のロバート・ノージック（1938－2002）やハイエクにきわめて批判的であったアイン・ランド（第3章参照）が挙げられるが、ノージックについては後ほどあらためて触れよう。

基本的に、ハイエクは父フリードマンと並んで「古典的自由主義」に分類され、とくに第5章でも説明したように、後者よりもさらに政府の役割を認めるいちばん穏健な立場に属する。そのうえでハイエクは、一九五六年というかなり早い時期に『隷属への道』のペーパーバック版への序文「十二年後の『隷属への道』」において、アメリカにおける自由主義を巡る用語の混乱に警鐘を鳴らし、あくまで本来の「消極的自由」としての「リベラリズム」という言葉の意味にこだわっていた。彼にとって「リベラル」という言葉は、少

ジョン・ロールズ

なくとも政治的には旧来の共産主義者・社会主義者の隠れ蓑に過ぎず、本来的な意味での自由を破壊するものと映った。

†ロールズ『正義論』（一九七一年）

ただ学術的には、社会主義とは区別される確固たる「リベラル」の立場も存在する。その代表者がアメリカの政治哲学者ジョン・ロールズ（1921 - 2002）である。二〇世紀なかばには、政治学でも経済学と同様、功利主義という立場以外の価値理念が積極的に提示されなくなっていた。しかし、公民権運動やベトナム戦争で揺れるアメリカ社会を背景に、ロールズは『正義論』（一九七一年）において功利主義に代わる「公正としての正義」概念を掲げた。それはたんなる現状の記述にとどまらない規範的な、すなわち、あるべき社会の理想像を正面から問いかける政治哲学の復権と捉えられ、大きな反響を呼んだ。

ここでロールズが批判した功利主義とは、一九世紀のイギリスの哲学者であるジェレミ・ベンサム（1748 - 1832）が開拓した著名な倫理学説である。ベンサムによれば、全ての人間行動の基準となるのは「快楽」と「苦痛」の二つである。さらに「快楽」をもたらす行動は「善」であり、「苦痛」をもたらす行動は「悪」である。「快楽」を得るためには「苦痛」という対価を払わねばならないが、合理的な「快楽計算」の結果として前者が後者を上回るなら、それは個人に「幸福」をもたらす。

そのうえでベンサムが目指したのは、たんなる個人のエゴイズムの追求や称揚ではなかった。人口の半分を占めながら抑圧された立場に置かれた女性や同性愛者といったマイノリティを含む社会の成員全ての「快楽」あるいは「幸福」を最大化すること、すなわち「最大多数の最大幸福」の達成であり、その原理をもとに旧態依然たる社会を改革し、新たな時代にふさわしい立法や制度設計を行なうことであった。

こうした非常にシンプルな体裁を持つベンサムの功利主義や人間像は、産業革命の発展とともに近代社会の新たな原理と捉えられ、ミルを経由して経済学にも導入された。とくに一九世紀後半の限界革命においては「快楽」が「効用」に、「苦痛」が「費用」という概念に置き換わる形で数学的な分析や精緻化が進められ、現代の主流となる新古典派経済学を生み出す大きなきっかけともなった。現代でも改革や解放の思想としての功利主義は、さまざまな点で影響力を持つ。

一方、ロールズの功利主義批判とは、それが集計的に「善」や「快楽」を最大化することで、個人一人ひとりの人格や個別性、多様性が無視されてしまうこと、あるいは特定の誰かや少数を犠牲にすることで全体の利益を優先する危険性への懸念である。こうした懸念を払拭するためには、ベンサムのように個々の「善」の集計結果に「正しさ」を還元するのではなく、それらに先立って「正義」の基準が存在しなければならない。

端的には、ロールズにとって「正義」とは「公正さ（fairness）」にもとづく。現実の世界は、貧富の格差をはじめとする不平等に満ちていて「公正」ではない。総量としての「快楽」や「善」や「幸福」が最大化されるだけでは、社会の底辺に存在する人は引き続きその日暮らしの生活に甘んじ、悲惨な境遇から脱出できない。では、どうしたら社会は「公正」でありうるのか。そのためにロールズが主張するのが、社会契約説の現代的な再構成である。

社会契約説とは、トマス・ホッブズ（1588－1679）やジョン・ロック（1632－1704）、ジャン＝ジャック・ルソー（1712－78）などによって提唱された、市民が自身の意志にもとづき自発的な契約を結ぶことで正当な政府が成立する、という政治哲学の伝統的な理論である。とくにロールズは、ルソーから大きな影響を受けており、彼の正義論はその現代版と言ってよい。なにより社会契約説の特徴とは、今から全く新たな社会を作り直すとすれば、人々はいったいどのような政体を選択し、契約し、服従するだろうか、という仮説的な考え方にある。

契約が結ばれる以前の政府が存在しない非政治的な状態は自然状態と呼ばれるが、これをどう考えるかで社会契約説の内容は大きく異なり、ロールズも「原初状態」という独自の設定を行なう。契約以前に人々が、これから自分たちが裕福な家庭に生まれるのか、なんらかの才能を持っているのか、あるいはそうではないのか、といった自らの状況を前もって知っているとすれば、どうであろうか。結局は、それぞれの利害に合わせた不公平な社会が選択されることになってしまうであろう。

それを防ぐのが「無知のヴェール」という仮設装置である。人々が意志を表示する前にその覆いがかけられることで、彼らは単に自らの資産だけではなく身体や才能のあり方、社会的地位や運、自尊心に至るまで、それらをどれくらい持つことになるのかについて全く何も知らない状況に置かれる。これらは総称して「社会的基本財」と呼ばれるが、とくに自尊心が含まれているのが特徴的である。ロールズの指摘では、適切な自尊心なしには、人々は自由や権利を与えられてもうまく活用することはできない。にもかかわらず、自尊心はしばしば経済的・社会的格差によって歪められる。しかし、自身の目標に向かって着実に努力を重ねるためには自尊心が必須である。

では「原初状態」において、たんなる金銭的資産にとどまらない「社会的基本財」を人々にどのように分配すれば全体の合意が得られるのか。それに対するロールズの答えは、新たに成立する社会において自身の割当が最も少ないという立場に陥ってしまう危険性を考慮したうえで、その悲惨さの程度がいちばん軽い状態を選択することである。この原則は「マキシミン原理」と呼ばれる。

こうした設定により新たな社会のルールの「公正さ」が担保され、具体的には、次の「正義の二原理」が人々の間で結ばれることになる。第一原理は、「自由」についてであり、全ての人々が平等に同じだけの消極的自由を享受する。第二原理は、「平等」についてであるが、さらに次の二つの要素に分かれる。すなわち、(a)社会に不平等が存在したとしても、最も不遇な人の状態が最大化されていなければならないという「格差原理」、(b)地位や職務が全ての人に開かれているという「機会均等の原理」である。

最終的に徹底した機会均等と最低生活水準の底上げを擁護するロールズの立場は、平等主義的リベラリズムと呼ばれる。誤解を避けるならば、それは完全平等を目指したものではなく、いわば限定付きの格差肯定論であるが、格差が許容される範囲や条件をきわめて注意深く設定したところにその本領がある。

ロールズはマルクス主義を批判しつつも、社会主義それ自体については可能性を否定しなかった。しかし、基本的には市場経済の存在を議論の前提としており、そこへの参入条件として「格差原理」や「機会均等原理」が強調されている。こうして『正義論』は、第二次世界大戦後の西欧の福祉国家体制を擁護する哲学的基盤として受容されることになった。

ここで強調しておきたいのは、ロールズが「マキシミン原理」含め経済学のモデル概念に類似した枠組みで議論の正当化を図っていることである。実際、彼はナイトやサミュエルソン、ゲーム理論など経済学の文献を深く読み込み体得することで、「原初状態」において人々が「正義の二原理」に到達する道筋をある種の均衡過程として描いた。ちなみに「公正」な再分配のための主要な財源としては、相続税や贈与税、消費税が想定されていた一方、累進課税については、それらが不足した場合のあくまで限定的かつ次善の策と考えられている。

さて、こうしたロールズの「リベラル」な立場と第5章で説明したハイエクの一般的福祉政策論は、一見、それほど離れているわけではない。なにより、成功が「運」や「偶然」に多くを依存しているからこそ最低所得の保障や義務教育への公的支援が必要となるというハイエクの認識は、ロールズが示した立場と一定程度、重なっている。両者はともに、人々が最悪の状況に陥ってしまう危険を回避するという観点から所得の最低限保障を正当化している。またロールズは、体系的に最低所得保障を行なうための手段として「負の所得税」を挙げているなど、実際に適用される福祉政策自体にも、それほどの違いはないと考えられる。

事実、ハイエクは『ルールと秩序』における、ノモスの法が人々の実践のなかから生じその過程のなかで一般性を獲得することを強調する文脈において、ロールズに肯定的に言及している。『社会正義の幻想』でも多分に『正義論』を意識した記述が見られ、そこでのハイエクの態度も基本的にはかなり好意的なものである。彼は、ロールズが「社会正義」の用語を肯定的に使用していることには懸念を示しつつも、福祉政策や再配分政策を政策当局の恣意的な判断ではなく、あくまで一般的原則にもとづけようとする態度について評価している。またハイエクも功利主義に対する批判者の一人であり、快楽と苦痛の合理的な計算による直接的な社会構築の試みを「設計主義」の一つとして警鐘を鳴らした。

しかし、そうした一定の類似性の一方、社会秩序の生成をどう正当化するかという根底的な点で、両者の立場は大きく袂を分かつ。端的には、生まれ持った資産や才能を本人から切り離し、「基本財」として再分配の対象にするかどうかの問題である。基本財の再分配を自らの平等論の根幹とするロールズに対し、あくまで人々のあり方や個性と、才能や資産は表裏一体であるとハイエクは指摘する。

自由な市場社会への参入の条件として、一般的福祉政策によるセーフティネットの確保はきわめて重要である。しかしハイエクは、「機会の均等」や「機会の平等」という言葉を意図的に用いない。人間が特定の家族のもとで生まれ育つ以上、地理的な環境の差異など含め、それらを厳密な意味で達成することは不可能だからだ。

むしろハイエクの自由論の根幹となっている、中央当局が容易に把握できない各個人に「分散した知識」や「現場の知識」とは、生まれ持った才能や資産を背景として存在する。何より財産権や私的所有権は人権の最も中心的な要素であり、個人の存在そのものや人格、責任の根幹をなす。さらには一世代での獲得がきわめて難しく、二世代、三世代と継承される努力のなかでしか、形成されたり保持されたりすることができない個性や特徴も存在するだろう。

すなわち、資産や私的所有のあり方の多様性自体が個人や資本のあり方だけではなく、知識や情報の多様性とそれらにもとづく発展を生み出す。こうした観点からハイエクは、最晩年にはロールズを次のように批判するに至った。

それゆえ、ロールズ的な世界はけっして文明化しえなかったはずである。つまり、運に起因する差異化を押しつぶすことで、新たな可能性の発見をあらかた封殺してしまったであろう。このような世界では、生活条件の数多くが変化したとき、その生産の流れを引きつづき維持し、可能ならば拡大させるためにいま各人がなにを為すべきかを唯一教えることのできるシグナルを、われわれは奪われてしまう。
（『致命的な思いあがり』一〇九頁）

†ノージックの最小国家論

『正義論』発刊の三年後、アメリカの哲学者ノージックは『アナーキー・国家・ユートピア』（一九七四年）を上梓した。彼は、ロールズと同じく分析哲学的な手法や現代的な社会契約論に依りながらも、全く対照的な「リバタリアニズム」の立場を擁護した。とくに同書では、一七世紀イギリスの哲学者ロックの流れを汲む徹底した所有権論をもとに、国家の役割を最低限の範囲に限定する「最小国家論」が展開されている。

ノージックの議論は、従来、自明とみなされていた国家や政府の存在を根底から問い直すという意味で哲学的である。そもそも、それらが必要とされ存在している理由はなんであるのか、それらの活動はいかなる意味でどの程度まで正当化できるのか。

最終的に彼は、国家の存在そのものは承認するものの、その役割を治安（警察）、司法（裁判）、国防の三つに限定する。これらサービスの提供は国家にのみ可能であり、課税を行なったうえで独占的に供給される必要がある。しかし、それ以外の機能はどんなものであろうと個人の所有権を侵害することになり、不当である。

ノージックの議論もロールズと同様、ある種の社会契約説に立つ。しかしその自然状態の設定は後者とは全く異なっている。ノージックにおいては、人は国家の存在に先立ってすでに所有権を持っている。その根拠とは、人が自らの身体を所有しているという根源的事実である。身体の直接の延長線上に、所有を生み出すために必須となる労働が存在する。その意味で、所有権とは人が生まれながらに持つ「自然権」である。

人が誰のものでもない自然物、たとえば無主物としての土地を発見し、そこで労働を行使して利用可能なものにしたならば、その人は自身の労働の果実に対して所有権を主張することが認められる。この手続きは「獲得の正義」と呼ばれる。もちろん頭脳労働による成果もこれには含まれる。

ロバート・ノージック

さらに売買や相続を含め、互いの所有物を同意によって交換したり入手したりすることができる。これは「移転の正義」と呼ばれる。「獲得の正義」と「移転の正義」が何段階も高次元に織りなされることにより、労働の成果物は工場や生産設備といった資本を含めきわめて多様な形態を取ることになる。一方で、これら二つの正義にもとづかずに暴力や詐取などによって不当に所有されてしまったものは、本来の持ち主に返却されるか正当に保障される必要が生じる。これは「匡正《きょうせい》の正義」と呼ばれる。

ノージックはこれら三つを合わせ、所有権を成立させる「正義の権原理論」と呼ぶ。「権原」とはすべての権利に先立って、それらを基礎づける本源的な原理である。人々の「権原」やその派生物としての所有権が不当に侵害されることなく維持されるためには、治安（警察）、司法（裁判）、国防という公共サービスが絶対的に不可欠であり、市場では代替不可能である。しかし、それ以外の機能は本質的ではなく、社会保障などを含め基本的に民間部門によって提供可能である。以上の理由で彼は、「最小国家論」を展開するに至った。

自身の身体の絶対的な所有権という前提から「自然権」としての財産への不可侵の権利を演繹するノージックの議論は、たんなる弱肉強食の社会や自分のことしか顧みない唾棄すべきエゴイズムを称揚するものと思われるかもしれない。しかし、それは全くの誤解である。

彼は言う。「最小国家」の範囲を超えて、万人が一致して合意できるような理念など存在しない。ロールズの正義論もあくまで想定可能な数多くの価値理念の一つに過ぎず、社会成員全てに排他的、独占的に貫徹させる理由を持たない。人々が他の社会や価値理念を知らない限定された空間、ハイエクの用語で言えば「部族社会」に生きていた過去の時代ならいざしらず、現代社会においては単一の理念にもとづく「ユートピア」を設定することは不可能である。

しかし、「正義の権原理論」や「最小国家」については、少なくともそれらが最低限の基準であることは、さらなる国家や政府による積極的な役割を求める人々含め、ほぼ全員が同意できるだろう。むしろノージックにとって、「最小国家」とは多種多様な共同体が存立するための豊穣な枠組みである。そのなかでこそ、人々は自発的に結合し、政治的、宗教的、相互扶助的など、さまざまな団体や結社、共同体を構成し参入することができる。なんらかの理由で脱退や退出を希望する場合でも「権原理論」によってその自由が尊重され、共同体に預けていた資産の返還も保障される。

すなわち、ノージックの「最小国家論」とは反転した「ユートピア」、あるいは多様な共同体の形成を促進する「枠」としての「メタ・ユートピア」である。所有権と参入と退出の自由が確保されることで、人々は多様な生き方を安心して自由に追求することができる。

それだけではなく彼の権原理論は、現に人々が今、所有しているものは厳密な意味で正当な権利にもとづいているのか否か、さらには国家の領土や領域でさえも、それらが本当に正当な手続きを経て入手されたのかを問いかけている。もしその歴史的な過程に不正義があったならば、断固としてそれは「匡正」されなければならない。その意味で彼の主張は、たんなる既得権の擁護とは呼べないラディカルさを持っている。

こうしたノージックの議論は、次節で紹介するサンデルの共同体主義と並んでロールズの主張に大きな打撃を与えた。少なくとも「公正としての正義」や「格差原理」の主張だけが社会のあるべき姿についての唯一の解ではないことが明らかになった。

さて、上記の特徴からもわかるように、ノージックはハイエクやオーストリア学派の経済学からも大きな影響を受けており、多くの類似点が見られる。ただそのうえで、両者には根本的な相違も存在する。一つはすでに述べたように、政府の役割をどこまで認めるかという問題である。ノージックが最小国家に関心を限定する一方で、ハイエクは社会資本や一般的福祉政策の提供まで範囲を拡大している。

それ以上に本質的なのは、やはり自由主義の正当化の方法の違いである。この点ノージックは、結論は異なれども、基本的にロールズと立場を同じくしている。彼らは共に、国家の存在に先立つなんらかの自然状態を想定し、そこから人々が合理的かつ演繹的に社会を形成する過程を仮説的に描こうとする、ある種の社会契約説の立場を取っている。そのうえでノージックは、自身の身体にもとづく「自然権」としての所有権に絶対的な価値を置いた。

一方、ハイエクの議論においては、そうした純粋な論理展開の帰結として自由主義が正当化されるのではない。前の章でも述べたように、共同体がなんらかの形で消極的ルールを採用したうえで、人々の相互作用の「意図せざる結果」として自生的秩序が成立する。その意味で自由な社会とは、新たなルールに人々が出合い、それに伴って自分たちの行動を適応させていく過程において初めて現れてくるものである。所有権を含むルールのあり方も絶対的かつ確固たるものというよりは、基本的に慣習であり、その内実は流動的である。

この点にもしばしば誤解があるが、ハイエクは所有権を不可侵の絶対かつ不変の原理とはみなしていない。その具体的な内容については、彼はあくまで「最終回答がまだ確実に出揃っていない難問」（『ルールと秩序』）として、どのようなパターンが採用されるべきかを必ずしも明確にしていない。実際、たとえば遺産相続を肯定的あるいは否定的に考えるか、所有権をあくまで個人に限定するのか、それとも家族への自由な移転を含むのかは、リバタリアニズムを含むリベラリズム全般においてきわめて論争的な問題である。

ハイエクは、一九四七年のモンペルラン協会設立会議において発表した「「自由」企業と競争的秩序」という比較的早い時期の論文においても、所有権は必ずしも無制限に承認されるものではないことを強調する。特許や商標などの権利も含め、それらは自明の「自然権」ではなく、あくまで法によって適切にその枠組みを与えられなければならない。

このようにハイエクの議論においては、慣習としての所有権の成立過程やその内実は一様ではなく、少なくとも理性によって演繹されるものではない。自由の法としての「ノモス」は、既存の法体系を前提としたうえで、そこでの衝突や摩擦からのフィードバックにより新たに改定されていく。同時に、その過程は長期的な批判にさらされたものであり、それゆえにこそ正当性を持つ。

†サンデルの共同体主義

ロールズ『正義論』に対する批判はノージックにとどまらず、全く異なる方向からも噴出した。マイケル・サンデル(1953－)、アラスデア・マッキンタイア(1929－)、チャールズ・テイラー(1931－)、マイケル・ウォルツァー(1935－)ら現在、共同体主義と呼ばれる論者たち(コミュニタリアン)は、「原初状態」の仮定に表れているロールズが前提とする人間像について強い疑念を投げかけた。

とくにサンデルの名は、テレビ番組等を通じて日本でもよく知られている。彼のロールズ批判の要点は次のとおりである。ロールズは「無知のヴェール」によって、家族や地域社会を含むあらゆる共同体から切り離された抽象的な人間像あるいは主体像を想定している。そのうえで、バラバラの原子的な個人が合理的な意志決定としての契約を行なうことで社会が構築される。

だがサンデルに言わせれば、ロールズだけではなくノージックを含む広義のリベラリズムの主張は、さまざまな紐帯や結びつきから切り離された「負荷なき自己（unencumbered self）」としての人間像を前提としている点で、重大な欠陥がある。現実の人間やそれが発揮する合理性自体、あくまで歴史的、社会的な産物であり、そこから遊離した個人など現実には存在しない。そうである以上、自然状態における合理的な社会契約もまたありえない（『リベラリズムと正義の限界』一九八二年）。

マイケル・サンデル

サンデルは、旧来のリベラリズムが個人の「選択の自由」を最大限に尊重し、それに対して国家が直接的に介入しないという「中立性」を説くことをある種の欺瞞と指摘する。個々人がそれぞれにとっての「善きこと」を追求すること自体は無論、尊重されなければならない。しかし、それと共同体の「共通善」が切り離されてはならない。政治参加や陪審制度、徴兵制度も含め「市民」

は共同体を対立物としてそれを忌避するのではなく、積極的に関与する義務がある。これは全体主義でもたんなる伝統主義でもなく、そうでなければアメリカの歴史において涵養されてきた個人の自由そのものが意味を持たない。

またサンデルは『それをお金で買いますか』(二〇一二年)において、順番を待たなくともお金を払うことで優先的に手続きを済ませることができるファストトラックの無制限な拡大や臓器売買、地域振興費と引き換えの核処理場建設など、市場主義や経済的自由主義が人々の生活や道徳的な領域を侵食しているとの批判を行なう。一方、ニューディール政策のようなケインズ主義にもとづく積極的かつ「リベラル」な経済政策とそれによる福祉国家の拡大も、強大な政府と官僚制による大規模な財政出動が前提となってしまっており、「市民」と経済との適切な関わり方や、とくにそうした権力をいかにコントロールするかという視点が抜け落ちている。それではむしろ、人々が共同体の存在を前提に行なうべき自己統治や本来的な自由のあり方が失われてしまう(『民主政の不満』一九九六年)。

こうした経済に政治を優先させる観点への評価はともあれ、リベラリズムにおける共同性や社会性の欠如の指摘はサンデルだけにとどまらない。彼ら共同体主義者たちからの批判によって、ロールズは戦線の大きな転換を迫られることになった。事実彼は、次作『政治的リベラリズム』(一九九三年)において、もはや「原初状態」や「無知のヴェール」といった仮構ではなく、「重なり合う合意（overlapping consensus）」の概念を「正義の二原理」の正当化のために強調するに至る。それは現実の人々の多様な哲学的、宗教的、道徳的な信念や価値観を前提としたうえで、それらが複合的に織りなされ重なり合う地点に、社会の基本的な原則の根拠を見出そうとするものであった。

ただ同時に注意すべきこととして、サンデルら共同体主義者は、ロールズの議論におけるリベラリズムの正当化の方法自体は厳しく批判したものの、平等な権利の確保や再配分の必要性という結論自体を必ずしも否定しているわけではない。共同体主義者の間では、それぞれ擁護すべき社会のあり方には違いが存在するものの、サンデル自身はロールズの結論自体にはそれほど異論があるわけではない。何より、それをどのように正当化するかの「方法」を巡って大きな違いや対立点が存在している。

こうした論争は、「リベラル－コミュニタリアン論争」と呼ばれ、一九八〇年代を中心に双方からの活発な応酬が繰り広げられた。では、そのなかでハイエクの立場はどのように位置づけられるであろうか。結論からいえば、彼は「リベラル－コミュニタリアン論争」をすでに踏まえ、通過した地点にいたといってよい。

少なくともハイエクが議論の前提としているのは、社会性を持った個人であることは、あらためて強調しておく必要があるだろう。市場での活動にあたっての人々の動機や選好自体、他者からの影響を受けて存在しており、そこから独立したり孤立したりしたものではない。その特徴は、第4章で紹介した『感覚秩序』での議論とも重なっているし、第5章の『自由の条件』や第6章の『法と立法と自由』でもそうであった。そのうえで個人は、閉鎖的な単一の価値観のみに拘束されるのではなく、さまざまな他者と複合的な関係を持ちさまざまな組織に同時に属している。何より、そうした関係性自体が絶えず変化していくなかで、社会が新たに発展していくという点にハイエク自由論の大きな特徴がある。

事実、ハイエク思想と共同体主義の共通点や接点を指摘する研究は数多い。たとえば土井崇弘氏は、マッキンタイアの議論との一定の類似性を指摘する（土井 2014）。マッキンタイアはマルクス主義的な分析哲学者として出発した後、勇気や節度、寛大さといった美徳の重要性を称揚するアリストテレスの徳倫理学の立場へと移行し、その現代的な復権を訴える共同体主義者である。

マッキンタイアが「小さな共同体」、ハイエク的な言い方では「部族社会」の重要性を強調して、それを市場経済の拡大と旧来の価値観の喪失への対抗軸としようとする点では、両者はきわめて対照的である。しかし同時に、両者は共同体内部の動態的なせめぎあいのなかから良き伝統あるいは慣習が成長し、変化し、発展していくと捉える点で共通点を持つ。

いずれにせよ、ハイエクの立場からしてもロールズやノージックの議論の正当化の方法は合理主義的に過ぎる。自由社会の成立のために消極的なルールが必要ならば、それを理性の力によって導き出し、適用すればよいといった考え方を彼は取らない。こうした考え方は、功利主義的な立法だけではなく、じつはミーゼスの立場にも通じている。しかし社会主義経済計算論争も含め、それだけでは近視眼的な合理主義にもとづく設計主義の危険を避けられない、というのがハイエクの考えであった。

†なぜ私は保守主義ではないのか

上記からもわかるように共同体主義は保守主義的な色彩も強く、重なり合う部分も相当程度ある。しかし、両者は全くの同一物ではない。なぜならすでに述べたように、サンデルらの議論は「リベラル」な価値観そのものを批判するというよりは、その正当化の方法を巡っての問題提起という側面が強いからだ。その意味では、共同体主義の方が保守主義よりも包括的かつ一般的な特徴を持つと言えよう。一方、ハイエクの思想と保守主義との関係もしばしば取り沙汰される。では、両者の関係はいかなるものであろうか。

じつは『自由の条件』の最後には、独立した補論として、「なぜ私は保守主義者ではないのか」という挑発的なタイトルの章が置かれている。この論考はハイエクの自意識としても、後世の評価としても微妙な位置付けにあり、それゆえに興味深い存在である。日本においても彼の思想の紹介や導入には、たとえば西部邁（1939－2018）のような保守主義を代表する論客も力を尽くしてきた経緯がある。にもかかわらず、ハイエクはあえてその立場から距離を取ろうとしている。

一方でハイエクは、イギリス保守主義の父と呼ばれる政治哲学者、エドマンド・バーク（1729－97）の思想を生涯にわたって敬愛した。彼を自由主義の伝統の担い手としての「真の個人主義者」の一人に分類するとともに、最晩年に至るまで親近感を表明していた。バークは、歴史的に形成されたイギリスの立憲君主制や議会制度を擁護するとともに、『フランス革命の省察』（一七九〇年）において過度の理性主義を厳しく批判したことで知られる。

とくにバークは、敢えて「偏見（prejudice）」という言葉の優位性を強調し、理性を客観的、一般的、俯瞰的なものではなく、習慣としての「偏見」のなかに埋め込まれたものと捉えた。物事を判断するには、なんらかの既存の立場に依拠する他はなく、それによってはじめて「迷信」を注意深く退け状況を改善していくとともに、純粋な理性も陥りやすい近視眼的な「熱狂」を避けることができる。

またバークは所有権の根拠を、ノージックに強い影響を与えたロックや『コモン・センス』（一七七六年）を著してアメリカ独立革命への機運を涵養したことで知られるトマス・ペイン（1737－1809）などは異なり、生まれながらの自然権にあるとは考えなかった。バークにとって所有権とは、そうしたなんらかの本質的な源泉に由来するものでは全くなく、あくまで「時効（prescription）」による取得である。ただそれは、単に長い期間の占有という意味にとどまらず、所有権の制度自体が長期的に社会の安定や繁栄に寄与してきたという慣習的、歴史的な事実にもとづく。こうした観点からバークは、ペインの理性主義や急進主義を、むしろ社会に混乱をもたらすものとみなした。

さて、バークのこうした特徴は確かにハイエクとも相当に重なり合うにもかかわらず、彼は保守主義の立場を直接には取らなかった。ハイエクの説明によれば、「自由主義」と「保守主義」の相違は次の通りである。まず彼は「保守主義」が、制度やルールを近視眼的な「設計」ではなく、時間を通じた漸進的かつ自生的な成長の産物であることを強調した点で、「自由主義」の発展にも大いに寄与したことを認める。その意味では、両者には大きく共通する要素がある。

しかし、ハイエクは同時に「保守主義」の欠点として主に次の五つを挙げ、自らの立場との違いを強調する。すなわち、①「自生的秩序」を含む社会の変化に対する臆病さや「新しいものに対する臆病なまでの不信」、②「市場の自己調整力」やそのメカニズムへの無理解としての経済学の軽視と権威主義への志向、③原理原則や一貫性にもとづかない便宜主義的な政策の推進、④特定の道徳的信念の強制、④階層的な社会秩序を擁護する傾向、⑤排他的な「国家主義」（ナショナリズム）的傾向、である。

確かに、これらの特徴はどれもハイエクの思想とは正反対である。とくに、保守主義において具体的に何を「保守する」かは、必ずしも自由主義の伝統とは限らず地域や時代や論者によって千差万別であり、その意味では一貫性に欠ける部分がある。したがって保守主義は便宜主義的、裁量主義的な色彩を帯びざるを得ない。

しかし、そうした特徴や特定の強固な価値観との結び付きは、容易に経済を自由競争から「集産主義」や「保護主義」へと転化させかねない。その意味では、ハイエクにとって「保守主義」とは、一つの「隷属への道」であり、「部族社会の情緒」あるいは「社会正義」の概念である。実際、彼の観点からすれば、第二次世界大戦中のファシズムとは、社会主義と偏狭な道徳的信念との不幸な一体化であった。

保守主義は社会の安定には必要な要素であるとはいえ、社会改革のための綱領ではない。温情主義的、国家主義的で権力崇拝という保守主義の特徴は、真の自由主義というよりも、むしろ社会主義の方に近い。

（「十二年後の『隷属への道』」『政治学論集』五一頁）

一方でハイエクは、自らの属する社会の伝統を好み尊重する態度としての「愛郷主義（パトリオティズム）」については当然の感情であるとして否定しない。しかし、それが「国家主義」へと変異し、社会の新たな発展を否定して異なる価値観を持つ他者への敵意と化す危険性について厳しく批判する。さらに現実の歴史における特定の価値観の成立の過程では、しばしば「伝統」の「捏造」、少なくとも裁量的な取捨選択が行なわれたことも確かであろう。

こうしたハイエクの保守主義批判は、国家権力への安易な依存や偏狭な排他主義、あるいはアナクロな復古主義への批判という意味ならば、ある程度、的を射ており有効性があるだろう。しかし一方で、学術的にも一定以上の意義や影響力を持つ思想を過度に過小評価している側面も否定できない。ハイエク自身も注意を払ってはいるが、保守主義とファシズムを単純に同一視することは多くの誤解をもたらすであろう。

なにより、現代の学術的な保守主義とは、因習や陋習、旧弊な価値観の墨守を主張しているわけではまったくない。むしろ過去への深い洞察のもとに急進的な改革を批判し、社会を漸進的に改良、改革していくための思慮深い方策と一般にも見なされており、数多くの思索や研究が蓄積されている。

たとえば、現代保守主義理論の第一人者であるイギリスの政治学者マイケル・オークショット（1901－90）は、現代社会における「合理主義的」思考の全面化に対してハイエクと同様の懸念を抱いており、それゆえにこそ、ハイエクの保守主義理解が矮小に過ぎるとして強い反発を示した。オークショットにおいて、保守主義とはたんなる伝統的な政体や宗教の護持でもなければ、狭い同質性の枠内に立て籠もることではない。むしろ健全な懐疑主義に依りつつ、過去や未来を縦軸に、異なった背景を持つ異質な他者の存在を横軸として、互いの「会話」が重ねられていくことに将来の展望を見出すものであった。その意味でも、保守主義と排他主義を安易に結びつけることは正しくない。

一方、オークショットの主張に目立った経済論が存在しなかったのは確かである。だが、保守主義がつねに経済学に対する理解を欠いているわけではない。たとえば、一九世紀イギリスにおいて『人口論』を著し、国内農業保護の一環として輸入を制限する「穀物法」を支持したトマス・マルサス（1766－1834）は古典派経済学の第一人者であり、保守主義の代表者でもあった。

また、ハイエクも称賛したバークの思想には独自の経済学が存在していた。マルサスとは異なる自由な市場経済の擁護という後者の経済論は、表面的にはハイエクが理解したようにアダム・スミスと類似しているが、前提とされている階層的な社会秩序観など、それだけに還元できない独自性を持つ。中澤信彦氏の指摘では、ハイエクはバークを自身の側に引き寄せようとするあまり、むしろ、その保守主義としての特徴を無視している、あるいは適切に捉え損なっている（中澤 2014）。

こうした観点からすれば、ハイエクと英国流の保守主義には一定の距離が存在している。そのうえで、前者は意図的に後者を過小評価しているということになるだろう。ハイエクはなぜ敢えてそうした立論を行なったのか。それは、第二次世界大戦後に不遇をかこつなかで、『隷属への道』も含め自分の立場が「反動」と見なされることを嫌ったから、というのが状況的な理由として考えられる。

しかし、近代以降の独断的な合理主義による社会改革や設計の思想は、多くの虐殺を含む無残な結末をもたらした、それへの反発あるいは一種の解毒剤として登場した一九七〇年代後期以降のポストモダニズムとしての現代思想もまた、行き過ぎた相対主義という袋小路に陥った。その点に、日常や慣習、中間組織などの共同体の意義をあらためて再確認し、社会の存続と発展の可能性を見出す穏健な保守主義への期待が高まっている理由がある。

また共同体主義と同様、保守主義と「リベラル」を含む自由主義は対立する概念ではなく、大きな面で重なりあっている。最近では、後者の正当化のためにも両者の結びつきを積極的に捉える動きとして「保守的自由主義」の概念が提唱されている(佐藤・中澤 2015、桂木 2020)。やはりその意味では、ハイエクには保守主義を過小評価しすぎた側面があると言える。

だがそのうえで、あらためて両者の違いを指摘するならば、それは「便宜主義」をどう捉えるかの問題である。保守主義にとっても市場は重要な要素ではあるが、それは経験や慣習を元にした適切な便宜主義によって修正される必要がある。その立場からは、ハイエクの市場理解は原則に寄り過ぎたものと映るだろう。一方、ハイエクは終生、便宜主義の立場を取らず、むしろ、そうした態度こそが「隷属への道」に繋がるとみなしていた。

こうした観点からすれば、保守主義を代表する最大の経済学者はケインズである。彼の経済思想全てをそう解釈することは難しいかもしれないが、少なくとも保守主義の側からは大きな親和性がある。とくに先程、名を挙げた西部邁や、その影響を受け論壇でも活躍する間宮陽介氏、佐伯啓思氏、佐藤光氏、松原隆一郎氏らの議論は、ケインズとハイエクの両者をたんなる対立関係ではなく、むしろ積極的に共通点、あるいは共有する時代の文脈を読み取る点に特徴と意義がある。彼らは、両者を共に欧州の自由主義の伝統のよき継承者、あるいは歴史に裏打ちされた公共性の提唱者として描いた点できわめて先駆的であった。

　ただそのうえで彼らは、ハイエクの原則論よりもケインズの便宜主義や裁量主義をより積極的に評価する傾向にある。市場は歴史に埋め込まれる形で発展してきたが、それを超えて遊離し、独り歩きすることは好ましくない。むしろ社会を危機に陥れるであろう。それは、西部たちがやはりそれぞれ細かな相違はあれども共通した論陣を張った、産業主義や市場主義、進歩主義、懐疑なき民主主義、あるいはグローバリズムの際限なき拡大に対する批判の一環でもあった。それらを掣肘し、同時に単純な反市場主義や復古主義、全体主義に陥らないためには、ハイエク的な消極的自由主義の枠を超えて、歴史の伝統のなかで形成されてきた習慣やマナーズ（習俗や生活様式）といったものにより大きな役割を与える必要がある。

　また、市場と政府介入の間で中庸のバランスを探るイギリス保守主義の正統な継承者を自任する人物として、ケインズの高弟でありその伝記を著した経済学者ロイ・ハロッド（1900－78）が挙げられる。彼はケインズの影響を受けて、安定的な経済成長の達成はナイフの刃の上を歩くように困難であるという観点から市場経済の自律性を批判したことで知られる。

　ハロッドは、もともとウィーンの知的風土の下で育ったハイエクのイギリス礼賛にはバークへの称賛含め、ある種の誤解、あるいは思い入れに過ぎない部分があると冷水を浴びせる（「F.A.von ハイエク教授の個人主義論」一九五二年）。端的には、ハイエクが重視するルールへの尊重や順応ではなく、むしろ、それへの絶えざる反発という奇矯さがむしろイギリス人の持つ自由や個性の本質であり伝統であるというのだ。ハロッドに言わせれば、そうした奇矯さこそが不安定な社会経済をなんとか切り盛りするための重要な要素ということになるだろう。

ハイエクの思想は実際のところ英国的ではなく、あくまでオーストリアだというハロッドの指摘にはもっともな部分があるだろう。しかし同時に、ハロッドのハイエク批判には、両者の根底には経済理論上の相違があるとは言え、すでに一九三八年に市民権を獲得していた「イギリス国民」に対してやや排他的な点があるのも否めないだろう。とある思想が生まれながらの特定の文脈を不可欠の前提とするならば、それはどこまでもローカルなものに留まる。異国出身ながらハイエクの英国思想史理解は単に自身の立場を補強するための付け焼き刃ではなく、独自の深い見解に裏打ちされたものであった。何より彼はさまざまな地域の思想を積極的に摂取することで、それらに共通する普遍的な自由主義の伝統を再構成しようとしていた。

あらためてハイエクの立場からすれば、歴史的・社会的文脈にもとづく「便宜主義」は肯定的に捉えれば融通無碍かもしれない。しかし一方で、後付けの解釈が相当程度、可能であり、相反するもの全てを肯定できてしまいかない。それでは、「自由」の崩壊をくいとどめることはできない。ケインズに「論理機械」と揶揄されようと、ハイエクは、あくまで自由社会の消極的ルールや原則を一貫して守ることを訴えた。彼があえて「保守主義」批判にこだわったいちばんの理由もそこにあるだろう。

ハイエクもまた社会的・歴史的文脈を重視するが、それはあくまでも社会哲学における普遍性や一貫性を導くための一つの手段であった。第6章でも述べたように、「伝統」も重要ではあるが、あくまでそれは「消極的自由」の伝統であり、その乗り物あるいは媒介物として意味があるのであってそれを超えるものではない。確かにハイエク思想には、保守主義的な特徴や影響も一定程度、見出すことができる。だが、何よりそこには保守主義が一般的に重視する「国家観」なるものが、ほぼ存在しない。政府はあくまで公共サービスを提供する機能的な存在に過ぎない。

これはハイエクの思想の大きな特徴であり、彼は生涯、各国家や地域の存在や違いと平和共存を前提に、その枠を超えようとするコスモポリタンであった。ハイエクは一九六三年七月二八日付の『読売新聞』の特集記事において、世界平和のためには、経済開発のための政策なども行なう強力な「世界政府」ではなく、「超国家的立法行為」としての「国際法」の支配の確立が必要だと語っている。それは国家間だけではなく、それぞれの国家と市民の関係を規定する一般的な法体系であり、その貫徹のためにのみ、限定的な法的権威機関と強制権が認められる。

そうした国際機関の構築によって全ての「民族国家の過大に拡張された権限」を縮小し、「個人の自由」を擁護することができるならば、世界中の人々からの称賛と支持を集めるであろう。しかし一方でそれが「世界政府」として、「計画」のための強制権を行使するまでに肥大化するならば、支持と権威を喪失してしまう、というのがハイエクの洞察であった。

国際化が進む現代社会では、各国の法制度や市場が相互に影響し、時には対立する状況にある。ハイエクの提唱した一般的で公正で透明なルールにもとづいた「法の支配」や、それがもたらす「自生的秩序」の概念は、今後の世界レベルでの自由な社会のあり方を考えるうえでの出発点となるであろう。

†「一般意見」の支配——ヒューム

それでは、最終的にハイエクの自由主義はどのように理解されるべきであるのか。すでに述べたように、比較的近い立場にいるノージックが身体にもとづく所有権の絶対性を基盤にするのに対し、ハイエクはそうした自然権論的な立場を取らない。所有権を設定するルール自体がある種の慣習であり、あくまで社会的な相互作用の産物である。そうした意味で、彼の立場は慣習論的あるいは成長論的な自由主義と呼ぶことができる。

第6章で解説したハイエクの法理論の中核には、「意見（世論）」の概念があった。それは、何が禁止されており、犯してはならない行為なのかについて人々が共有する一般的な見解を意味する。「意見」こそが明示的な法の基盤であり、それによって人々は互いの衝突や摩擦を避けながら自由な活動を推進することができる。こうした考え方は、スコットランド出身の哲学者デイヴィッド・ヒューム（1711－76）からの直接の影響を受けている。ヒュームは一般にはまだそれほど馴染みがないかもしれないが、現在、再評価が急速に進んでいる人物であり、ハイエクが私淑する最大の哲学者であった。

デイヴィッド・ヒューム

ヒュームの名は近代哲学のみならず、経済学者、政治思想家、歴史家としてもきわめて重要である。彼は親友のアダム・スミス（1723－90）と肩を並べる総合的社会科学（道徳哲学）としてのスコットランド啓蒙の第一人者であり、とくに事物の因果性とは絶対的かつ普遍的な関係ではなく、人間の思考習慣に過ぎないと喝破した懐疑論は、カントの批判哲学にも大きな影響を与えた。

その射程は、西洋哲学が自明視してきた自我の確実性にも及んでおり、自我とは固定的な存在ではなく、つねに変化する感覚や経験の集合体に過ぎないと論じた。こうしたヒュームの議論はマッハの先駆者としての側面もあり、ハイエクがヒュームに傾倒したのはそうした類似性もあったと思われる。

「理性は情念の奴隷」というヒュームの言葉もまた有名であるが、こうした彼の徹底した懐疑論はたんなる相対主義では全くない。むしろ感情や情念を基盤として行動せざるをえない人間が、どのように知識だけではなく社会秩序を形成し文明へと至るのか、それが彼の問題意識である。何より、ヒュームは徹底した懐疑論者であったがゆえにこそ、慣習や自由の擁護者であった。その点に、彼の哲学や社会思想のユニークさや独創性がある。

とくにヒュームは、古代以来、克服されるべき悪徳と見なされていた「奢侈（luxury）」をたんなる贅沢の追求とは考えなかった。それと区別される「奢侈」は、技術や商業活動を刺激するだけではなく、勤勉さや創造性といった倫理を促進する新たな文明社会の駆動因となる。彼は市場経済を社会秩序の根幹と捉えた点で画期的な哲学者であり、その経済論もスミスの『国富論』に還元されない独自性を持つ。

ヒュームの指摘では、市場経済あるいは文明社会において所有権や契約のあり方を定める自由社会の基盤となる「正義の規則」は、「コンヴェンション（convention）」（黙約）によってある種の慣習として成立する。ホッブズやロック、ルソーのような明示的かつ合理的な社会契約という立場を彼は採らない。社会契約は現実の歴史において一度たりとも存在しなかったし、また原理としても必要ない。人が「正義の規則」に従うのは、互いの所有権を尊重しあうことが、それぞれの共通の利益になることを感じ取り、暗黙の同意のうちに納得するからである。それは何人かが船に乗り、ともにオールを漕ぐようなものだ。必ずしも言葉を媒介としなくても、人々は目指す方向に進むために自発的に何をすればいいかを理解する。

「正義の規則」とは、慈愛心のような人間の自然な感情や本能から直接的に生じるものではなく、あくまで人間行動の産物という意味で、徹頭徹尾、人為的なものである。だがそれは同時に理性による設計の産物でもない。あくまで、社会的な相互作用のなかで形成され、それ自体が社会的な発明、発見であるとともに、人々の暗黙の合意としての「コンヴェンション」にもとづくがゆえに一般性がある。

「正義の規則」を徹底させる政府の存在も同様である。人々はなんらかの政体の登場による秩序の安定の利益を「コンヴェンション」によって感じ取り、それを支持する一般的な

「意見（opinion）」（「世論」）を形成する。ハイエクは次のように「意見」と「意志」の区別を強調しつつ、ヒュームの先駆性を高く評価する。

立法者の権力は、彼が作る法が持つべき一定の属性に関する一**般意見**に依存しているのであり、彼の意志は、その表現がこうした属性を持つ場合にのみ支持をうることができる。意志と意見のこの区別は後段でよりよく吟味しなければならない。ここでは、ある特定のことがらにたいする意志の行為から区別されたものとして「意見」という用語をもちいるといっておけば十分である。（中略）主権者への忠誠は、これらの**ルールの一般的性格に関する一定の期待**を主権者が満足させていることに依存しており、期待が裏切られるのなら消滅する。この意味ですべての権力は、デイヴィッド・ヒュームが明察しているように、**意見**に依拠しそれによって制限されている。

（強調引用者、『ルールと秩序』一二三頁）

ただヒュームにおいて、所有権やそれを規定する「正義の規則」、さらにその根幹となる「意見（世論）」とは絶対的なものでも盤石なものではない。彼の懐疑主義は慣習を重視しつつも、同時にそれらの不安定さや移ろいやすさ、あるいは「絶え間ない流転」を浮き彫りにしており、その点で伝統主義あるいは保守主義とも区別される（Susato 2015）。またヒュームは、「迷信」や「熱狂」といった極端で非合理的な信念が、宗教だけではなく政治の領域において人々の適切な行動を歪める危険性を鋭く指摘した。とくに後者においては、党派性がもたらす対立によって人々は分断され、混乱や暴力によって社会秩序は危機に瀕しかねない。

こうした懸念もまたハイエクと重なり合っている。彼の議論においても、所有権や「法の支配」とは人間社会において最初から明示的に存在するものではなく関係性の網の目のなかの不安定で暫定的なものである。二〇世紀に至るまで、政治的な「熱狂」による深刻な危機は何度も繰り返された。しかし、それゆえにこそ、ヒュームもハイエクも、自由や経済発展による技術進歩、そして宗教的抑圧から解放され世俗化された倫理やその一環としての「法の支配」といった近代的な価値のかけがえのなさ、それらを維持するための努力の重要性を強調した。

ちなみにヒュームの哲学や思想は、ケインズの『確率論』や『一般理論』にも大きな影響を与えている。ハイエクを含めた彼らの慣習論的な自由主義の意義とそのうえでの差異はあらためて今後、深く検討される意義があるだろう。

†「一般意志」の支配——ルソー

ハイエクは、ヒュームを「意見」に対応させる一方、ルソーを「意志」に対応させ、後者に対してはきわめて批判的な立場を取った。ジュネーヴに産まれ波乱に満ちた生涯を送りつつ革命前夜のフランスで活躍した哲学者、ジャン＝ジャック・ルソー（1712－78）はさまざまな意味でヒュームと好対照の人物である。ルソーは文明社会の背後にある、経済的な不平等や人間精神の堕落を鋭く感じ取り、厳しい批判の刃を向けた。

ジャン＝ジャック・ルソー

それは確かに近代社会のもう一つの側面を抉り出すものであり、異なる観点からやはり文明の堕落や腐敗の可能性を懸念していたヒュームやアダム・スミスも、ルソーの著作には並々ならぬ関心を抱いた。とくにヒュームは、フランスに滞在した際にルソーに友情を抱き、イギリスへの亡命生活への援助も積極的に行なった。しかしルソーの傍若無人さもあり、ほどなく喧嘩別れに終わった。

あらためてルソーは、『社会契約論』（一七六二年）において何が正当な政治権力の基礎となるかについて論じつつ、個人の自由と国家の権力との関係を探究したことで知られる。

ルソーは、人間が「自然状態」においては貧しくも自由で平等な存在であると捉えた。しかし、むしろ文明が発展していくにともない、財産の不平等や社会的な対立が拡大し、人々の自然的な自由は失われていく。こうした不平等を是正し、自由を含めた人間の本来的なあり方を取り戻すには新たな「社会契約」が必要である。

「社会契約」によって成立するのが、共同体の「一般意志」であり、それを備えた国家の「主権」である。「一般意志」とは、人々の個別的で私的な利害としての「特殊意志」の多数決的な総和に過ぎない「全体意志」とは根本的に異なる。それぞれの利害を超えて成員全ての共通の目的となる徹頭徹尾、「公的」な存在である。だからこそ、国家の「主権」は「人民主権」として正当性が担保され、人々は「主権」が行なう「立法」に対して徹底して服従する義務が生ずる。だがその際、人々はもはや嫌々ではなく、服従自体に喜びや精神的な支柱を感じる新たな存在へと変化する。「一般意志」とはそうした崇高な理念である。

こうしてルソーは、理想的な共同体の再構築だけではなく、そこでの新たな「市民」像の確立やあるべき人間性の回復を訴えた。その点に彼の思想の意義がある。しかし一方で、ルソーの問題点がたびたび指摘されることも事実である。彼は基本的にはロック的な労働にもとづく所有を認めているが、何がどこまで各人にとって不可欠なものかを決定するのは、あくまで主権者である。市場経済の拡大による資本蓄積と発展の連鎖は、社会を堕落させるがゆえに承認され難い。何より、ひとたび「人民主権」が「一般意志」として確立したならば、正当であるがゆえに人々はそれに抵抗する理由を持たない。

統治者が市民に向かって、お前の死ぬことが国家に役立つというとき、市民は死ななければならない。

（桑原武夫・前川貞次郎訳『社会契約論』岩波文庫、五四頁）

この言葉の苛烈さを指摘すること自体は容易だが、徴兵制や死刑は現代の民主主義におけるアポリアであり、その立場を追求ないし堅持するならば、こうした問題は避けて通れない。市民と国家の関係を考えるうえで、ルソーはきわめて鋭い指摘を行なっているとも言える。ただ現代社会において、この言葉を無条件に受け入れることはなかなか困難であろう。

ハイエクはルソーを「偽の個人主義者」と断じ、厳しく批判したが、その理由は明らかだろう。こうした「人民主権」論は、しばしばフランス革命の恐怖政治やナポレオン戦争以降の総力戦における未曾有の戦死者と関連付けて語られるが、ハイエクはそれだけではなく、現代のファシズムや社会主義の暴政へと繋がる「設計主義」の先駆と見なした。

しかし、ルソーが投げかけた個人と国家の関係性や、法の根源についての問題意識の意義を完全に否定することは公平を欠く。鋭い文明社会批判含め、彼は現代でも依然として重要な思想家である。確かに、ハイエクとは経済認識や主権概念の捉え方について水と油であるが、一方で、法には何より一般性が求められるという「法の支配」の意義の強調は共通している。それはルソーにおいても重要な概念であった。

ルソーが主権者の恣意を肯定していたわけでは全くない。むしろ逆である。普遍的かつ平等に適用される法こそが、彼にとっても社会秩序と正義の根源であり、その中核が「一般意志」である。そのうえで彼は、「一般意志」にもとづく理想社会が容易に達成可能であるとは微塵も考えていなかった。

> 民主政という言葉の意味を厳密に解釈するならば、真の民主政はこれまで存在しなかったし、これからも決して存在しないだろう……もし神々からなる人民があれば、その人民は民主政を取るであろう。これほどに完全な政府は人間には適しない。
>
> （『社会契約論』岩波文庫、九六－九八頁）

ルソー亡き後の、歴史上のさまざまな悲惨な光景は、彼自身の責任というよりも、こうした警告にもかかわらず人間が自らを神と同等な立場に登れると見なした思いあがりの結果であろう。それは、ハイエクによる過度の合理主義への批判とも一定程度、重なっている。

だがそのうえで両者を決定的に分かつのは、やはり法の中核に何を据えるかという問題、すなわち「意見」と「意志」の相違、そして「立法」にあたっての「主権」概念への評価にある。とくにハイエクが依拠する「一般意見」は、個人の行為が適切であるかどうかについての見解であり、行為の具体的な目的とは結びつかないゆえに一般性を持つ。さらに、消極的ルールの遵守以外には人々の行動を強制することはないという意味で「目的独立的」である。

一方、ルソーも「意見（世論）」の重要性を指摘していたものの、それはあくまで「一般意志」の表明という意味においてであった。何より「一般意志」とは、やはり公的かつ一般的な理念ではあるものの、もはや疑いえない「主権」として特定の具体的な「目的」を人々に課し、命令する。しかしハイエクの立場からは、「一般意志」とはどれだけ純粋で高潔なものであろうとも、特定の組織の法としての「テシス」の中核としかなりえない。あくまで消極的ルールとしての「ノモス」の下位に位置付けられなければならず、その点で、後者に絶対的な優位性がある。

†新自由主義とはなにか

他方、ハイエクの名は巷間、「新自由主義」の首魁あるいは元凶としてしばしば批判的に取りあげられる。「新自由主義」あるいは「市場原理主義」こそが、貧富の格差の著しい増大、人々の紐帯や伝統的な相互扶助的な共同体の破壊、地球環境の汚染といった危機的な問題をもたらしたという憤激は毎日のように溢れている。それはいわゆる「リベラル」、あるいは旧来の「左派」の立場からだけではない。国家共同体を基盤とするナショナリズム、さらには、よりローカルで現実に生まれ育った地域、集団、伝統や文化などへの愛着にもとづくパトリオティズムといった「右派」の立場からも、「ネオリベ」という蔑称でたびたび罵倒される。

この点、「新自由主義」を巡る左右の言説は、大同団結とも言える奇妙な一致を示している。「新自由主義」とは以前の社会主義に代わって、現在あらゆる党派から最も目の敵にされている思想と言っても過言ではない（橋本 2007、吉野 2014)。

しかし、そもそも「新自由主義」なるものの実態は明瞭ではない。とりあえずは規制緩和の推進や「民営化」の拡大、それに伴う公共支出の縮小・撤廃といった内容が連想されよう。だが、実際にその言葉が指し示すとされる事項はきわめて多様であり一貫性がなく、結局のところ、なんらかの否定的なイメージを喚起するだけの実体のない曖昧な空言となっていることが多い（稲葉 2018）。対立しあう概念を同時に含み、自家撞着を起こしていることもしばしばである。

そうした玉石混交の言説のなかで、顧みるべき最大の理論的根拠となっているのは、フランスの現代思想を代表する一人、ミシェル・フーコー（1926－84）が一九七八年から七九年にかけて行なった講義録である『生政治の誕生』における「新自由主義」の分析であろう。

ミシェル・フーコー

フーコーにとって、個人の活動への政府介入の除去を旨とするはずの「新自由主義」の実態とは、まったく正反対のものである。それは、市場の論理を社会全体に貫徹させるために国家が構築や設計に積極的かつ巧妙に関与する、一つの権力的な「統治」のシステムである。

もともとフーコーは、第二次大戦後以降の西側先進諸国の潮流であった「リベラル」としての福祉国家体制において、現代における新しい形の権力のあり方を見ていた。すなわち封建時代のような、国家が国民の生殺与奪の権を直接的に掌握していた「殺す権力」から、福祉や健康管理、公衆衛生などの社会政策によって人々の生活に積極的に介入し、管理、保護することで、生産性の向上や戦争への動員といった効率的支配を行なう「生の権力」への転換である。

そのうえでフーコーは、「福祉国家」から「新自由主義」へのさらなる転換においても、「生の権力」の本質は変わっていないと捉える。社会全体が競争や市場によって支配されることにより、つねに人々をそうした原理へと駆り立て、脱落する者を排除する巧妙な「統治」のシステムが登場したというのである。

さらにナショナリズムや対外強硬的なイデオロギーとの結びつきが強まることで、全体的な目的のために個人を自らそうあるように仕向けていく「規律化」の過程が、「新自由主義」において一層、巧妙に進展していることをフーコーは指摘する。ハイエクについての記述自体は断片的であるものの、フーコーは、とくにフリードマンのシカゴ学派やドイツのオイケンらオルドー学派を「新自由主義」の代表と見なした。

こうしたフーコーの視点にはたいへん鋭いものがあり、確かに現代社会に特有の「権力」のあり方や多様性を浮き彫りにしている。ただ「福祉国家」にせよ「新自由主義」にせよ、フーコー自身の研究の目的とは、あくまで冷徹な視点で社会の変化の内実を分析し記述することにあったと思われる。それゆえ彼は、これらの体制に代わるオルタナティブについて安易に語ることはなかった。

一方、現代の「新自由主義」批判は、もはやフーコーの意図とは別に、単純に政府が民営化や規制緩和、市場化といった政策を積極的に推進する体制を対象に行なわれることが多い。確かに一九九〇年代には、国家だけではなく国際通貨基金(IMF)や世界銀行といった国際機関が、低開発国に対する援助の見返りとして、グローバル・スタンダードや「ワシントン・コンセンサス」といった形で市場経済や貿易の自由化、財政規律、民営化などを画一的に導入する事態が存在した。だが、そうした施策がむしろ各国や国際地域の不安定を招いたのは事実であり、現在ではそれに対する批判が数多く寄せられている。

しかし、そうした形の「新自由主義」批判は、少なくともハイエクの思想に対するものとしては全く的を射ていない。結論から述べれば、ハイエクもまた、国家が市場経済を「統治」の手段として利用することを厳しく批判していた一人であった。仮に世界的に経済の自由化を促進するとしても、あくまで各国の歴史的な差異を考慮して漸進的な手段が選択されるべきであって、それを無視してグローバル・スタンダードの名の下に画一化しようとする試み自体が、ハイエクの自由論とは対極に位置する(原谷 2009)。

とくにその文脈でハイエクが批判対象として念頭に置いていたのは、フランスの思想家アンリ・ド・サン=シモン(1760-1825)とその後継者たちである。サン=シモンは同じフランスのシャルル・フーリエ（1772－1837）やイギリスのロバート・オーウェン（1771－1858）と並ぶ、いわゆる空想的社会主義の三巨頭の一人として知られる。「空想的」という形容詞はマルクスの盟友フリードリヒ・エンゲルス（1820－95）が自分たちの「科学的」な社会主義と対比して、前者の理論面の脆弱さを皮肉ったものである。

とはいえ、サン＝シモンは、当時の自然科学や科学技術の発展から生まれた「物理学的世界観」の社会科学への積極的な適用を図った一人でもあった。とくに彼は、労働者や農民、工場主からなる「産業者」と知識や技術を有するテクノクラートである「科学者」が一体となった理想的な協同体としての「産業アソシアシオン」の組織化を唱えた。そこでは、生産力の科学的管理と拡大のために「所有の社会化」が求められる。

弟子たちで形成されたサン＝シモン主義においても、「各人は、能力に応じて働き、労働に応じて受け取る」ことで、「人間の搾取（exploitation）」の状態から脱出し、「地球の開発（exploitation）」へと至る道筋が目標とされた。そのために彼らは社会全体を一元的に組織化、階層化して「管理」する体制を構想したが、そこでは上からの「自由放任」経済や自由貿易政策の主張もあくまで手段や方法として含まれ、重視されていた。

フランスの第二帝政（1852－70）を牽引したナポレオン三世（1808－73）は、サン＝シモンから強い影響を受け後継者たちをブレーンとして、上からの「自由放任」にもとづく労働者の統合、産業育成や富国強兵、植民地拡大といった政策を進めていった。彼は「馬上のサン＝シモン」の異名を取り、独裁体制と経済政策の融合の成果は、数度にわたるパリでの万国博覧会でも披露されるに至った。

しかしハイエクは、こうしたサン＝シモン主義に、「設計主義」や「集産主義」、さらには「科学主義」の全面化の起源を敏感に感じとっていた。「科学主義」とは、自然科学の手法や成果を直接的に社会設計に応用しようとする疑似科学的なイデオロギーを指す。

> 銀行業と産業の親密な結びつきから成長した「独占資本主義」や「金融資本主義」（銀行は系列会社の最大の株主として産業体を組織する）、急速に発展した株式資本企業や大規模な鉄道企業体は、主としてサン＝シモン主義の産物である。
>
> （『科学による反革命』一九〇－一九一頁）

「自由放任」への批判は第5章で解説したが、ここに端的に表れているように、ハイエクは、大銀行を中心に財閥や企業グループが形成される「独占資本主義」や、マネーゲームが自己目的化していく「金融資本主義」にも嫌悪感を抱きつつ、それらの起源はサン＝シモン主義にあると考えていた。しばしば政府とも癒着するそうした体制は、彼にとって市場経済の望ましいあり方では全くなかった。

こうした考え方の一環としてハイエクは、企業が持ち株会社を通じて「法人」としての権利を大きく拡大していく「法人資本主義」についても大きな疑念を抱いていた（江頭 2007）。企業の存在意義は利潤の最大化にあるのは確かだとしても、生物学的な主体として権利や義務を持つ「自然人」と、法律上の人格が付与されるに過ぎない「法人」を同一視することは困難であり、あくまで両者は法によって峻別されなければならない。

第二次世界大戦後においても、「科学主義」はさらなる影響力を持ち、社会の直接的管理という「隷属への道」への危険性はますます高まった。ハイエクは、サン＝シモンとその後継者たちをそうした風潮の「産婆役」と捉えた。『科学による反革命』（一九五二年）というタイトルは、「科学主義」と社会設計への応用を唱えるサン＝シモン主義への直接的な批判として名付けられたものである。

こうした観点からすれば、現在やり玉に挙げられる「新自由主義」とはむしろ、ハイエクが批判したサン＝シモン主義的な国家主導型の経済体制そのものである。確かに、実際に政策として遂行される「新自由主義」は、確かに市場経済を重視してはいるものの、あくまで国家運営のための一つの手段として扱われているだけであり、本来的な意味で個人の自由が尊重されているわけでは必ずしもない。

むしろ国家政策の追求に有利と考えられるからこそ、急激な民営化や市場化がトップダウン式に採用されている。そうした政権は、もし計画経済やケインズ主義的政策が目的のためにより効果的であると判断すれば、躊躇なくそちらを採用するであろう。

ハイエクが生涯にわたって批判したのは、まさにそうした場当たり的かつトップダウン型の国家戦略であった。それは彼が標榜した「自生的秩序」にもとづく自由主義とは全く異なる。第5章でも述べたように、単純に市場経済や競争政策を適用したからと言って、即効薬として好都合な結果が生じるわけではなく、彼はむしろそうした考え方自体をつねに戒めていた。再度引用する次の言葉は、「設計主義」だけではなく通俗的な意味での「新自由主義」や「自由放任」、急速なグローバル化への盲目的な信仰への批判である

西欧の歴史的発展の結果であるすべてを別の文化的基盤のもとへと移植することはできないし、またすべきでもない。そして西欧の影響下にあるこれらの地域において最終的に生ずるいかなる種類の文明であろうとも、それが上からあてがわれる場合よりはむしろ成長にまかされる場合のほうがより早く適切な形をとることになるだろう。

(『自由の条件I』九頁)

ナオミ・クライン（1970－）は『ショック・ドクトリン』（邦訳二〇一一年）において、戦争や災害、経済危機といった惨状がもたらした断絶や空白の期間を政府が巧妙に利用する、「ショック療法」としての「市場原理主義」あるいは「新自由主義」の導入や展開を、「火事場泥棒」と糾弾した。しかし、それは「設計主義」を痛烈に批判するハイエク思想への有効な打撃とはなりえていない。むしろ彼女が批判の射程に捉えるべきは、立場や目的の異なる経済政策を融通無碍に取り替えようとする政府のあり方や、自分たちだけはそれを有効活用できるという信仰に対してであろう。

少なくともすでに宇野重規氏が指摘しているように、ハイエクの思想を通俗的な「新自由主義」や「市場原理主義」と捉えることは全くの誤りである（宇野 2016）。また松尾匡氏は、「従業員こき使い放題の自由とか、稼ぎのない者食うべからずとか、そんな種類の「自由主義」はハイエク思想とは無縁」（松尾 2014）との正当な指摘を行なっている。それだけではなく松尾氏は、近年の日本において「大きな政府から小さな政府へ」、「官から民へ」、「国家から市場へ」といったスローガンの下に行なわれた、上意下達的な民営化や民間委託、規制緩和、財政削減、国際的な市場統合といったさまざまな政策は、実際には非ハイエク的であり、むしろ彼が批判対象としたものであったと喝破している。

松尾氏が数理マルクス経済学の泰斗であることを鑑みても、これらはたいへん重要な指摘である。近年では、ハイエク独自の知識論や計画化への警鐘はイギリスの労働党などにも影響を与えており、旧来の党派の対立を超えて共通に受容可能な現代の知的基盤の一つとみなされるようになっている。

†カール・ポランニーとハイエク

フーコーの他にも現代の新自由主義批判やグローバリズム批判の典拠として影響力を持つ人物として、ウィーン出身の経済人類学者カール・ポランニー（1886－1964）の名を忘れるわけにはいかない。彼は主著『大転換』（一九四四年）において、市場経済の歴史的展開を痛烈に批判したことで知られる。カールは暗黙知の概念の提唱者としてハイエクに影響を与えたマイケルの兄であるが、政治的・経済的な立場は弟と対照的であった。

カールの指摘によれば、産業革命以降に台頭した市場経済は、あくまで歴史的に特殊な存在に過ぎない。とくに価格メカニズムによって自律的に調整されるとされる純粋な「自己調整的市場」などユートピアに過ぎない。そもそも経済という領域は、それ自体が独立して存在しているのではなく、あくまで社会に埋め込まれており、それと不可分であった（「埋め込まれた経済」）。

しかし市場という「悪魔のひき臼」は、自然が生み出す土地や資源、労働力を再生産する人間自身や家族、さらには性といった本来、売買や取引の対象ではなかったはずのものを次々と「商品化」していく。一方で、こうした経済の領域の独り歩きは、それを取り巻き支えていたはずの社会的基盤を破壊していく。すなわち、経済の「離床化」である。

だが「離床化」の過程とは、まさに一体であったものを引き裂くことであった。自然や共同体から切り離され、行き場を失った人々は、不況や恐慌、倒産、失業といったさらなる「ひき臼」の渦に否応なく巻き込まれていく。このように「自己調整的市場」の拡大はきわめて不安定であり社会不安が充満するため、政府からの対抗措置として産業へのさまざまな規制や、労働者や企業を保護するための制度構築や立法が行なわれるようになる。「社会の自己防衛」の結果として成立したのが、二〇世紀におけるファシズムや社会主義の台頭、アメリカのニューディール政策、イギリスにおける福祉国家といった体制である。

カール・ポランニー

このようにカールは、産業革命以降の歴史を「自己調整的市場」と「社会の自己防衛」のせめぎあいという「二重運動」の過程として捉える。「自己調整的市場」の拡大自体が逆説的にその崩壊を招くのである。

カールが文化人類学的な視点から、未開社会における市場的交換とは異なる互酬性の原理を積極的に評価したのも、こうしたジレンマからの脱却を求めてであったであろう。詳細は未完に終わったが、経済を再び社会的、文化的な領域へと包摂し、コミュニティの復権に望みを託す彼の議論は、現代のグローバリズム批判の先駆けと位置づけられる。カール自身はある種の社会主義の信奉者であったが、一部の保守主義者にとって親和的であるのも、それが理由である。

こうしたカールとハイエクの立場はきわめて対照的である。しかし一方で、近代社会における「二重運動」の展開という図式自体には、かなり共通する部分がある。きわめて興味深いことにハイエク自身も、市場経済を中心とする「自生的秩序」としての自由社会自体を、むしろ人間の本性に反するものとみなしていた。それらは自然的な本能や感情に由来するのではなく、あくまで社会的な発展の過程の産物である。

第6章でも述べたように、だからこそ市場経済の拡大は、それ自体、相当数の人々を苛立たせる。ハイエクの認識では、市場経済やそのルールは、互いに異なる共同体（「部族社会」）どうしが接触し、ぶつかり合うなかで、それらを包摂するように発展してきた制度である。しかし、社会の様相だけではなく慣れ親しんだものを新しいものへと絶えず変化させていく作用は、人々の強い抵抗感をしばしば引き起こす。

すなわち、それが「部族社会の情緒」への「先祖返り」であり、社会主義でありファシズムであった。まさに一つの「二重運動」である。だがそうした対抗運動としての「自己防衛」は、どこにも存在しないユートピアを求める運動であるがゆえに、やはり結局は失敗を余儀なくされるであろう。

かつて繁栄していたが技術革新によって役目を終えた産業や地域、そこでの生活や習慣へのノスタルジー、それ自体は美しい思い出であろう。しかし、「部族社会の情緒」は世界がどんどん変化していくことを受け入れられず、むしろ、堕落しているとの思いにとらわれる。確かに「自生的秩序」あるいは市場経済とは、もはや全ての期待が確実に成就するような静的な社会ではない。しかし、失敗し裏切られた結果が次の機会へと絶えずフィードバックされることで、個人や社会は新たな視点を獲得し成長していく。

そもそも先にも述べたように、ハイエクにとって「自生的秩序」や市場経済とは、社会から「離床」したものではなく、個人のあり方も含め社会性や「文化的基盤」を背負ったものである。その意味で、カールとハイエクは、非常に似通ったものを対照的な立場から考察していた。またこうした意味でも、ハイエクを戯画化された「新自由主義」や「市場原理主義」の提唱者と捉えることは正しくない。

†貨幣の脱国有化論

ハイエクは晩年においても経済学の研究に意欲を燃やしていた。一九七六年には『貨幣の脱国有化論』（貨幣発行自由化論）を発表し、そこでもきわめて独創的な観点が示されている。同書は題名通り、貨幣発行における政府や中央銀行の独占権を批判し、民間銀行による決済手段としての通貨の自由な発行と、競争を通じた安定を提唱したものだ。それにより一国内に、名称も含め各銀行独自の多様な通貨が同時に存在し、流通し、交換されることになる。

第2章で解説したように、ハイエクは景気循環が生じる理由を、中央銀行による恣意的な貨幣発行が適切な資源配分を攪乱し、企業の自律的な意思決定を阻害するためだと考えていた。それでは貨幣の発行量を適切な水準に維持するには、どのような制度が望ましいのか。彼が当初支持していたのは金本位制度であった。それは、貴金属である金の保有量と発行量をリンクさせるシステムであり、一九世紀から二〇世紀初頭にかけて日本を含む各国で実際に採用されていた。しかし、経済規模の急速な拡大に対して金の供給量を同じ比率で増大させることは困難であり、金本位制度はむしろ発展の制約条件となってしまった。大恐慌を期に、各国は揃って制度から離脱せざるをえなくなった。

一九四四年にケインズが中心となって成立したブレトンウッズ体制では、アメリカの米ドルだけが国際的な基軸通貨として金と兌換でき、その他各国の通貨レートはドルに固定された。しかしその後の世界の経済発展とアメリカ経済の相対的な凋落により、体制はあえなく崩壊した。一九七一年に米ドルと金の兌換は停止され、一九七三年には変動相場制へと移行した。

しかし、それにより各国や企業は通貨レートの不安定性や通貨危機のリスクを抱えることになった。それを防ぐためには各中央銀行が市場介入を行なう必要があるが、効果は基本的には短期的なものにとどまり、むしろ長期的な構造を歪める危険性がある。何より、錯綜した各国の利害は、深刻な摩擦や報復措置の応酬を引き起こす。

『貨幣の脱国有化論』はそうした背景のなかで書かれた。歴史的にも貨幣とその他の商品の間に厳密な区別は存在せず、なんらかの商品が貨幣として使用される現象もしばしば観察される。だとするならば、さまざまな弊害を受け入れてまで、中央銀行が貨幣発行を独占する理由はどこにもない。どのような貨幣あるいは通貨が人々に受け入れられるかは、一般の商品と同様、市場のプロセスに委ねられるべきである。

もちろん、市場が完全に悪しきものを放逐し、善きものだけを残すわけではない。しかし、少なくとも市場は、これまでにない利点や特徴を持った新たなものを生み出し、共同体や親密な人間関係の枠を超えて普及させ、利用可能にするというかけがえのない役割を持つ。ハイエクの指摘では、そもそも近世以降の絶対主義にもとづく「主権国家」こそが、民間や地域の非政府的な通貨の発行を抑圧し、中央集権的な権力による統制の下へと置く元凶であった。現代においても、われわれは悪貨とわかってもその利用を政府に強制されざるをえない。

中央銀行を廃止し、各種の民間銀行に通貨発行の自由を認めるハイエクの案は、自生的秩序のなかに金融制度を取り込むことでその安定を図るものである。具体的には主に融資の形で銀行から企業や個人に貸付が行なわれるが、もちろん銀行はライバルよりも低い利子率を設定することにより自身の発行量やシェアを拡大しようとする。しかし、それは諸刃の剣であり、法外に低い利子率や発行量はその銀行券の価値や信用を大いに毀損することになる。こうした競争メカニズムが働くことで、より安定した価値を持つ通貨が市場で選択され、銀行にはそれを提供しようというインセンティブが生まれる。

中央銀行の裁量ではなく、市場に流通量の調整を委ねる制度の先駆としては、南北戦争期以前のアメリカのフリーバンキング制度があり、民間銀行にも自由な通貨発行が認められていた。明治維新直後の日本でもそれを導入して国立銀行条例が制定され、短期間に一五三行もの発行権を持つ銀行が設立された。現在のみずほ銀行の前身の一つが第一（勧業）銀行であったり、地方にもナンバー銀行と呼ばれる名称に数字を冠した金融機関が存在したりするのはその名残である。

しかしハイエクは、自身の脱国有化論と歴史的に実在したフリーバンキング制度の決定的な違いとして、後者はあくまで米ドルや日本円といった既成の法定通貨の発行権の拡大にとどまっており、複数の競争的通貨の存在を容認するものではなかったことを指摘する。それでは単に、法定通貨の無制限な発行と信用の劣化によるインフレーションが起こる危険性が高い。日本も含め制度が長続きしなかったのも、まさにそれが原因であった。

ハイエクの意図は真逆であり、通貨発行量と信用の適切な維持のために、名称も含め多様な銀行券の存在と競争を通じた交換が奨励される。『貨幣の脱国有化論』を著した当時は、複数の通貨の交換レートの設定は確かに煩雑であった。しかし多民族国家であるオーストリア＝ハンガリー帝国に育った彼にとって、文化圏の境の店先にて複数の通貨のレートが示され使用されている光景は、幼少の頃から馴染み深いものであった。

一方、一九七〇年代当時から、後に「ユーロ」として実現することになる「新しいヨーロッパ通貨」の導入が議論されていたが、ハイエクにとってそれは単に貨幣の政府独占を拡大するだけの悪手であり、むしろ問題をより根深くすると映っていた。結局、それは金融資本主義と政府権力との結託をより大きくするであろう。

現在では、各国の法定通貨の枠組みを超えて、ビットコインをはじめとする多種多様な仮想通貨や地域通貨が利用されるようになっている。法定通貨の今後については不透明ながらも、非中央集権的かつ分権的な発行と、利用者による自由な選択にもとづく競争的市場の成立はまさにハイエクの予見したとおりであった。またビットコインはマイニングと呼ばれる複雑な数学的システムに発行量や信用を基礎づけており、それによって過度の供給が起こることはない。

ただ一方で、ハイエクが想定していたのはあくまで法の支配のもとでの民間銀行による決済手段としての通貨発行の自由化であり、現在の状況はすでにそれを超えている面があるのも確かであろう。仮想通貨の法的な位置付けは多くの国で曖昧な状態にあり、何より決済手段として以上に投機の対象としての性格が強く、それが価値の不安定性や暴落の危険性を生んでいる。国際的な枠組みにおいて仮想通貨のあり方や取引をどうルール化していくかが、ハイエク的な観点からも今後の課題であると思われる。

†フリードマンとハイエク

中央銀行を廃止して「貨幣の脱国有化」が実現すれば、政府による金融政策は全く無用になる。実現可能性や成否は別として、じつはこの点が、しばしば「新自由主義者」として一括されるフリードマンとの決定的な相違であり、単に貨幣観だけではなく二人の自由主義の違いも表している。第3章でも触れたように、そもそも二人が背景とする経済理論はそれぞれ相容れないものであった。

ただ、近年ではハイエク思想への理解が進むにつれてフリードマンとの違いにも注意が向けられるようになってきており、それ自体は喜ばしい。だが、後者を過小評価する風潮には異議を申し立てておきたい。フリードマンの思想にハイエクやケインズのような欧州の文化的伝統を背景とした深みや陰翳が欠けているのは確かだろう。しかし、だからといって彼を浅薄な経済学者と見なすのも誤っている。

フリードマンは理論や方法論、政策に至るさまざまな領域において大きな影響力を発揮した優れた人物であり、並外れた頭脳の回転の速さと、よい意味でアメリカ的な議論の明快さには余人の追随を許さないものがある。ただ、その論争を好む挑発的な文体やスタイルにより、今でも誤解と必要以上の反発を買っているようにも思われる。

また、ハイエクとフリードマンの両者をともに「保守主義」と呼んで批判する議論もしばしば見られるが、これも定義を明確にしないままに、単に自身が好まないものに都合のよいレッテル貼りをしているだけのことが多い。フリードマンの思想に前節の意味での「保守主義」的な要素など全く存在しない。「新自由主義」と「保守主義」という用語がそれぞれ粗雑に使われたあげくに疑問なく混同されている現状は、何ら学問的な生産性がないだけではなく誠実な保守主義者にとっても看過できない事態であろう。

あらためて、二人の貨幣や経済学自体への観点の違いは以下の通りである。フリードマンの理論は「マネタリズム」と呼ばれ、ハイエクとはまた異なる形で通貨供給が経済に与える影響を強調したものだ。彼は、中央銀行による単一かつ独占的な通貨発行を自明視したうえで、インフレやデフレをあくまで「貨幣的な現象」と捉え、それらの抑制のために中央銀行が通貨供給を適切に管理することの重要性を主張した。一九七〇年代の各国の高度経済成長が終了し、オイルショック後のインフレーションに苦しむようになった時期以降、彼の理論は強い影響力を持つようになった。

フリードマンの業績としては、大恐慌についての分析もよく知られている。彼はアンナ・シュワルツ（1915－2012）との共同実証研究において、現在でも「市場の失敗」だと誤解されがちな大恐慌や世界恐慌の真の要因とは、実際には「政府の失敗」であったことを明らかにした。端的には、アメリカの中央銀行である連邦準備制度理事会（ＦＲＢ）による失政である。

フリードマンらの分析によれば、ＦＲＢは一九二九年から三三年にかけての金融危機において通貨供給を大幅に減少させた。第一次世界大戦後の「黄金の二〇年代」と呼ばれたアメリカの空前の好景気はバブルとなり、それが破裂することで大恐慌が生じた。その際、FRBはいわば羹《あつもの》に懲りて膾《なます》を吹く形で、金融の引き締めを行なったのであった。しかし、むしろそれが危機に拍車をかけ世界恐慌を招いた。反対にFRBが通貨供給を増加させることで金融システムの安定を図っていたならば、大恐慌の被害は最小限に食い止められたであろう。

こうした指摘は、現在の通説として広く受け入れられている。一九九〇年代以降の日本のバブル経済の崩壊とその後の停滞の原因も基本的に同様と考えられており、いわゆる「失われた二〇年」の解消のために行なわれた、大規模な金融緩和政策の理論的根拠の一つともなっている。

フリードマンの経済学観は『実証経済学の方法論』(一九五三年)にまとめられている。彼はしばしば非現実的で抽象的に過ぎると批判されるモデル分析の意義をあらためて強調するとともに、経済理論の目的は「説明」と「予測」にあると捉えた。「説明」は過去や現在の経済現象を理解し、なぜそれが生じたのかを解明することであり、「予測」とは、将来の経済現象について、理論にもとづいてどのような結果が起こるかを見通すことである。とくに経済理論の有用性とは、それがどれだけ正確な「予測」を提供できるかにかかっている。相対的にそれが上手くいっている理論は、どれだけ非現実的かつ抽象的な装いを見せていたとしても政策決定のための重要なツールとなりうるし、理論自体の評価もそれによって決定される。

一方、ハイエクは、抽象的なモデル分析自体の重要性や、大恐慌が金融政策を中心にした「政府の失敗」であるというフリードマンの観点については基本的に同意する。またそうであるならば、第2章でも述べたように、ニューディールのような財政政策にほとんど効果がなかったことも明らかである。

しかし、ハイエクの同意はそこまでである。事後から遡った「説明」自体は的を射ており重要だとしても、実際に事態が推移している最中に、中央銀行が的確に状況を把握し適切な供給を行なうことは本当に可能だったのか。それが彼の疑問であった。経済現象の理論的「説明」と「予測」を元にした政策の実行可能性は同じ平面にはない。

第6章でも解説したように、ハイエクにとって理論的に可能なのは「原理の説明」あるいは「パターン予測」にとどまる。その観点からは、過去の現象の「説明」は可能であっても、未知なる将来の「予測」は限定的であり、具体的なものとはなりえない。ハイエクからすれば、統計学的な集計量をもとに将来への合理的な政策決定を行なおうとするフリードマンの立場は、経済を操作しようとする「科学主義」あるいは「設計主義」への道に一歩を踏み出している。

無論、フリードマンが恣意的な経済政策を提唱していたわけでは全くない。彼はケインズ的な財政政策の効果についてはきわめて冷淡であったし、金融政策についても、最終的に経済を攪乱するだけの当局による裁量的あるいは恣意的な決定ではなく、あくまで一般的なルールにもとづいて行なうことを主張した。具体的には、中央銀行は前もって策定した割合（k%）にもとづいて、具体的にはGDPの増加率、あるいは減少率に比例させる形で非裁量的に貨幣を供給しなければならない。そうしたk%ルールと呼ばれる政策により、長期的な物価上昇率をコントロールすることが可能となる。

しかし、ハイエクにとってそれは理論的にも実践的にも不可能なことであった。フリードマンは「われわれはみなケインジアンである」と述べて、マクロ経済学の発展に心を砕いた。言葉自体は裁量的な政策を提唱するケインズに対する痛烈な皮肉であったものの、マクロ経済学という枠組みの重要性自体は継承しており、石油危機以降の高度経済成長の終焉とスタグフレーションの時代に適応した新たな理論を打ち立てようとする意図が込められていた。

少なくともマクロ経済学という観点からすれば、ケインズとフリードマンの距離は相対的に近く、その枠組みに懐疑的なハイエクは離れた場所にいる。彼は、人生における後悔の一つとして、ケインズの『一般理論』のみならずフリードマンの『実証経済学の方法論』への全面的な批判を行なわなかったことを挙げている。ケインズはともかく、同じ自由主義者として経済学観、貨幣観以外は一致点が多いフリードマンを敢えて敵に回すことを恐れたのが理由ではある。だがじつは双方とも、ハイエクにとって「相当に危険な書物」であり、克服すべき対象であった。

†ハイエクの時代？

ノーベル賞受賞以降、ハイエクの晩年は、表面的には世界的な名声と栄誉に包まれたものであった。体調面も片耳が遠くなっていった以外は基本的には健康であり、とくに登山を好んだ。ヘビースモーカーだった喫煙パイプの習慣は医者の忠告で断念したものの、代わって嗅ぎタバコが楽しみとなった。若い頃はウィーンのワインを好まずビールが主だったが、フライブルク移住後は特産の白を嗜むようになったことでワイン全般への造詣を深めた。

そこでのハイエクの住居は、死後に訪れた伝記作家エーベンシュタインの印象によると、アメリカの富裕層の基準には及びもつかず、ザルツブルク大学への売却後でも四〇〇〇冊に及ぶ幅広い分野の蔵書が目を引く以外はきわめて簡素なものであった。以前は朝から夜まで生産的な仕事の時間を取っていたが、老年になってからも朝食後の二時間を引き続き探究に充てていた。

家ではお喋り好きで、他人を下げるのではなく自分を笑いの種にする冗談が好きだった。マルクス主義研究とオーストリア学派研究という対照的な分野の双方で業績を挙げ、ハイエクと文通を行なっていた八木紀一郎氏は、資料収集の際の便宜への礼を伝えるために彼の自宅に電話をかけた際、これほど古風で優雅な響きのあるドイツ語ははじめて聴いたと述懐している（『思想史論集』解説）。

ハイエクは各国に招待されローマ法皇やイギリスのエリザベス女王らに謁見するだけではなく、サッチャー政権（1979－90）をはじめとする七〇年代後半から八〇年代の各国の経済政策に一定の影響力を持った。日本にも頻繁に訪れており、研究者だけではなく政財界の要人とも交流を持った。そのなかではとくに、「京都学派」の一人として独自の進化論を唱えた生態学者の今西錦司（1902－92）との対談が知られている。対談は一九七八年にやはり同学派の重鎮であった桑原武夫（1904－88）を司会として三回にわたって行なわれ、テレビ番組や『自然・人類・文明』（一九七九年：ＮＨＫブックス）として公開された。

晩年のハイエクは、慣習的秩序であり一歩間違えれば霧散しかねない自由主義の安定を最終的に何に託すかに苦慮していた。彼はその一環として進化論に着目し、生物学とは異なる社会科学独自の理論を打ち立てようとしていた。『感覚秩序』における脳内の認識システムとしての「地図」の形成や、社会哲学におけるルールと秩序相互のフィードバックによる発展、というアイディア自体、確かに進化論的な色彩が強く、今西との対談もそうした関心の一環であった。今西は、ダーウィン的な自然選択ではなく、生物がそれぞれの特性や住処に適応して共存していく「棲み分け理論」を説いたことで知られている。

ただ対談は、共通の趣味の登山と多元的あるいは多様な種の共存や繁栄の重要性、社会科学への単純なダーウィン主義の応用への批判という観点以外は、むしろすれ違いが目立つものであった。進化は何によって生じるのか、目的独立的で消極的なルールやそれにもとづく市場という制度を採用した集団がその優位性によって繁栄し継承されると述べるハイエクと、それは彼の意図に反していまだダーウィン流の自然選択の残滓を引きずっているのではないかと批判する今西との断絶は大きかった。

それは、社会科学者と自然科学者の違いもあるだろう。社会科学、とくにハイエクの理論においては、ある集団において知識や情報が模倣され、伝達され、改良されるプロセスに焦点が当てられる。彼は生物学的な進化論と社会進化論の違いをつとに指摘しており、後者では集団の淘汰の強調も一定の意味を持つとされるが、今西との噛み合わなさの要因もその点にあった。

残念ながら、結局、ハイエクの議論において進化論的な社会科学は未完のまま終わった。

しかし現在では、社会秩序や制度、さらには知識や情報といったものが動態的で非決定論的なプロセスの産物であるという理解がさまざまに広がっている。ハイエク以外にもマーシャルやヴェブレン、シュンペーターなど、独自の社会進化論を構想した経済学者を含め、学問分野の垣根を超える形で探究が進められている。

世界は、一見、ハイエクの時代を迎えていた。一九七九年に就任したイギリス保守党内閣の首相マーガレット・サッチャー（1925－2013）は、労働党の国有化政策による「英国病」脱却のため、国有企業の民営化や財政支出の削減、税制改革、規制緩和といった改革を次々と遂行し、経済は回復軌道に乗り再成長していった。同様の施策はアメリカのレーガン政権（1981－89）や日本の中曾根康弘内閣（1982－87）によっても行なわれたが、とくにサッチャーは、『隷属への道』や『自由の条件』といった著作からの影響を公言していたし、ハイエクもまたそれを誇りとした。

しかし、実際のサッチャーの政策にどのくらいハイエクの考えが反映されていたかは、現在ではさまざまな疑問が提示されている。ハイエクは何度かサッチャーに助言を手紙で送ったが、基本的にそれらは直接、採用されることはなかった。エーベンシュタインはその意味で、「二人の個人的、政治的関係については多少誇張されているところがある」と指摘している。とくにサッチャーの金融政策には、むしろフリードマンのマネタリズムの影響が強く、それによる価格体系の歪みをハイエクは危惧していた。

またサッチャーによる教育制度改革は、確かに第5章で解説したような、ハイエクの提唱による「自由な競争」のプランから影響を受けてはいた。しかし実際には、政府や公的機関からの新たな規制のなかで競争を管理しようとした点で大きく異なったものになってしまっていた（平方 2014）。

一方でサッチャーの方針は、その後の政権交代によるトニー・ブレア（1953－ ）の労働党内閣（1997－2007）にも多くが引き継がれた。「ニュー・レイバー（新しい労働党）」あるいは「第三の道」というブレアのスローガンは、もはや過去の国有化政策や労組依存に陥ることなく、サッチャーの路線を土台とし修正しつつ、政策的な補完を目指すものであった。確かにそれはハイエクの遺産の一つかもしれない。

いずれにせよこうした例は、思想と現実の政治との懸隔や、いかに理念を実践に応用するか、それをどう評価するか、という困難さを端的に表している。一九七三年、チリにおいてアメリカ政府の後援の下、史上初めて自由な選挙で選ばれたアジェンデ社会主義政権（1970－73）をクーデターで打倒して政権を握ったピノチェト政権（1973－90）は、軍事独裁体制を敷く一方で、フリードマンの影響を受けた急進的な市場経済路線を推し進めた。フリードマンらに師事し「シカゴ・ボーイズ」と呼ばれたチリからの留学生たちは帰国後、政府の要職につき改革の担い手となった。

経済改革は短期的には成功を見せ、一時は「チリの奇跡」と呼ばれた。フリードマンだけではなく、ハイエクもシカゴ学派との理論的な溝を超えてピノチェト政権の成果には賛辞を送った。しかし、長期的には成長は停滞し、インフレの進展や中間層の没落、貧富の格差が進展したことで、その評価は現在でも大きく分かれている。それ以上に、独裁体制のもとでの人権侵害や拷問は大きな国際的非難を浴びることになった。これは擁護不可能であると同時に、まさに悪い意味での「新自由主義」の極端な例と言ってよいかもしれない。

ただフリードマンの直接的な関与は、あくまで、「ボーイズ」たちに対する価格理論（ミクロ経済学）の指導と、いずれにしても必要であったインフレ対策への助言にとどまっていた。チリにおいて自由が侵害されていることも認識しており、名誉博士号の贈呈を断ったのもそれが理由である。その意味で彼に対する批判は多分に政治的なものであったが、しかし、知識人あるいは学界の権威としての自らの立場にあまりに無自覚で思慮を欠いていたことは確かであり、大きな誤りであった（若田部 2012）。

何より、ハイエク自身がチリの経済政策に関わったわけではなかった。だが、この問題は、明らかに彼の人生におけるいちばんの汚点である。目先の経済成長に気を取られ、自身が痛烈に批判して来たはずの、トップダウン的で急進的な「改革」を称賛してしまったこと、何より、そこでは誰よりも擁護して来たはずの人々の自由が大きく侵害されていたこと、ハイエクは大きく事態を見誤った。

その理由はいくつか考えられる。まず時代状況として、どんな体制であれ「西側」についた政権にはその内部の矛盾には目をつぶって支援を行なうという当時の冷戦構造が背景にあり、ハイエクも例外ではなかった。何より彼は、民主主義は重要ではあるが、あくまで自由主義が成立するための手段であり、後者は前者に優越すると見なしていた。その事自体は間違いではないとしても、少なくともこの問題については、民主主義を過小評価したとの批判を免れ得ないであろう。

また長年の無理解と逆境を経験してきたハイエクにとって、サッチャー政権も含め、自らと近い考えが実際に適用されることへの期待感とそれと裏腹の焦燥感を隠しきれなかったものと思われる。しかし、著者としてのハイエク個人を超えて、彼の積みあげてきたテクストは、厳然としてピノチェト的な体制を批判している。彼はそのことにより自覚的であるべきであった。

†ハイエクの死

ハイエクは一九八五年頃から大きく体調を崩すようになった。遺作となった『致命的な思いあがり』(一九八八年)は、第4章でも述べたように他者からの編集が大きく加わったものと言われており、随所に顧みるべき箴言が込められているものの、彼の社会哲学がそこで完成しているとは言い難い。子息ローレンスによれば、最晩年のハイエクは「なんとか我慢できる」、「惨めだ」と繰り返していたという。それは老齢と病気のために、もはや思うように動かない身体と世界の行く末に対する不安の現れであっただろう。

国際社会に対するハイエクの実践的な影響力がいちばん現れたのは、彼の家系のルーツがあり共産主義の圧政下にあった中欧・東欧諸国に対してであった。ハイエクの著作は、これらの地域の反体制活動家や知識人たちに密かに読まれ、希望の灯りとなった。フリードマンもこの点については、テレビ番組でのインタビューで次のような率直な評価を与えている。

フリードリヒ・ハイエクほど、鉄のカーテンの裏側の知識人たちに影響力を持った人物はいない。彼の著作は地下市場・闇市場で翻訳され出版され、幅広く読まれることで、世論の動向に影響を与えた。それが最終的にソビエト連邦の崩壊をもたらしたことは間違いない。

実際にそうした動きは、周辺諸国に先駆けて始まったハンガリーの市場経済化やポーランドの自由化運動である「連帯」をはじめとして、チェコスロバキア（当時）の「ビロード革命」やバルト三国にまで幅広く及んだ。幸運なことにハイエクは、一九八九年のベルリンの壁の崩壊や一九九一年のソ連の解体を目の当たりにすることになった。ただ彼はそれを喜びながらも、依然として危機感を失うことはなく、自由社会の将来を案じていた。

ちょうどその頃、ハンガリーの経済学者コルナイ・ヤーノシュ（コルナイが姓）は、東欧における市場経済化の意義だけではなく、それがもたらす矛盾や弊害の双方の側面についてハイエク的な観点から分析を行なった。『市場経済への道』（邦題『資本主義への大転換』一九九二年）という題名自体が、ハイエクの『隷属への道』へのオマージュである。

コルナイは、冷戦期から社会主義経済の非効率性やランゲの市場社会主義の予定調和的性格を批判していた一方で、計画経済から市場経済への移行においては、法体系や所有権、労働市場といった大規模な制度的な変革が求められることを指摘した。急激な変革は、混乱や失業、格差の拡大といった新たな問題を生み出すため、移行の成功には一定の時間と政治的な安定が不可欠となる。

実際、ハンガリーやチェコなどの実質ＧＤＰは冷戦崩壊後に一時的に落ち込んだものの、その後、数年間で成長軌道に乗ることに成功した。一方、かつての覇権を失い大きく社会が混乱したロシアは、九〇年代を通じて長く大規模な経済収縮の道を歩むことになった。社会主義体制が終焉しても、発展への道は一様ではない。その意味でも、ハイエクの警鐘は生きていた。

一九八九年にアメリカの政治学者フランシス・フクヤマは、論文「歴史の終わり?」を発表して世界的な反響を巻き起こした。彼はソ連の衰退を見て、もはやイデオロギーの対立の時代は完全に幕を下ろしたと判断した。数年後に共産主義諸国の崩壊は現実のものとなったが、何よりフクヤマの主張とは、世界史の大きな展開の帰結としての、自由な議会制民主主義体制と市場経済という「理念」が最終的かつ「本質的」な勝利を収め、その意味で「歴史の終わり」が到来したというものである。今後も、技術や文化や生活様式などの変化は生じるであろう。しかし、政治体制のあるべき姿はもはや不変である。フクヤマはさらに内容を改訂し、一九九二年には『歴史の終わり』として出版した。

無論、冷戦の終結をもって世界中から紛争が消滅したわけではない。その後、現在に至るまで、むしろタガが外れたように民族対立やテロが次々と勃発している。議会制民主主義と市場経済に逆行するかのような動きもしばしば見られる。だが後年のフクヤマの議論によれば、それらはあくまで歴史の「現象」面の問題である。「現象」が「本質」に完全に合致するには今後、長ければ数百年の過渡期を要するかもしれない。しかし、世界史における「本質」の到達点として、すでに「歴史は終わって」いる。

こうしたフクヤマの考えは、ドイツの観念論哲学の代表者であるゲオルク・ヴィルヘルム・フリードリヒ・ヘーゲル（1770－1831）から影響を受けており、その弁証法と呼ばれる方法論を応用したものである。弁証法にもとづけば、互いに対立しあう主張がその限界や矛盾を乗り越えて、より高次の段階で統合されることで新たな主張が生まれ（止揚）、そのプロセスが繰り返されていく。ヘーゲルは単に論理だけではなく、歴史や現実そのものが弁証法を通じて「世界精神」として絶えず発展していくと捉えた。

よく知られているように、マルクスはヘーゲルの弁証法を、経済における物質的な生産関係の対立と止揚による発展過程を表すものと解釈し、資本主義社会もまたその矛盾によって次の社会主義段階へと至ると考えた。一方でフクヤマは、マルクスの唯物論的な歴史観に疑念を表明し、社会主義の経済的な非効率性よりもむしろ、その理念的・道徳的欠陥こそが矛盾を露わにし、あらためて民主主義と市場経済の勝利がもたらされたと解釈する。ヘーゲルが、一八〇六年のイエナ・アウエルシュタットの戦いで勝利し入城するナポレオンに、新たな「世界精神」の展開の具現化を見たように、フクヤマは一九八九年のベルリンの壁の崩壊をそう捉えた。

当時の変動の興奮のなかで、ハイエクとフクヤマの議論は似通ったものと見なされることもあった。しかし今振り返ってみれば、当否は別にこうした形での自由主義の正当化は、ハイエクとは全く相容れない関係にある。彼の観点からすれば、いかに社会主義が崩壊し自由な体制が勝利したといえども、歴史がある必然的な法則や方向性に従って発展すると考える「歴史主義」的、「本質主義」的な議論には到底、賛同できるものではなかった。

一見それは、自由を擁護しているようで、なんらかの達成すべき「目的」をあらかじめ想定してしまっている。ポパーも指摘したように、そうした考え方自体が、個人の自由や多様性を否定し、全体主義や独裁に至る危険を孕んでいる。

フクヤマのヘーゲル理解はロシア出身のフランスの哲学者アレクサンドル・コジェーヴ(1902–68)を経由したものであり、ヘーゲル本来の意図との乖離もしばしば指摘される。ただ、少なくともヘーゲル主義からの一つの派生物であることは間違いないだろう。ハイエクが直接的にフクヤマに言及するには、もはや時間と体力が残されていなかったが、ヘーゲル主義が社会科学に及ぼした影響については、すでに『科学による反革命』(一九五二年)の最終章において、その「歴史主義」的、「本質主義」的、「決定論」的、「目的論」的な思考法は最終的に自由とは相容れない、と強く批判していた。

同年に出版された『感覚秩序』も、確固たる「自我」や精神の「実体」といった「本質主義」的な人間理解に対する反駁の書であった。彼にとって、自由な社会の未来は「本質」として決定されているのではなく不確定であり、かつ不安定である。しかし、それゆえにこそ擁護する価値がある。

一九九一年、アメリカのジョージ・ブッシュ大統領（父）はハイエクの「地平線の向こうを見続けた生涯」を称え、文民に与えられる最高位の一つである大統領自由勲章を贈った。その翌年の一九九二年三月二三日、闘病生活の末にフライブルクにてハイエクは世を去った。一九世紀の末に産まれ、激動する時代を見届けた九二年の生涯であった。「人生の目的はあらかじめ決まってはいない」、「自分は「運」が良かった」、それが彼の人生観だった。二番目の妻ヘレーネは一九九六年まで九六歳の長寿を保った。

振り返って、ハイエクは現代のわれわれに何を残したのであろうか。彼は「市場の道徳的責務」（一九八六年）と題された最晩年のエッセイにおいて、自身の長い研究生活を振り返り、きわめて明晰な形で表現している。

（ただの偶然ですが）ジョン・メイナード・ケインズが『一般理論』を出版した一九三六年、私はロンドン経済クラブの会長講演を準備していたところでした。経済学のさまざまな分野に及ぶ自分のこれまでの研究が、どれも共通する基調を持っていることにふと気づいたのです。そのとき感じたのは、具体的で直接的な知識を持っているわけではない出来事や需要や状況に対して、無数の人々が自分たちの努力を適合させることができるのは、まさに価格システムという手段によってであること、世界経済が全体として調整されているのは、知らず知らずのうちに生じた特定の慣行や慣習のおかげであるということでした。最初に景気変動の研究で明らかにした、誤った価格シグナルが人々の努力を誤った方向へと導くという問題を、私はその後もさまざまな領域において探究してきました（中略）

次第に理解したのは、経済学の基本的な役割とは、人々が何ら情報を持っていないデータに対して活動を適応させていくプロセスを説明することだということです。経済秩序とは、われわれが価格をガイドあるいはシグナルとして利用することで、見ず知らずの人々の需要を満たすとともに、その力や能力の助けを得るように導かれるという事実にもとづいています。われわれはその全貌を理解することも設計することもなかったシステムに依拠してきたからこそ、世界の人口の大規模な増加を支える富を生み出し、その富をより正当な手段で分配するという新たな大志を実現しはじめることができたのです。基本的に価格がシグナルとして、無数の個人の努力を予期せぬ形で調整するという気づきは、ある意味で現代のサイバネティクス理論にも通じていま

すが、私の研究のいちばんのアイディアになったのです（中略）

これが私の主な仕事になりましたが、今述べたように簡潔に、少ない言葉で表現できるようになるまでには、約五〇年かかりました。一〇年前でさえ、これほど手短に表現することはできなかったでしょう（中略）

価格とは未知の出来事や需要にわれわれの活動を適応させるシグナルである、というのが正しいとするならば、価格を制御できると考えるのは明らかにナンセンスです。シグナルが何を示しているのかがわからなければ、シグナルを改善することはできません。

完全競争市場の理論においてさえ、価格システムが、考慮されるべきすべての事柄を考慮しているわけではないことを認めることは矛盾ではありません。しかし、価格に直接介入することでシステムを改善することは不可能だとしても、これまで考慮されてこなかった情報を市場に入力するための新しい方法を発見しようとすることは可能です。

こうした方向への進歩の余地はまだ十分に残されています。さらに、市場がすでに私たちに提供しているものだけではなく、市場が提供できないものを熟慮のうえでの組織化によって「補う」機会は十分にあります。したがって、市場が機能する枠組みを改善しようと努める場合にのみ、市場を最大限に利用することができるのです。自身で境遇を改善できない状態にある人々のためには、市場システムの外部にて（政府やその他の組織を通じて）対策を講じる必要があります。

ハイエクが亡くなってすでに三〇年以上の時が経過した。もし今後の歴史が、すでに理念として到達された自由な体制という「本質」に「現象」が近づくという答え合わせ、あるいは消化試合に過ぎないとするならば、もはや彼の膨大な著作は役割を果たし、図書館の奥底に眠ることになるであろう。

しかし、おそらくは歴史は終わってはいない。今なお自由は脆い足場のうえで、かろうじて立っているに過ぎないのではないのか。昨日までの反権力者が、立場が逆転するや寛容を失い、人々を救うはずだった「社会正義」の観念が、むしろ「恣意的権力」となって社会全体を覆い尽くそうとする。残念ながらそうした危機が、再び繰り返されていくのかもしれない。だが支配と自由との戦いが続く限り、人々が強制のない自由を希求する限り、ハイエクの名は何度でも蘇るであろう。

おわりに

ウィーン郊外のノイシュティフト・アム・ヴァルデにあるハイエクの墓地を訪れたのは二〇一五年の秋だった。中心部からそう遠くはないにもかかわらず、閑静な住宅街と葡萄畑の広がる丘陵にあり、ちょうど新酒の時期ということで、ホイリゲと呼ばれる居酒屋では杉玉ならぬ松玉が店先に飾られていた（詳細な道順については阿部 2021 が詳しい）。

常日頃、墓参りに特段の関心のない自分でも感慨深いものがあり、前後して訪れた生家やウィーン大学の光景とともに在りし日の故人を思った。その意味では、やはり自分もまた徹頭徹尾、象徴世界の住人なのであろう。ロンドンでの在外研究の途中での訪問であったが、たまたま東京から観光に来ていた友人も同行してくれ、帰路ではタルタル・ステーキやチーズをつまみながらグラスを傾け、一緒に音楽会に出かける楽しい道中であった。

はじめてハイエクの名を知ったのはいつ頃だったであろうか。時期の詳細はもう覚えて

ハイエクの墓

いないが、社会科学全般に最初の関心を抱いたのは一九八〇年代の中頃だったと思う。冷戦の対立構造の危機感は未だ生々しいものがあった。家庭で定期購読していた『暮しの手帖』誌で一九八三〜八四年頃に連載されていた「カンボジアに何が起ったか」（田辺聖子著）でのポル・ポト支配地域の惨状には激しい戦慄と恐怖を抱いた。同誌で毎号のように掲載されていた、家電や日用品や食品などへの辛口の「商品テスト」も読みふけったが、家庭には子が「経済」や「企業」、「生産」や「販売」、「消費」といったものに関心を持つことへの極度の警戒感があり、何度か禁止令が出た。生まれ育った地方や学校制度にもずっと閉塞感や窮屈さを覚えていた。

バブル景気は個人的にはなんの経済的な恩恵ももたらさなかったが、ポストモダンや新しい科学論といった八〇年代の思想状況の余波は、地方の書店でも感じることができた。とくに、なぜか手に取ってしまった栗本慎一郎『パンツをはいたサル』（一九八一年）は非常に越境的かつ衒学的で闇鍋のようないかがわしさにあふれており、そこでポランニー兄弟（カールとマイケル）の名前を知った。彼ら自体は全くあやしい存在ではないが、それでも周縁や傍流、異端の香りを振りまいていた。

そこからハイエクへの道のりはそう遠いものではなく、すでにさまざまな媒体で目にしていたように思う。『別冊宝島』や浅羽通明『ニセ学生マニュアル』（一九八八年）などのシリーズも地方の中学生・高校（中退）生にとってはとても刺激的だった。ポストモダンの思想は当時の自分の理解の範疇を超えていたが、それでも、近代的な主体性の解体の議論や、あらゆる場所での権力の遍在を説くフーコーの権力論などは心を揺らすものがあった。

予備校生活のための上京で都市の空気と開放感に浸っていた九一年頃のある日、とある古書店で古賀勝次郎『ハイエクの政治経済学』（一九八一年）を目にする機会があった。たまたま広げた箇所（八八頁あたり）には、「自生的秩序」としてのGreat Society（「大きな社会」）と近代以前の閉鎖的な小さな社会（「部族社会」）の対比が記されており、細部はよく理解できないながらも、自分の感じてきたことをうまく言い表してくれている、そんな気がした。社会のあり方の直接のオルタナティブについては注意深くあくまで沈黙を貫いたフーコーとはまた別の形で、ハイエクも権力のあり方に対してきわめて敏感であること、やはり彼自身が周縁の人であることを強く感じた。記憶というものは後から遡って選択され、補強され、上書きされるものなのだろうが、結局、この日の印象が今に至るまでずっと続いているようにも思う。

しばらくして、一九九二年三月にある図書館でハイエクの訃報に接した。「結局、会うことはなかったな」と、そう感じたのを覚えている。その後、紆余曲折あり、大学ではミクロ経済学を用いて社会のあるべき規範を検討する厚生経済学やゲーム理論のゼミナールに籍を置いた。そうした分野への能力の無さをひたすら痛感することにはなったが、それでも経済的な公平性についてのロールズ型の基準や、アローの不可能性定理が指摘する民主主義における意思決定の困難さの問題は、自分をあらためて思想の探究へと向かわせるきっかけとなった。

それからまた時が流れた。大学院での学位論文の審査会の際、一人の審査委員の方からは、「結局、あなたのやりたいのは、ハイエクをある種の〈批判理論〉として読みたいということなんですね」とのコメントをいただいた。自分でも予想外であったし、必ずしも称賛を意味していたわけでもなかったと思うが、その後につながる表現だった。

「批判理論」とは、ホルクハイマーやアドルノらフランクフルト学派が展開した社会哲学の名称である。ユダヤ系の亡命知識人であった彼らはマルクスの哲学とフロイトの精神分析を基軸に、資本主義社会における個人や文化、そしてそれらを支える経済学のあり方を、いずれは全体主義的な管理社会へと向かうものとして「批判的」に捉えた。

立場は対照的ながら、ハイエクもまた「マージナルマン」（境界人）として、当時の社会が全体主義へと傾いていくこと、さらに一つの全体主義や権力性を批判する者が、容易に別の形の全体主義や権力性へと回帰することを憂いた。そして独自の心理学を含む壮大な哲学思想を展開することで、やはり自由な個人や文化、文明、そして経済学のあり方をも取り戻そうとした。

本書もまた、そうした関心の延長線上に成立したものだ。一方、「新書」や「入門」の枠組みや体裁を大幅に超えてしまったかもしれないことを怖れる。だが、ここまで長らくお付き合いいただいた読者には、これまでと全く別の形で現代社会を「批判的」に捉える視座を少しでも提供できていればと念じる。また、それが「大きな社会」あるいは「自生的秩序」のなかでの、多種多様な対面組織や協同組織の発展、またその上での未知の知識の開花、「学問と技芸の洗練」（ヒューム）の一助となることを願いたい。

＊＊＊

本書は数多くの方々からのご教示や支援の賜物である。ただ、大学院で師事した田中秀夫先生にご覧いただけなかったことだけは心残りだ。先生との出会いなくしては、今の自分はありえない。だが、先生は二〇二三年一二月に突然、逝去されてしまった。先生は、日本へのハイエクの紹介と普及を担った一人でありつつ、彼の思想とはつねに適度な距離を取っておられたが、いろいろ苦笑しつつも本書の完成を誰よりも喜んでくださったのではないかと思う。とても親切でなにより寛容な方だった。

八木紀一郎先生には、授業や学会にて多くを学んだ。翻訳をご一緒させていただいた『思想史論集』の「解説」は終章でも触れたが、ハイエク自身のケインズやウィトゲンシュタインの回想と並ぶ愛情溢れるとても美しい文章で、たびたび読み返す。桂木隆夫先生には、多彩な面々が集まった『ハイエクを読む』（二〇一四年）において編者を務めていただき、ナイト『リスク、不確実性、利潤』（二〇二一年）の翻訳でも学生に戻ったような議論の場を楽しませていただいた。またそれだけではなく、本書の出版について筑摩書房にご示唆いただいた。坂本達哉先生には、共通の音楽の趣味を通じてふとお目にかかる機会が多く、懇談の傍ら、子を持つことについても、とても親身なアドバイスをいただいた。

信州の奥深く、板井広明さんの山荘での研究会では、佐藤方宣さん、高橋聡さん、原谷直樹さん、野原慎司さんが夜を徹して、一字一句、草稿の検討につきあってくださった。玉手慎太郎さんからも草稿全体にわたって、非常に詳細なコメントや示唆をいただいた。本務校の東洋大学や、石井元基さんと劉昊煬さんがアシスタントを務めてくれた早稲田大学での講義を通じても、内容をブラッシュアップすることができた。小沢佳史さんと立正大学経済研究所の先生方には、研究会への参加者の方々ともども、本書の概要について報告する機会をいただいた。岸本康佑さんとの議論も執筆の後押しとなった。

その他、紙幅の都合で一人ひとりのお名前をあげることはできないが、さまざまな学会や研究会で議論させていただいた方々からの厚誼を含め、深く感謝申し上げたい。そのうえで当然のことながら、本文中に存在しうる誤りの責任は全て筆者本人に帰する。

筑摩書房の永田士郎さんから本書の打診を受けてから、早くも一〇年の月日が経ってしまった。もうかなり前にいちど全部を書いてみたものの納得いかず、結局、第1章以外は全て新たに書き直した。この三年間、あらためて執筆に集中したが、絶妙のタイミングで送られてくる永田さんからの「ちゃんと進んでますか?」という進捗の問い合わせと「やってます!(本当)」という蕎麦屋の出前のようなやり取りに粘り強い忍耐、その都度の的確なアドバイスと励ましのお陰でようやく書き上げることができた。すっかり遅くなってしまったし、思い切り分厚くなってしまいました。ごめんなさい。本当にありがとうございます。

最後に、妻の厚子と娘、響子に本書を捧げたい。とある仮想通貨暴落の日の「ハイエク、また世に敗れたり」という言葉に代表される、妻の叱咤激励は大きな原動力となった。自他ともに認めるワーカホリック、信じられないような超仕事大好き人間の彼女との育児の分担の合間の執筆は確かにたいへんではあったが、でも、それによって新たに開けた世界がなければ、やはり完成しなかったとも思う。夜中に作業を終えたあとの娘の寝顔ほど、心和むものはない。二人の存在にあらためて感謝したい。

二〇二五年二月　娘の八歳の誕生日に

太子堂正称

人名索引

【あ】

【か】

【さ】

【た】

【な】

【は】

事項索引

【あ】

【か】

【さ】

【た】

【な】

【は】

【ま】

【や】

【ら・わ】

【欧文】

参考文献（海外文献は邦訳のあるものに限った）

青木裕子・大谷弘編（2020）『「常識」によって新たな世界は切り拓けるか――コモン・センスの哲学と思想史』晃洋書房.

秋山美佐子（2003）「ハイエクの「転換」プロセスについての一考察――モルゲンシュテルン論文「完全予見と経済均衡」との関係から」『三田学会雑誌』95巻第4号，135－151頁.

東浩紀（2011）『一般意志2.0――ルソー、フロイト、グーグル』講談社.

阿部勘一（2021）「ウィーンおよびウィーンの著名人における観光資源としての顕彰・展示にかんする一考察」『成城大學經濟研究』234号，241－271頁.

荒川章義（1999）『思想史のなかの近代経済学――その思想的・形式的基盤』中公新書.

有江大介（2019）『反・経済学入門：経済学は生き残れるか――経済思想史からの警告』創風社.

飯田隆（2005）『ウィトゲンシュタイン』講談社.

池田信夫（2008）『ハイエク――知識社会の自由主義』PHP新書.

池田幸弘（1996）「ハイエクと制度進化の経済学」『経済学史学会年報』34巻，40－52頁.

石井穣（2016）「ハイエクの景気循環論とリカードウ効果」『関東学院大学経済経営研究所年報』関東学院大学経済経営研究所，15－33頁.

石井元基（2024）「F・A・ハイエクにおける「自生的秩序」と「共感」――『感覚秩序』を手掛かりに」『社会思想史研究』第48号，104－123頁.

石井元基（2024）「1930年代初期ハイエクにおける経験主義的契機」『経済学史研究』66巻2号，36－62頁.

板井広明（2002）「ベンサムにおける快楽主義の位相とマイノリティーの問題【『男色論』を中心にして】」『社会思想史研究』26号，62－74頁.

伊藤邦武（1999）『ケインズの哲学』岩波書店.

伊藤宣広（2016）『投機は経済を安定させるのか？――ケインズ『雇

用・利子および貨幣の一般理論』を読み直す』現代書館.
稲葉振一郎（2018）『「新自由主義」の妖怪――資本主義史論の試み』亜紀書房.
井上彰編（2018）『ロールズを読む』ナカニシヤ出版.
井上達夫（2021）『増補新装版 共生の作法――会話としての正義』勁草書房.
井上達夫（2021）『増補新装版 他者への自由――公共性の哲学としてのリベラリズム』勁草書房.
井上義朗（1993）『市場経済学の源流――マーシャル、ケインズ、ヒックス』中公新書.
猪木武徳（2016）『自由の思想史――市場とデモクラシーは擁護できるか』新潮選書.
犬塚元・河野有理・森川輝一（2023）『政治学入門――歴史と思想から学ぶ』有斐閣.
岩井克人（2006）『二十一世紀の資本主義論』ちくま学芸文庫.
上山隆大（1986）（1987）「F. A.ハイエクの「感覚秩序」（上）（下）」『大阪大学経済学』36巻1・2号，236－250頁：36巻3・4号，278－297頁.
上山隆大（1989）「秩序論の背後にあるもの――F・ハイエクの『感覚秩序』をめぐって」『思想』778号，74－95頁.
宇佐美誠・児玉聡・井上彰・松元雅和（2019）『正義論――ベーシックスからフロンティアまで』法律文化社.
宇沢弘文（2000）『ヴェブレン』岩波書店.
宇野重規（2016）『保守主義とは何か――反フランス革命から現代日本まで』中公新書.
宇野重規（2020）『民主主義とは何か』講談社現代新書.
江頭進（1999）『F. A.ハイエクの研究』日本経済評論社.
江頭進（1999）「哲人ハイエクの威を借る渡辺昇一氏」『論座』6月号，朝日新聞社.
江頭進（1999）「ハイエクを矮小化する渡辺氏へ」『論座』10月号，朝日新聞社.
江頭進（2007）「法人資本主義論――ハイエク」平井俊顕編著『市場社会とは何か――ヴィジョンとデザイン』上智大学出版会.

江頭進（2012）「ハイエクとシカゴ学派――方法論と自由主義」『経済学史研究』53 巻 2 号，41－58 頁.
江頭進・塘茂樹（2004）「ハイエクに対するシュパンの影響」『経済学史学会年報』45 巻，26－39 頁.
越後和典（2003）『新オーストリア学派の思想と理論』ミネルヴァ書房.
越後和典（2011）『新オーストリア学派とその論敵』慧文社.
エーデルマン，G. M／冬樹純子訳・豊嶋良一監修（2006）『脳は空より広いか――「私」という現象を考える』草思社.
エドモンズ，D・エーディナウ，J／二木麻里訳（2016）『ポパーとウィトゲンシュタインとのあいだで交わされた世上名高い一〇分間の大激論の謎』ちくま学芸文庫.
エーベンシュタイン，L／大野一訳（2008）『最強の経済学者 ミルトン・フリードマン』日経 BP.
エーベンシュタイン，L／田総恵子訳（2012）『フリードリヒ・ハイエク』春秋社.
大竹文雄（2010）『競争と公平感――市場経済の本当のメリット』中公新書.
大谷弘（2022）『入門講義 ウィトゲンシュタイン『論理哲学論考』』筑摩選書.
大友敏明・池田幸弘・佐藤有史編（2003）『経済思想史にみる貨幣と金融』三嶺書房.
隠岐さや香（2018）『文系と理系はなぜ分かれたのか』星海社新書.
翁邦雄（2015）『経済の大転換と日本銀行』岩波書店.
尾近裕幸・橋本努編（2003）『オーストリア学派の経済学――体系的序説』日本経済評論社.
落合仁司（1987）『保守主義の社会理論――ハイエク・ハート・オースティン』勁草書房.
オドリスコル，G，P・リッツォ，M／橋本努・井上匡子・橋本千津子訳（1999）『時間と無知の経済学――ネオ・オーストリア学派宣言』勁草書房.
重田園江（2011）『ミシェル・フーコー――近代を裏から読む』ちくま新書.
重田園江（2013）『社会契約論――ホッブズ、ヒューム、ルソー、ロー

ルズ』ちくま新書.
重田園江（2020）『フーコーの風向き――近代国家の系譜学』青土社.
重田園江（2022）『ホモ・エコノミクス――「利己的人間」の思想史』ちくま新書.
戒能通弘（2013）『近代英米法思想の展開――ホッブズ＝クック論争からリアリズム法学まで』ミネルヴァ書房.
笠井高人（2024）「ポランニーから見た現代資本主義とその未来――二重の運動と社会主義的転換」『経済学史研究』65巻2号，123－143頁.
鹿島茂（2022）『パリ万国博覧会――サン＝シモンの鉄の夢』講談社学術文庫.
桂木隆夫（1988）『自由と懐疑――ヒューム法哲学の構造とその生成』木鐸社.
桂木隆夫編（2014）『ハイエクを読む』ナカニシヤ出版.
桂木隆夫（2014）「ハイエクとナイトI」桂木隆夫編『ハイエクを読む』ナカニシヤ出版.
桂木隆夫（2020）『保守思想とは何だろうか――保守的自由主義の系譜』筑摩選書.
金杉武司（2007）『心の哲学入門』勁草書房.
上村剛（2023）「立法府は立法権を行使しているか？――ハイエクの権力分立論と思想史理解の変遷」『年報政治学』2023－1，202－224頁.
川出良枝（2023）『平和の追求――18世紀フランスのコスモポリタニズム』東京大学出版会.
河本英夫（1995）『オートポイエーシス――第三世代システム』青土社.
木崎喜代治（2004）『幻想としての自由と民主主義――反時代的考察』ミネルヴァ書房.
木田元（2002）『マッハとニーチェ――世紀転換期思想史』新書館.
楠茂樹・楠美佐子（2013）『ハイエク――「保守」との訣別』中公選書.
久保真・中澤信彦（2023）『経済学史入門――経済学方法論からのアプローチ』昭和堂.
蔵研也（2022）『ハイエクといっしょに現代社会について考えよう』春秋社.

栗本慎一郎（1982）『ブダペスト物語——現代思想の源流をたずねて』晶文社.
栗本慎一郎（1988）『意味と生命——暗黙知理論から生命の量子論へ』青土社.
桑田学（2014）『経済的思考の転回——世紀転換期の統治と科学をめぐる知の系譜』以文社.
香西泰（2004）「ハイエクの経済思想」倉林義正・香西泰・長谷川かおり編著『現代経済思想の散歩道』日本評論社.
古賀勝次郎（1981）『ハイエクの政治経済学』新評論.
古賀勝次郎（1983）『ハイエクと新自由主義——ハイエクの政治経済学研究』行人社.
古賀勝次郎（1985）『ハイエク経済学の周辺』行人社.
小河原誠（2024）『ポパー〔第2版〕』ちくま学芸文庫.
小城拓理（2017）『ロック倫理学の再生』晃洋書房.
児玉聡（2012）『功利主義入門』ちくま新書.
児玉聡（2024）『哲学古典授業　ミル『自由論』の歩き方』光文社新書.
小林純（2001）「1920年代ヴィーンの住宅建設——ノヴィーとノイラート」『立教経済学研究』54巻3号，99–128頁.
小峯敦（2007）『ベヴァリッジの経済思想——ケインズたちとの交流』昭和堂.
小峯敦（2010）『福祉の経済思想家たち【増補改訂版】』ナカニシヤ出版.
小峯敦（2021）『経済学史』ミネルヴァ書房.
コールドウェル，B／八木紀一郎監訳・田村勝省訳（2018）『ハイエク——社会学方法論を巡る闘いと経済学の行方』一灯舎.
佐伯啓思（1999）『ケインズの予言——幻想のグローバル資本主義（下）』PHP新書.
佐伯啓思・松原隆一郎編（2007）『共和主義ルネサンス——現代西欧思想の変貌』NTT出版.
酒井弘格（2014）「ハイエクとシュンペーター」桂木隆夫編『ハイエクを読む』ナカニシヤ出版.
酒井泰弘（2015）『ケインズ対フランク・ナイト——経済学の巨人は「不確実性の時代」をどう捉えたのか』ミネルヴァ書房.
坂本達哉（1995）『ヒュームの文明社会——勤労・知識・自由』創文社.

坂本達哉（2011）『ヒューム　希望の懐疑主義――ある社会科学の誕生』慶應義塾大学出版会.
坂本達哉（2014）『社会思想の歴史――マキアヴェリからロールズまで』名古屋大学出版会.
サトウタツヤ・高砂美樹（2022）『流れを読む心理学史〔補訂版〕――世界と日本の心理学』有斐閣アルマ.
阪本昌成（2006）『法の支配――オーストリア学派の自由論と国家論』勁草書房.
佐藤一進（2014）『保守のアポリアを超えて――共和主義の精神とその変奏』NTT 出版.
佐藤光（2010）『マイケル・ポランニー「暗黙知」と自由の哲学』講談社選書メチエ.
佐藤光・中澤信彦編（2015）『保守的自由主義の可能性――知性史からのアプローチ』ナカニシヤ出版.
佐藤方宣（2014）「ハイエクとナイトⅡ」桂木隆夫編『ハイエクを読む』ナカニシヤ出版.
佐藤方宣（2018）「ロールズと経済学史――『正義論』へのナイトの影響が意味するもの」井上彰編『ロールズを読む』ナカニシヤ出版.
佐藤嘉幸（2009）『新自由主義と権力――フーコーから現在性の哲学へ』人文書院.
篠原三代平（1991）『世界経済の長期ダイナミクス――長期波動と大国の興亡』TBS ブリタニカ.
柴山桂太（2014）「ハイエク、ケインズ、マルクス」桂木隆夫編『ハイエクを読む』ナカニシヤ出版.
嶋津格（1985）『自生的秩序――F. A. ハイエクの法理論とその基礎』木鐸社.
嶋津格（2004）「ハイエクと社会福祉」塩野谷祐一・鈴村興太郎・後藤玲子編『福祉の公共哲学』東京大学出版会.
下村晃平（2025）『ネオリベラリズム概念の系譜 1834-2022』新曜社.
スカウソン，M／田総恵子訳（2013）『自由と市場の経済学――ウィーンとシカゴの物語』春秋社.
鈴木貴之（2015）『ぼくらが原子の集まりなら、なぜ痛みや悲しみを感じるのだろう――意識のハード・プロブレムに挑む』勁草書房.

スティール，G．R／渡部茂訳（2001）『ハイエクの経済学』学文社．

ソト，J．H／蔵研也訳（2017）『オーストリア学派――市場の秩序と起業家の創造精神』春秋社．

太子堂正称（2003）「ハイエクとヒューム、スミス――社会秩序の形成過程をめぐって」『経済学史学会年報』43巻，52－67頁．

太子堂正称（2011）「ハイエクの福祉国家批判と理想的制度論――自由な市場秩序の前提条件」小峯敦編『経済思想のなかの貧困・福祉――近現代の日英における「経世済民」論』ミネルヴァ書房．

太子堂正称（2014）「ハイエクの「法の支配」」桂木隆夫編『ハイエクを読む』ナカニシヤ出版．

太子堂正称（2015）「ハイエクと現代共和主義論」坂本達哉・長尾伸一編『徳・商業・文明社会』京都大学学術出版会．

太子堂正称（2022）「ハイエクにおける「科学主義」批判と「新自由主義」批判」『経済学研究（愛知学院大学）』9巻2号，53－70頁．

高橋聡（2022）「P.-J. プルードンの互酬経済の原理」『関西大学経済論集』195－214頁．

瀧澤弘和（2018）『現代経済学――ゲーム理論・行動経済学・制度論』中公新書．

只腰親和・佐々木憲介編（2018）『経済学方法論の多元性――歴史的視点から』蒼天社．

田中秀夫（1998）『共和主義と啓蒙――思想史の視野から』ミネルヴァ書房．

田中秀夫（2009）「ロンドン・スクールとフランクフルト学派――1930年代のイギリス社会思想の一齣」『經濟論叢』183巻3号，1－17頁．

田中秀夫（2012）『アメリカ啓蒙の群像――スコットランド啓蒙の影の下で1723－1801』名古屋大学出版会．

田中秀夫・山脇直司編（2006）『共和主義の思想空間――シヴィック・ヒューマニズムの可能性』名古屋大学出版会．

田中秀臣（2004）『経済論戦の読み方』講談社現代新書．

玉手慎太郎（2024）『今を生きる思想 ジョン・ロールズ――誰もが「生きづらくない社会」へ』講談社現代新書．

塚本恭章（2023）『経済学の冒険――ブックレビュー＆ガイド100』読書人．

柘植尚則（2020）『近代イギリス倫理思想史』ナカニシヤ出版.
土井崇弘（2014）「ハイエクの共同体論」桂木隆夫編『ハイエクを読む』ナカニシヤ出版.
土井崇弘（2019）『ハイエクの伝統論の再構成――日本文化のなかでの自由社会の擁護』成文堂.
堂目卓生（2008）『アダム・スミス――『道徳感情論』と『国富論』の世界』中公新書.
内藤敦之（2011）『内生的貨幣供給理論の再構築――ポスト・ケインズ派の貨幣・信用アプローチ』日本経済評論社.
長雄幸一（2017）『ミーゼスの市場プロセス論――制度比較論の再考』一橋大学博士学位請求論文.
中澤信彦・太子堂正称（2007）「自由主義は「勝利」したのか？――間宮陽介『増補ケインズとハイエク』に寄せて」『関西大学経済論集』57巻1号，57－70頁.
中澤信彦（2009）『イギリス保守主義の政治経済学――バークとマルサス』ミネルヴァ書房.
中澤信彦（2014）「ハイエクの保守主義」桂木隆夫編『ハイエクを読む』ナカニシヤ出版.
中澤信彦・桑島秀樹編（2017）『バーク読本――〈保守主義の父〉再考のために』昭和堂.
中嶋洋平（2022）『社会主義前夜』ちくま新書.
仲正昌樹（2011）『いまこそハイエクに学べ――〈戦略〉としての思想史』春秋社.
中村隆之（2008）『ハロッドの思想と動態経済学』日本評論社.
中村隆之（2018）『はじめての経済思想史――アダム・スミスから現代まで』講談社現代新書.
中山智香子（2010）『経済戦争の理論――大戦間期ウィーンとゲーム理論』勁草書房.
中山智香子（2020）『経済学の堕落を撃つ――「自由」vs「正義」の経済思想史』講談社現代新書.
中山竜一・浅野有紀・松島裕一・近藤圭介著（2019）『法思想史』有斐閣アルマ.
鳴子博子（2023）『ルソーの政治経済学――その現代的可能性』晃洋書

房.
西部邁（1983）『経済倫理学序説』中央公論社.
西部邁（1983）『ケインズ』岩波書店.
西部忠（1996）『市場像の系譜学――「経済計算論争」をめぐるヴィジョン』東洋経済新報社.
西部忠（2021）『脱国家通貨の時代』秀和システム.
根井雅弘編著（2016）『ノーベル経済学賞――天才たちから専門家たちへ』講談社選書メチエ.
根井雅弘（2019）『資本主義はいかに衰退するのか――ミーゼス、ハイエク、そしてシュンペーター』NHK ブックス.
野原慎司・沖公祐・高見典和（2019）『経済学史――経済理論誕生の経緯をたどる』日本評論社.
橋爪大三郎（1985）『言語ゲームと社会理論――ヴィトゲンシュタイン・ハート・ルーマン』勁草書房.
橋爪大三郎（2003）『人間にとって法とは何か』PHP 新書.
橋本努（1991）「ハイエクの迷宮――方法論的転換問題」『現代思想』vol. 19 - 12, 160 - 179 頁.
橋本努（1994）『自由の論法――ポパー・ミーゼス・ハイエク』創文社.
橋本努（2007）「F・A・v・ハイエク」橋本努責任編集『経済思想〈第8巻〉20 世紀の経済学の諸潮流』日本経済評論社.
橋本努（2007）『帝国の条件――自由を育む秩序の原理』弘文堂.
橋本努（2012）『ロスト近代――資本主義の新たな駆動因』弘文堂.
八田達夫・八代尚宏編（1995）『「弱者」保護政策の経済分析』日本経済新聞社.
濱真一郎（2008）『バーリンの自由論――多元論的リベラリズムの系譜』勁草書房.
原谷直樹（2009）「新自由主義（ネオリベラリズム）」佐伯啓思・柴山桂太編『現代社会論のキーワード――冷戦後世界を読み解く』ナカニシヤ出版.
原谷直樹（2014）「ハイエクの社会科学方法論」桂木隆夫編『ハイエクを読む』ナカニシヤ出版.
ハンズ, D. W／高見典和・原谷直樹・若田部昌澄監訳（2018）『ルールなき省察――経済学方法論と現代科学論』慶應義塾大学出版会.

平井俊顕（1990）（1991）「ヴィクセル・コネクション（上）（下）――貨幣的経済学の軌跡」『上智経済論集』36巻1号，16－59頁：36巻2号，7－71頁.
平井俊顕（2007）『ケインズとケンブリッジ的世界――市場社会観と経済学』ミネルヴァ書房.
平方裕久（2014）「ハイエクとサッチャー」桂木隆夫編『ハイエクを読む』ナカニシヤ出版.
廣松渉（1975）『事的世界観への前哨――物象化論の認識論的＝存在論的位相』勁草書房.
藤田菜々子（2010）『ミュルダールの経済学――福祉国家から福祉世界へ』NTT出版.
藤田菜々子（2011）「1931－33年のミュルダールとハイエク――往復書簡から見る『貨幣理論への貢献』の成立過程」『オイコノミカ』48巻1号，1－26頁.
藤田菜々子（2014）「ハイエクとの比較におけるミュルダールの福祉国家論」『オイコノミカ』50巻2号，1－19頁.
藤田菜々子（2022）『社会をつくった経済学者たち――スウェーデン・モデルの構想から展開へ』名古屋大学出版会.
フリートウッド，S／佐々木憲介・西部忠・原伸子共訳（2006）『ハイエクのポリティカル・エコノミー――秩序の社会経済学』法政大学出版局.
逸見修二（2006）「ルソーと共和主義」田中秀夫・山脇直司編『共和主義の思想空間』名古屋大学出版会.
星野彰男（1994）『市場社会の体系――ヒュームとスミス』新評論.
細見和之（2014）『フランクフルト学派――ホルクハイマー、アドルノから21世紀の「批判理論」へ』中公新書.
細谷雄一（2012）『国際秩序――18世紀ヨーロッパから21世紀アジアへ』中公新書.
松尾匡（2010）『マルクス経済学』ナツメ社.
松尾匡（2014）『ケインズの逆襲、ハイエクの慧眼――巨人たちは経済政策の混迷を解く鍵をすでに知っていた』PHP新書.
松原隆一郎（2011）『ケインズとハイエク――貨幣と市場への問い』講談社現代新書.

間宮陽介（2006）『増補 ケインズとハイエク――〈自由〉の変容』ちくま学芸文庫.
馬渡尚憲（1990）『経済学のメソドロジー――スミスからフリードマンまで』日本評論社.
村井明彦（2017）『グリーンスパンの隠し絵（上）（下）――中央銀行制の成熟と限界』名古屋大学出版会.
森直人（2010）『ヒュームにおける正義と統治――文明社会の両義性』創文社.
森元孝（1995）『アルフレート・シュッツのウィーン――社会科学の自由主義的転換の構想とその時代』新評論.
森元孝（2006）『フリードリヒ・フォン・ハイエクのウィーン――ネオ・リベラリズムの構想とその時代』新評論.
森田雅憲（2009）『ハイエクの社会理論――自生的秩序論の構造』日本経済評論社.
森村進（2001）『自由はどこまで可能か――リバタリアニズム入門』講談社現代新書.
森村進編（2005）『リバタリアニズム読本』勁草書房.
森村進編（2009）『リバタリアニズムの多面体』勁草書房.
森村進（2024）『正義とは何か』講談社現代新書.
八木紀一郎（1988）『オーストリア経済思想史研究――中欧帝国と経済学者』名古屋大学出版会.
八木紀一郎（2004）『ウィーンの経済思想――メンガー兄弟から20世紀へ』ミネルヴァ書房.
八木紀一郎（2021）『20世紀知的急進主義の軌跡――初期フランクフルト学派の社会科学者たち』みすず書房.
安井俊一（2014）『J. S. ミルの社会主義論――体制論の倫理と科学』御茶の水書房.
山中優（2007）『ハイエクの政治思想――市場秩序にひそむ人間の苦境』勁草書房.
山中優（2014）「ハイエクのファシズム論」桂木隆夫編『ハイエクを読む』ナカニシヤ出版.
山本崇広（2021）『ハイエクの市場社会論――異質な期待のコーディネーションを中心とした再解釈』東京大学博士論文（学術）.

山森亮（2009）『ベーシック・インカム入門』光文社新書.
吉川洋（2009）『いまこそ、ケインズとシュンペーターに学べ――有効需要とイノベーションの経済学』ダイヤモンド社.
吉野裕介（2014）『ハイエクの経済思想――自由な社会の未来像』勁草書房.
吉野裕介（2014）「ハイエクの心理学と進化論」桂木隆夫編『ハイエクを読む』ナカニシヤ出版.
ラヴォア，D／吉田靖彦訳（1999）『社会主義経済計算論争再考――対抗と集権的計画編成』青山社.
若田部昌澄（2012）「歴史としてのミルトン・フリードマン――文献展望と現代的評価」『経済学史研究』54巻1号，22－42頁.
若森章孝（2013）『新自由主義・国家・フレキシキュリティの最前線――グローバル化時代の政治経済学』晃洋書房.
若森みどり（2011）『カール・ポランニー――市場社会・民主主義・人間の自由』NTT出版.
渡辺幹雄（2006）『ハイエクと現代リベラリズム「アンチ合理主義リベラリズム」の諸相』春秋社.
渡辺幹雄（2007）『ロールズ正義論とその周辺――コミュニタリアニズム、共和主義、ポストモダニズム』春秋社.
渡辺幹雄（2014）「ハイエクとロールズ」桂木隆夫編『ハイエクを読む』ナカニシヤ出版.
ワプショット，N／久保恵美子訳（2016）『ケインズかハイエクか――資本主義を動かした世紀の対決』新潮文庫.
ワプショット，N／藤井清美訳（2023）『サミュエルソンかフリードマンか――経済の自由をめぐる相克』早川書房.

［写真クレジット］

p 6, p 24: Bruce Caldwell & Hansjoerg Klausinger (2022) Hayek: A LIFE 1899-1950, The University of Chicago Press.
p 25, p 32, p 39, p 43, p 438：太子堂正称
p 48: Creative Commons CC BY-SA 3.0 Ludwig von Mises Institute
p 164: Fair use Fabian Bachrach (University of Chicago Immediate source: University of Chicago Photographic Archive apf1-03512, Hanna Holborn

Gray Special Collections Research Center, University of Chicago Library)
p 347: Creative Commons CC BY-SA 3.0 Detlef Gräfingholt
p 371: Creative Commons CC BY 3.0 MeJudice（YouTube: https://www.youtube.com/watch?v=klrLih-SujU）
上記以外すべて Wikipedia

ちくま新書
1859

ハイエク入門《にゅうもん》

二〇二五年五月一〇日　第一刷発行

著者　太子堂正称（たいしどう・まさのり）

発行者　増田健史

発行所　株式会社筑摩書房
東京都台東区蔵前二-五-三　郵便番号一一一-八七五五
電話番号〇三-五六八七-二六〇一（代表）

装幀者　間村俊一

印刷・製本　株式会社精興社

ISBN978-4-480-07689-2 C0210

ちくま新書

020 **ウィトゲンシュタイン入門** 永井均

天才哲学者が生涯を賭けて問いつづけた「語りえないもの」とは何か。写像・文法・言語ゲームと展開する特異な思想に迫り、哲学することの妙技と魅力を伝える。

029 **カント入門** 石川文康

哲学史上不朽の遺産『純粋理性批判』を中心に、その哲学の核心を平明に読み解くとともに、哲学者の内面のドラマに迫り、現代に甦る生き生きとしたカント像を描く。

071 **フーコー入門** 中山元

絶対的な〈真理〉という〈権力〉の鎖を解きはなち、〈別の仕方〉で考えることの可能性を提起した哲学者、フーコー。一貫した思考の歩みを明快に描きだす新鮮な入門書。

081 **バタイユ入門** 酒井健

西欧近代への徹底した批判者でありつづけた「死とエロチシズム」の思想家バタイユ。その豊かな情念に貫かれた思想を明快に解き明かす、若い読者のための入門書。

200 **レヴィナス入門** 熊野純彦

フッサールとハイデガーに学びながらも、ユダヤの伝統を継承し独自の哲学を展開したレヴィナス。収容所体験から紡ぎだされた強靭で繊細な思考をたどる初の入門書。

265 **レヴィ＝ストロース入門** 小田亮《まこと》

若きレヴィ＝ストロースに哲学の道を放棄させ、ブラジル奥地へと駆り立てたものは何か。現代思想に影響を与えた豊かな思考の核心を読み解く構造人類学の冒険。

277 **ハイデガー入門** 細川亮一

二〇世紀最大の哲学書『存在と時間』の成立をめぐる謎とは？　難解といわれるハイデガーの思考の核心を読み解き、西洋哲学が問いつづけた「存在への問い」に迫る。

ちくま新書

301 アリストテレス入門 山口義久
論理学の基礎を築き、総合的知の枠組をつくりあげた古代ギリシア哲学の巨人。その思考の方法と核心に迫り、知の探究の軌跡をたどるアリストテレス再発見！

482 哲学マップ 貫成人
難解かつ広大な「哲学」の世界に踏み込むにはどうしても地図が必要だ。各思想のエッセンスと思想間のつながりを押さえて古今東西の思索を鮮やかに一望する。

533 マルクス入門 今村仁司
社会主義国家が崩壊し、マルクス主義が後退した今、マルクスを読みなおす意義は何か？　既存のマルクス像からはじめて自由になり、新しい可能性を見出す入門書。

545 哲学思考トレーニング 伊勢田哲治
哲学って素人には役立たず？　否、そこは使える知のツールの宝庫。屁理屈や権威にだまされず、筋の通った思考を自分の頭で一段ずつ積み上げてゆく技法を完全伝授！

589 デカルト入門 小林道夫
デカルトはなぜ近代哲学の父と呼ばれるのか？　行動人としての生涯と認識論・形而上学から自然学・宇宙論におよぶ壮大な知の体系を、現代の視座から解き明かす。

666 高校生のための哲学入門 長谷川宏
どんなふうにして私たちの社会はここまできたのか。「知」の在り処はどこか。ヘーゲルの翻訳で知られる著者が、自身の思考の軌跡を踏まえて書き下ろす待望の書。

695 哲学の誤読——入試現代文で哲学する！ 入不二基義
哲学の文章を、答えを安易に求めるのではなく、思考の対話を重ねるように読み解いてみよう。入試問題の哲学文を「誤読」に着目しながら精読するユニークな入門書。

ちくま新書

1060
哲学入門
戸田山和久
言葉の意味とは何か。私たちは自由意志をもつのか。人生に意味はあるか……こうした哲学の中心問題を科学が明らかにした世界像の中で考え抜く、常識破りの入門書。

1076
感情とは何か
——プラトンからアーレントまで
清水真木
「感情」の本質とは何か？　感情をめぐる哲学的言説の系譜を整理し、それぞれの細部を精神史の文脈に置きなおす。哲学史の新たな読みを果敢に試みる感情の存在論。

1119
近代政治哲学
——自然・主権・行政
國分功一郎
今日の政治体制は、近代政治哲学が構想したものだ。ならば、その基本概念を検討することで、いまの民主主義体制が抱える欠点も把握できるはず！　渾身の書き下し。

1165
プラグマティズム入門
伊藤邦武
これからの世界を動かす思想として、いま最も注目されるプラグマティズム。アメリカにおけるその誕生から最新の研究動向まで、全貌を明らかにする入門書決定版。

1229
アレント入門
中山元
生涯、全体主義に対峙し、悪を考察した思想家ハンナ・アレント。その思索の本質を『全体主義の起原』『イェルサレムのアイヒマン』などの主著を通して解き明かす。

1281
死刑　その哲学的考察
萱野稔人
死刑の存否をめぐり、鋭く意見が対立している。「結論ありき」でなく、死刑それ自体を深く考察することで、これまでの論争を根底から刷新する、究極の死刑論！

1322
英米哲学入門
——「である」と「べき」の交差する世界
一ノ瀬正樹
夢と現実って本当に区別できるの？　この世界に実は因果関係なんて存在しない？　哲学の根本問題を経験や言語を足場に考え抜く、笑いあり涙あり（？）の入門講義。

ちくま新書

1459X
世界哲学史 全8巻＋別巻セット

現代を代表する総勢115名の叡智が大集結。古今東西の哲学について各々が思考する、圧巻の論考集。初学者から極める者まで、これを読まずして哲学は語れない。

1634
悪い言語哲学入門
和泉悠

「あんたバカぁ？」「だって女／男の子だもん」。私たちが何気なく使う言葉のどこに問題があるのか？　その善悪の根拠を問い、言葉の公共性を取り戻す。

1643
和辻哲郎　建築と風土
三嶋輝夫

いまだかつて哲学研究者たちによって顧みられることがなかった和辻哲郎の建築論から、知られざる和辻倫理学の射程を、その広がりと深さにおいて示す試み。

1734
中世哲学入門
――存在の海をめぐる思想史
山内志朗

基本用語を解説しつつ、存在の問題からアヴィセンナの存在論、存在の一義性、個体化論、普遍論争へと、存在の海をめぐる思想史を丁寧に案内する決定版入門書。

1742
創造性はどこからやってくるか
――天然表現の世界
郡司ペギオ幸夫

考えもしなかったアイデアを思いつく。急に何かが降りてくる――。そのとき人間の中で何が起こっているのか。まだ見ぬ世界の〈外部〉を召喚するためのレッスン。

1749
現代フランス哲学
渡名喜庸哲

構造主義から政治、宗教、ジェンダー、科学技術、エコロジーまで。フーコー、ドゥルーズ、デリダに続く、変容する時代を鋭くとらえる強靭な思想の流れを一望する。

1751
問いを問う
――哲学入門講義
入不二基義

哲学とは、問いの意味そのものを問いなおし、自ら視点の転換をくり返す思考の技法だ。四つの根本的問題を素材に、自分の頭で深く、粘り強く考えるやり方を示す。

1337
暴走する能力主義
――教育と現代社会の病理
中村高康
大学進学が一般化し、いま、学歴の正当性が問われている。〈能力〉のあり方が揺らぐ現代を分析し、私たちが生きる社会とは何なのか、その構造をくっきりと描く。

1339
オカルト化する日本の教育
――江戸しぐさと親学にひそむナショナリズム
原田実
偽史・疑似科学にもとづく教育論が、教育行政に影響を与えている。欺瞞に満ちた教えはなぜ蔓延したのか。嘘がばれているのに、まかり通る背景には何があるのか。

1511
学力格差を克服する
志水宏吉
学力格差の実態はどうなっているのか？　それを克服するにはどうすればよいのか？「学力保障」の考え方や学校の取り組みなどを紹介し、解決に向け考察する。

1468
国語教育　混迷する改革
紅野謙介
実用文と複数資料を扱う「大学入学共通テスト」の構造的欠陥とは。論理と文学を切り分けた「新学習指導要領」の行方は。歪められつつある国語教育の未来形を考える。

1354
国語教育の危機
――大学入学共通テストと新学習指導要領
紅野謙介
二〇二一年より導入される大学入学共通テスト。高校国語教科書の編集に携わってきた著者が、そのプレテスト問題を分析し、看過できない内容にメスを入れる。

1796
中学受験の落とし穴
――受験する前に知っておきたいこと
成田奈緒子
高学歴親がハマりやすい！　子どもの将来の幸せどころか心身の不調など目の前のトラブルが続出。発達脳科学の視点から語る、家庭生活の重要性と脳の育ちの基本。

1180
家庭という学校
外山滋比古
親こそ最高の教師である。子供が誰でも持つ天才的能力をつなぎとめるには、親が家庭で上手に教育するしかない。誇りを持って、愛情をこめて子を導く教育術の真髄。

ちくま新書

1521
ルポ 入管
——絶望の外国人収容施設

平野雄吾

「お前らを日本から追い出すために入管（ここ）があるんだ」。密室で繰り広げられる暴行、監禁、医療放置——。巨大化する国家組織の知られざる実態。

1528
レイシズムとは何か

梁英聖

「日本に人種差別はあるのか」。実は、この疑問自体が差別を生み出しているのだ。「人種」を表面化させず、差別を扇動し、社会を腐敗させるその構造に迫る。

1496
ルポ 技能実習生

澤田晃宏

どのように日本へやってきたか。なぜ失踪者が出るのか。働く彼らの夢や目標と帰国後の生活とは。国際的な人材獲得合戦を取材して、見えてきた労働市場の真実。

1433
ソーシャルワーカー
——「身近」を革命する人たち

井手英策／柏木一惠／加藤忠相／中島康晴

悲惨に立ち向かい、身近な社会を変革するソーシャルワーカー。人を雑に扱う社会から決別し、死ぬまで人間らしく生きられる社会へ向けて提言した入魂の書！

1419
夫婦幻想
——子あり、子なし、子の成長後

奥田祥子

愛情と信頼に満ちあふれた夫婦関係は、いまや幻想なのか。不安やリスクを抱えつつも希望を見出そうとして苦闘する夫婦の実態を、綿密な取材に基づいて描き出す。

1020
生活保護
——知られざる恐怖の現場

今野晴貴

高まる生活保護バッシング。その現場では、いったい何が起きているのか。自殺、餓死、孤立死……。追いつめられ、命までも奪われる「恐怖の現場」の真相に迫る。

1029
ルポ 虐待
——大阪二児置き去り死事件

杉山春

なぜ二人の幼児は餓死しなければならなかったのか？現代の奈落に落ちた母子の人生を追い、女性の貧困を問うルポルタージュ。信田さよ子氏、國分功一郎氏推薦。